LE PIÈGE

BERTILLE BAYART
EMMANUEL EGLOFF

LE PIÈGE

Enquête sur la chute de Carlos Ghosn

KERO

Calmann-Lévy, 2019

COUVERTURE
Conception graphique : Olo.éditions
Photographie : Marcel Vazquez / Getty Image

ISBN : 978-2-3665-8408-0

À Didier,
cette autre histoire de vingt ans.

À ma mère,
qui a toujours dit que je finirais
par écrire un livre.

Sauf mention contraire, toutes les citations
proviennent d'entretiens réalisés par les auteurs.

PROLOGUE

17 novembre 2018, Beyrouth

« Regarde-moi ! J'ai perdu six kilos ! » Carlos Ghosn se lève devant son ami, il se tourne fièrement. « J'ai 64 ans, il faut que je vive ! Il faut que je profite des dix ans qui viennent. »

Ghosn est radieux. Son humeur se lit toujours à livre ouvert sur son visage d'une extraordinaire plasticité. Un instant son expression est concentrée, déterminée, le suivant elle est revêche, hostile, celui d'après encore, enthousiaste, exaltée. Toujours intense. Ici, au Liban, ses traits sont détendus. Il souffle, comme on le fait en rentrant chez soi.

Il éprouve maintenant ce sentiment, nouveau pour un homme qui a adoré vivre une vie de nomade planétaire, à laquelle il ne renoncerait d'ailleurs pour rien au monde. Mais Beyrouth n'est plus seulement sa ville d'enfance. C'est chez lui. Carole et lui ont pu s'installer avant l'été dans la grande maison rose du quartier chrétien, dont la rénovation a pris plusieurs années. Elle est splendide. Depuis, il vient chaque fois que possible. Cet automne, il a déjà fait sept ou huit fois le voyage. Bientôt, il aura ici un bureau. Beyrouth sera son camp de base, un petit mois par an.

Demain, il remontera dans son Gulfstream et passera la nuit dans l'avion. Direction Tokyo, la destination naturelle de celui qui dirige Nissan depuis bientôt vingt ans. Il a rendez-vous avec sa fille Maya, la benjamine, pour dîner dans un de leurs restaurants favoris de sushis. Elle va lui présenter son petit ami.

À l'heure dite, le 19 novembre, Maya attend son père dans l'appartement où elle a grandi. Mais ce n'est pas Carlos Ghosn qui franchit le seuil. C'est la police japonaise.

PREMIÈRE PARTIE

LA TECTONIQUE DES PLAQUES

L'ABSENT

Un an plus tôt : 17 novembre 2017, Tokyo

Hiroto Saikawa s'incline profondément. Regard rivé au sol, mâchoires serrées, dos droit. Les bras glissent lentement le long des cuisses, le buste passe la barre des quarante-cinq degrés. Il tient la pose, quelques secondes, en silence. Clic, clic, clic. Les flashs crépitent. Au Japon, les photographes ne sont pas face à la scène, mais légèrement de côté. Là, ils peuvent saisir l'inclinaison du corps de l'orateur, fixer sur la pellicule son degré de contrition.

Hiroto Saikawa s'est plié, au sens propre du terme, à la tradition. Il s'est excusé. Et c'est déjà la deuxième fois cet automne qu'il est contraint à cet exercice public humiliant. Mauvais début : cela ne fait pas huit mois qu'il a pris ses fonctions de directeur général de Nissan, et il passe son temps à rendre des comptes aux investisseurs, aux clients, au pays tout entier. Depuis l'été, Nissan, numéro deux de l'automobile japonaise derrière Toyota, nage en plein scandale.

En juillet, le constructeur avait révélé un problème dans les procédures de certification des voitures sorties des chaînes de montage japonaises. Une broutille qui n'aurait concerné que 1 205 véhicules. Pour Nissan, fin septembre, l'affaire est close. Elle ne fait en réalité que commencer. Les inspecteurs du ministère des Transports qui ont effectué des visites de contrôle dans les usines du groupe ont découvert le pot aux roses. Chez Nissan, on prend carrément à la légère la certification, le *kanken*. Le ministère découvre que des employés lambda se servent des *hanko*, tampons officiels en principe réservés à des salariés dûment habilités, ou que les candidats à l'examen pour devenir inspecteurs dans la chaîne de contrôle qualité connaissent à l'avance les réponses aux questions qui leur sont posées. Pis, les dossiers transmis à l'administration ont été falsifiés pour que ce petit arrangement avec les règles puisse continuer. Pendant des années et même des décennies. La honte.

Au pays de l'industrie « zéro défaut », l'émotion est immense. Début octobre, Nissan doit rappeler plus d'un million de voitures, c'est-à-dire toutes celles qu'il a vendues dans l'archipel depuis 2014. Une semaine plus tard, il prend la décision la plus douloureuse possible pour un constructeur automobile : il arrête toutes ses usines pendant quinze jours. Cette affaire va coûter cher.

Hiroto Saikawa boit le calice jusqu'à la lie. Il apporte en personne au ministre des Transports le volumineux dossier d'enquête qui raconte par le détail les turpitudes industrielles de Nissan. Comme directeur général, il endosse toute la responsabilité. Ce qui signifie, précise-t-il devant la presse ce 17 novembre, que sa rémunération de l'année sera amputée. « Je vous prie d'accepter toutes mes excuses pour avoir trompé la confiance du public », ajoute-t-il.

Que pense-t-il en réalité ? Face aux caméras, le masque de Hiroto Saikawa est impénétrable. Ce jour-là comme tous les autres jours. Chez Nissan, le patron a depuis longtemps été surnommé « le Cyborg ». Un bourreau de travail, sans affect. Ses collègues les plus proches sont pour certains incapables de dire s'il a une famille – il est marié et a trois enfants – ou ce qu'il fait de son temps libre, du moins s'il en fait quelque chose.

Saikawa-san est japonais jusqu'au bout des ongles. Raide. Illisible. Corps sec et visage lisse. Le regard perpétuellement surpris derrière ses fines lunettes sans monture. À 65 ans, il est pourtant l'un des cadres de Nissan les plus internationalisés : il a dirigé des activités aux États-Unis et à Paris. L'alliance entre Renault et Nissan a été sa chance. Il a « grandi » avec elle, dit-il. Il a été le premier surpris quand, dès 2001, on lui a confié à lui plutôt qu'à un Français la responsabilité de regrouper les achats des deux groupes. Une mission déterminante pour dégager les premiers bénéfices de l'Alliance. Mais en cet automne 2017, sa légitimité de directeur général de Nissan reste à construire. L'affaire du *kanken* apporte à ses détracteurs la preuve qu'Hiroto Saikawa a atteint son seuil de compétence. Chez Renault comme chez Nissan, « il n'est pas aimé », remarque un ancien du groupe, « il a tendance à être cassant, autoritaire. Surtout avec les Japonais d'ailleurs ». On le dit capable d'emportements en réunion, exprimant sa contrariété avec des manières frisant le caprice. Ses proches affirment que sa raideur est le pendant de son intégrité. « Certes, il a fait l'ENA locale, l'université de Tokyo, il a le bon pedigree », concède un vétéran de l'Alliance, « il a fait la meilleure carrière possible pour un type qui n'est pas ingénieur ». Le 1er avril 2017, Carlos Ghosn, patron tout-puissant de Nissan et de Renault, en fait son numéro deux. Une position qui avait échappé à Saikawa dix ans plus tôt, quand Ghosn lui avait préféré son rival Toshiyuki Shiga, qu'il avait nommé directeur général adjoint. Shiga était rapidement retombé dans les limbes de l'organigramme, et Ghosn avait arrêté de faire semblant de mettre en avant un bras droit.

La promotion de Saikawa en 2017 est donc un événement. Pour la première fois depuis près de vingt ans, le groupe japonais a un directeur général, un CEO[1], qui n'est pas Ghosn. Ce choix ne fait pas l'unanimité : « C'était une grosse bêtise, et je le lui avais dit », dira plus tard un proche de l'ex-PDG. Le jour de la nomination, ce dernier répondait alors en éludant, convaincu de la loyauté de son directeur général : « Ce qu'il pense, je le pense. Ce qu'il dit, je le dis. » Un proche rapporte ce propos de Ghosn : « Saikawa n'est pas un type très intelligent, il n'a pas de vision stratégique. Mais il connaît les opérations. Il a un côté buté, autoritaire, or il me fallait un type comme ça pour faire marcher les Japonais. »

Dans les équipes de l'Alliance, on se souvient de ces réunions où le Japonais bondissait sur son micro pour prendre la parole et répéter ce que Ghosn venait

1. *Chief executive officer.*

de dire. À écouter un expert en coups tordus, « Hiroto Saikawa est un fourbe, un manipulateur. Il ne paie pas de mine mais tous ceux qui l'ont sous-estimé sont morts. C'est Frank Underwood ».

La comparaison avec le héros machiavélique et amoral de la série *House of Cards* est osée ! Mais si cette analyse a un fond de vérité, on imagine combien le directeur général de Nissan a dû détester ce 17 novembre 2017 qui lui a fait perdre la face devant le pays tout entier. La blessure d'orgueil est profonde. Hiroto Saikawa n'est pas Osamu Masuko, le patron de Mitsubishi, qui après avoir traversé sa propre tempête de scandales aux émissions de CO_2, est ensuite capable de rire du fait « d'avoir passé l'année à présenter des excuses », sacrifiant au rituel japonais.

Carlos Ghosn raconte qu'à son arrivée au Japon, en prévision de la première assemblée générale de Nissan, il « [s'est] entraîné à [s']incliner à trente et à soixante degrés[2] ». Dans les faits, en près de vingt ans, il n'a jamais franchi en public la barre des trente degrés, celle de la marque de respect. Ghosn ne s'est jamais excusé. Et en cet automne 2017, il n'est pas à Tokyo pour rendre des comptes sur ce scandale. Il est ailleurs, comme toujours. Quelque part entre Paris, New York ou Beyrouth.

Pressé par les journalistes, Hiroto Saikawa dédouane celui qui reste président de Nissan. C'est pourtant ce dernier qui avait tous les pouvoirs dans l'entreprise quand les faits se sont produits. L'utilisation hasardeuse

---

2. *Nikkei*, « Carlos Ghosn », série autobiographique publiée en janvier 2017.

des *kanko* sur les chaînes de Nissan est une pratique manifestement très ancienne. Mais Saikawa porte seul le chapeau. Mieux, il absout Ghosn. Le scandale que traverse Nissan est d'autant plus surprenant, plaide-t-il, que Ghosn a justement encouragé une culture de la transparence dans le groupe. Un an plus tard, cette phrase se révélera particulièrement savoureuse. Mais en ce mois de novembre 2017, Nissan n'est pas prêt à brûler son idole. Pas encore.

OPÉRATION PACIFIQUE

10 mars 1999, Genève

« C'est un miracle ! » En quelques secondes, en plein Salon de Genève, l'un des grands rendez-vous de l'automobile mondiale, tout bascule pour Louis Schweitzer. Son directeur de la communication, Patrick Bessy, vient d'apporter au PDG de Renault une dépêche inespérée : Jürgen Schrempp, le patron de Daimler, annonce qu'il arrête ses négociations avec Nissan. Pour le Français, cela veut dire que la voie est libre. Et, oui, c'est un miracle, parce que face au géant allemand, le Losange n'avait quasiment aucune chance de convaincre les Japonais. « J'étais fou de joie et complètement incrédule. Je trouvais inouï que Daimler renonce : ils étaient pleins aux as alors que moi je mettais en jeu la moitié des ressources de l'entreprise[1] ! », raconte Louis Schweitzer.

Ensuite, tout va très vite. Trois jours seulement après le forfait de Jürgen Schrempp, dans un de ces

1. Stéphane Lauer, *Renault : une révolution française*, JC Lattès, 2005.

salons privés de l'aéroport de Roissy où se négocient tant d'opérations entre dirigeants de multinationales pressés, Louis Schweitzer scelle avec Yoshikazu Hanawa, le patron de Nissan, l'accord entre les deux groupes. Le 27 mars 1999, les deux hommes signent l'acte de naissance de l'Alliance Renault-Nissan sous le regard de trois cents journalistes massés au siège du Keidanren, le patronat japonais. Le lieu à lui seul vaut caution.

En fait d'alliance, c'est un sauvetage. Le Japon, englué dans une crise bancaire et économique profonde, achève sa « *lost decade* », sa décennie perdue. Et Nissan est exsangue. Il s'est fourvoyé dans une course absurde pour tenter de rattraper le leader, Toyota. Les voitures qu'il fabrique sont d'une grande qualité mais 90 % d'entre elles sont vendues à perte. Avec sept années de déficit sur huit, Nissan croule sous 1 700 milliards de yens de dettes. Dans quelques jours, il ne pourra plus honorer ses factures. Et au Japon, plus personne n'est susceptible de l'aider. L'organisation traditionnelle du capitalisme japonais autour des *keiretsu*, ces groupements d'entreprises liées par la loyauté, les relations d'affaires et des participations capitalistiques, est devenue inopérante. Les banques, qui en étaient les centres de gravité, sont laminées par les conséquences de l'éclatement de la bulle financière au début de la décennie. Nissan ne peut plus compter sur le soutien de la banque IBJ. Le puissant ministère japonais de l'Industrie, le METI[2], se résout lui aussi à l'inévitable : Nissan va devoir

2. *Ministry of Economy, Trade and Industry.*

subir une restructuration violente et trouver de l'aide à l'étranger.

Ce sera donc Renault. Renault investit 5 milliards d'euros dans l'affaire et acquiert 36,8 % de Nissan. Le chevalier blanc français ne paie pas de mine. Certes, il vend autant de voitures que le groupe japonais – 2,5 millions d'unités chacun – mais au Japon, personne n'a jamais vu rouler une voiture siglée du Losange. Chez Nissan, un cadre s'interroge à voix haute : « On a du mal à comprendre comment une entreprise qui ne sait pas fabriquer des voitures peut nous racheter… » Carlos Ghosn aurait répondu : « Et moi j'ai du mal à comprendre comment une entreprise qui fait d'aussi bonnes voitures peut perdre autant d'argent ! »

Renault est un constructeur français… très français. L'ancienne Régie est toujours une entreprise publique, à 44 %. Elle semble condamnée à regarder ses concurrents prendre le train de la mondialisation, laissée à quai. Sept ans plus tôt, le mariage avec Volvo voulu par Louis Schweitzer et conçu par son prédécesseur Raymond Lévy a avorté. L'échec a été douloureux et peut être mis au débit de l'État actionnaire qui, trop envahissant et trop exigeant, a fait fuir les Suédois. Renault, qui s'est aussi cassé les dents aux États-Unis, est une entreprise polytraumatisée du développement international.

Avec Nissan, elle prend enfin le grand large. Au siège de Boulogne-Billancourt, la transaction a été négociée sous le nom de code d'« opération Pacifique ». Tout un programme. Enfin, Renault peut entrer dans la course à la taille à laquelle se livrent tous les constructeurs internationaux. Un an plus tôt, le mariage de l'Allemand Daimler avec l'Américain Chrysler a donné le top départ des grandes manœuvres. Un « véritable électrochoc », comme le décrit à l'époque Carlos Ghosn, qui date de cette opération spectaculaire – et qui virera au fiasco – le « début de [son] voyage au Japon[3] ». Si Renault est la planche de salut de Nissan, l'inverse n'est pas loin d'être vrai également. En marge de la note interne qui détaille la transaction, le directeur du Trésor Jean Lemierre griffonne avec ironie : « Très bien, cette opération de sauvetage de Renault par Nissan ! » Le gouvernement de Lionel Jospin en 1999 n'est pas celui d'Édith Cresson en 1992. Avec Dominique Strauss-Kahn à Bercy, la gauche applaudit l'odyssée japonaise de Renault.

À Tokyo, le doigté de Louis Schweitzer fait merveille. Le patron de Renault a eu l'intelligence de ne pas pousser son avantage quand le constructeur japonais s'est retrouvé orphelin de son possible mariage avec Daimler. Schweitzer n'a rien changé aux termes de la proposition dont il discutait depuis des mois avec Nissan. Rendu prudent par sa Bérézina suédoise avec Volvo, il met toutes les formes, donne toutes les garanties pour que Nissan adhère à ce qu'il présente comme une alliance authentique plutôt qu'une prise de contrôle, comme la création d'un groupe réellement binational, respectueux des identités de chacune des deux entreprises. Plutôt qu'à une négociation, Schweitzer s'est livré selon ses propres mots « à quelque chose qui s'apparente plus à une danse de

3. *Nikkei*, *op. cit.*

séduction[4] ». La Japon, dont l'orgueil national souffre de la débandade de Nissan, apprécie.

Nissan est un emblème au pays du Soleil-Levant, dont il épouse l'histoire du XXe siècle pour le meilleur et pour le pire. Le groupe trouve racine dans le Mandchoukouo, État conquis sur le territoire chinois et symbolique de l'impérialisme brutal du Japon de l'entre-deux-guerres. Quand Nissan y est créé, le Mandchoukouo est administré par Nobusuke Kishi, figure controversée de l'histoire de l'Empire et grand-père du futur Premier ministre Shinzō Abe. Le constructeur est aussi une icône du nouvel expansionnisme japonais, celui de l'après-guerre, qui s'est joué sur le terrain économique. Dans les années 1970 et ensuite, l'industrie nippone de l'électronique grand public et de l'automobile est partie à la conquête du monde. Et Nissan a été un de ses fers-de-lance – l'un des plus prestigieux puisqu'il a réussi à s'imposer aux États-Unis.

Pour Renault, le pari de l'opération Pacifique est un peu fou. Le groupe français n'est pas loin d'avoir fait les fonds de tiroir pour réunir les 5 milliards d'euros nécessaires. Il a rassemblé ce qu'il pouvait se permettre de perdre. Et encore. N'acheter que 36,8 % du capital du groupe japonais lui convient finalement assez bien. S'il en avait pris plus de 50 %, comme cela se fait en général dans les transactions de ce genre pour s'assurer du contrôle de la cible, il aurait dû, comptablement, porter la dette de Nissan. Impensable. Les ratios financiers de Renault n'y auraient pas résisté.

4. Stéphane Lauer, *Renault : une révolution française*, *op. cit.*

Oui, le pari est fou pour le constructeur français, poids moyen de l'automobile européenne et quantité négligeable des grandes manœuvres internationales. Le voilà aux commandes d'un paquebot japonais de 140 000 salariés. La concurrence rigole. Les grands messieurs de l'automobile se tapent les cuisses. Le patron du groupe Volkswagen, Ferdinand Piëch, déclare avec dédain que « ce n'est pas en croisant deux mulets qu'on fait un cheval de course ». Chez General Motors, Bob Lutz se marre : « Autant mettre 5 milliards sur un cargo et l'envoyer par le fond. » Et chacun se souvient du verdict assené il y a déjà plusieurs mois au sujet de Nissan par Jacques Nasser, patron iconique de Ford : « Nous n'irons pas gaspiller de l'argent gagné dans la douleur pour payer des dettes souscrites dans l'insouciance. »

Schweitzer a pris son risque. Il le fait parce qu'il pense avoir un atout dans sa manche : Carlos Ghosn, son futur successeur. Les deux hommes ont pour le coup un souvenir identique de leur discussion du 12 mars 1999. C'est ce jour-là, dans le bureau du PDG de Renault, que le départ de Ghosn pour Tokyo s'est décidé. « Il n'y a qu'une personne qui peut aller au Japon pour ce travail, et c'est vous. Si vous n'y allez pas, je ne signe pas[5] », raconte Louis Schweitzer. « Je savais que personne n'était aussi bien préparé que moi pour cette tâche[6] », dit Ghosn.

Drôle de tandem que celui formé par Schweitzer et Ghosn. On ne peut imaginer deux hommes plus

5. *Ibid.*

6. Carlos Ghosn et Philippe Riès, *Citoyen du monde*, Grasset, 2003.

différents. Le premier est aussi pâle que le second est brun, aussi grand et maigre que le second est court et trapu. L'un a les manières pudiques des protestants bien nés et l'aisance de ceux qui fréquentent les salons parisiens. L'autre, chrétien maronite, affiche une forme de faconde orientale et d'expansivité puisée dans ses racines libano-brésiliennes bigarrées et des allures d'industriel mal dégrossi. Schweitzer est un technocrate devenu stratège, un archétype de l'élite française. Petit-neveu d'Albert Schweitzer, petit-cousin de Jean-Paul Sartre, énarque évidemment, inspecteur des finances et ancien directeur de cabinet de Laurent Fabius à Bercy et à Matignon. Ghosn est venu du Liban pour fréquenter les meilleures écoles françaises, Polytechnique et l'École des mines – où, selon un ancien camarade également devenu patron du CAC 40, il se révéla « incontestablement le plus impressionnant d'entre nous » – puis il entre chez Michelin qui lui fait faire le tour du monde.

Schweitzer a beau incarner l'élitisme à la française, il n'a pas peur de casser les codes. Pour l'avoir fait lui-même quand il était directeur de cabinet à Matignon, il sait comment sont désignés les patrons de Renault : un PDG d'entreprise publique, cela se choisit généralement quelque part entre Bercy, Matignon et l'Élysée, au gré des alternances politiques et des recommandations des grands corps, et le plus souvent dans l'urgence. Schweitzer transgresse. « Je voulais un jeune avec une carrière internationale. Mais il fallait aussi qu'il soit francophone, qu'il n'ait jamais été fonctionnaire ni même travaillé sous la dépendance de l'État[7] », dira-t-il. Le PDG de Renault fait donc tout à l'envers. Un, il anticipe sa succession. Deux, il fait appel à un chasseur de têtes international, Egon Zehnder. Trois, il choisit Carlos Ghosn. Un inconnu au bataillon à Paris, qu'Egon Zehnder a déniché en feuilletant l'annuaire de Polytechnique. Quand il débarque chez Renault en 1996 à 42 ans, Ghosn a deux passeports, un libanais et un brésilien, et a essentiellement vécu à Clermont-Ferrand, au siège de Michelin, ainsi qu'au Brésil et aux États-Unis. Il quitte, après dix-huit ans de carrière, le groupe de pneumatiques sans états d'âme. Malgré la confiance que lui voue le patriarche François Michelin, il ne sera jamais patron du groupe. Ghosn dit n'y avoir pas songé. Allez savoir… « Je n'avais tout simplement pas le bon nom de famille[8] », reconnaît-il comme s'il acceptait cette loi du capitalisme familial. François Michelin salue le talent de l'industriel auquel il avait même confié la mission de former son fils, Édouard. Mais au moment où Ghosn part chez Renault, le pape du pneu aurait glissé à Schweitzer une mise en garde : « Gardez-le à l'œil. Il a une fragilité. » Il n'en a jamais dit plus.

7. *Le Nouvel Observateur*, 3 octobre 1996.
8. *Nikkei*, *op. cit.*

L'HOMME LIBRE

13 octobre 2017, Paris

Chacun ses problèmes. Hiroto Saikawa se débat avec le scandale des certifications falsifiées. Carlos Ghosn se débat avec des factures. « La situation concernant la propriété de Beyrouth devient préoccupante. Les fournisseurs et les entrepreneurs se plaignent maintenant directement à moi des retards de paiement », écrit-il par e-mail le 13 octobre 2017 à un collaborateur chez Nissan. « Si on ne peut pas résoudre ce problème quel qu'il soit, je devrai régler directement les fournisseurs pour éviter tout embarras et rumeurs malvenues autour de la maison. »

Quand Hiroto Saikawa s'inquiète des comptes de Nissan, Carlos Ghosn se préoccupe de ceux d'une minuscule filiale, ou plutôt d'une sous-sous-sous-sous-sous-filiale, sept étages plus bas dans l'organigramme du groupe, Phoinos. Cette petite structure héberge la maison à l'usage de Ghosn que Nissan a achetée à Beyrouth en 2012 et qui est depuis en travaux. Le chantier touche à sa fin, son nouveau havre libanais sera bientôt habitable, mais le virement de 1,5 million de dollars que le président de Nissan a demandé fin août pour financer la rénovation et la décoration n'a pas encore été enregistré.

Chacun ses problèmes, donc… Mais Carlos Ghosn ne se laisse distraire ni par les soucis de réputation de Nissan, ni par ceux d'intendance de Phoinos. En cette fin d'année 2017, il joue beaucoup plus gros. Il joue sa consécration.

L'horloge commence à tourner pour Carlos Ghosn. Il a 63 ans, dont plus de vingt passés chez Renault, et presque autant chez Nissan. Deux ans plus tôt, en 2015, il s'est remarié et « heureusement remarié », comme le dit un proche, un « vrai mariage d'amour ». Il a rencontré Carole, comme lui divorcée, à l'occasion d'un des événements organisés par les Anciens de Notre-Dame de Jamhour. L'amicale est plus qu'un réseau d'anciens élèves du lycée qu'a fréquenté Ghosn quand il vivait à Beyrouth ; c'est aussi l'un des canaux de la diaspora libanaise. Le camp de base de Carole Nahas est à New York. L'élégante quinquagénaire, qui a créé sa propre ligne, évolue dans les milieux de la mode. Elle donne peu à peu goût à son PDG de second mari à une autre vie que celle passée dans son avion et dans d'interminables réunions de comités exécutifs ou de direction à Paris, Yokohama, Nashville… Il commence à envisager de lever le pied. Et elle l'y pousse. « Ce que je ferai après ? », s'interroge-t-il, « Passer plus de temps avec mes enfants et petits-enfants. Peut-être enseigner […] et utiliser ce que j'ai pu apprendre au cours de ma longue carrière pour aider d'autres entreprises, institutions et organisations.

Je ne m'installerai pas à un seul endroit. Je voyagerai à travers le monde. Je ne peux pas concevoir de passer tout mon temps dans un seul pays. Je suis plus chez moi quand je bouge[1] ».

Quand partir ? Et comment ? D'un seul coup, ou en déléguant peu à peu ? La question occupe souvent l'esprit de Carlos Ghosn. « Je ne suis pas Bernard Arnault, je ne suis pas propriétaire du groupe. Je suis libre. » Il a beau le dire, à cette époque ce n'est pas vrai. Ghosn est tenu par son ambition. « Il était captif de ce qu'il avait construit. À force de s'être rendu indispensable, il n'avait pas de porte de sortie », note un proche du groupe. Ce qui semble faire la solidité de l'édifice qu'est l'Alliance Renault-Nissan, c'est lui. Il est la clé de voûte, parce qu'il est aux commandes des deux entreprises. À moins que ce ne soit l'édifice qui fasse Carlos Ghosn, sa stature, et son train de vie auquel il n'est pas prêt à renoncer.

Ghosn a en tout cas trop méthodiquement construit sa carrière pour la gâcher, l'abîmer sur la fin. Il connaît ce risque qui guette les immenses capitaines d'industrie, et il ne veut pas commettre la même erreur. Quand il travaillait aux États-Unis pour Michelin, au début des années 1990, Ghosn avait croisé le chemin de Lee Iacocca, le patron de Chrysler. Une légende de Détroit, mais qui n'a pas su partir à temps. Ghosn fait le récit cruel d'un dîner d'adieu de Iacocca. « Cela doit bien être la sixième réception d'adieu de Iacocca », raconte Ghosn, citant les paroles de Bob Lutz, alors directeur général de Chrysler. « Pendant que Iacocca

1. *Ibid.*

faisait son discours, Lutz, qui avait un peu bu, somnolait sur sa chaise. Je me suis dit : “Il est parti trop tard.” L’atmosphère était pesante. Quand on rate sa sortie, c’est aussi triste que de ne pas réussir sa mission. Je me suis dit : “Le jour où on pense à partir, il faut bien choisir son moment, et partir au sommet. Pas au moment où on ne contrôle plus les événements, où on donne l’image d’un *has been*”[2]. »

Carlos Ghosn n’envisage pas qu’un jour on somnole en l’écoutant. « On a travaillé là-dessus, sur des cas de grands patrons emblématiques, identifiés à leur entreprise, comme Jack Welch chez General Electric. On a étudié comment ils sont partis », témoigne un ancien collaborateur de Ghosn. Lui partira au sommet. Et il n’y est pas encore. Il lui reste à amener l’Alliance Renault-Nissan sur le toit du monde automobile, à l’installer au rang d’incontestable numéro un mondial. En nombre de voitures vendues, les deux constructeurs y sont presque. Ou plutôt les trois. Depuis octobre 2016, l’Alliance s’est élargie à Mitsubishi. Le petit constructeur japonais, secoué par un scandale de fraude aux mesures des émissions de ses véhicules, a trouvé chez Nissan sa planche de salut. Le géant japonais contrôle maintenant un tiers du capital de Mitsubishi. Et Carlos Ghosn occupe une troisième présidence…

Mais ce n’est pas assez. Les additions de ventes de voitures ne suffisent pas à faire un numéro un mondial. Renault et Nissan ont certes réussi à réaliser l’équivalent de 5 milliards d’euros de synergies

2. *Citoyen du monde*, *op. cit.*

annuelles grâce à leur coopération. À l'automne 2017, Renault, Nissan et Mitsubishi ont présenté leurs plans stratégiques à l'horizon 2022, dont la rédaction a pour la première fois été coordonnée.

Les liens sont encore trop lâches et les volumes de ventes sont insuffisants pour engager la grande course qui commence : celle de la voiture connectée qui, demain, sera la voiture autonome. L'Alliance devra mettre plus d'argent sur la table et faire des paris technologiques marqués. D'une façon ou d'une autre, il va falloir mettre en commun les bilans et les ingénieries des trois constructeurs. S'il y parvient, Carlos Ghosn tiendra sa consécration.

Le chemin est encore long. Et la première étape passe par Paris. Le mandat de Carlos Ghosn chez Renault vient à échéance en mai 2018. En cette fin d'année 2017, il négocie donc son renouvellement. Et cette négociation, c'est avec l'État, qui détient 15 % du capital du Losange, qu'il faut la mener. Carlos Ghosn n'a pas un immense respect pour son actionnaire public qui, à ses yeux, devrait avoir vendu ses parts depuis longtemps et arrêter de lui donner des leçons d'industrie. Mais, voilà, l'État est là et il faut faire avec.

Alors Ghosn passe plus de temps que d'ordinaire en France. Il se plie davantage aux usages du microcosme politico-économico-médiatique parisien. Il fait des efforts. Il faut être habile : avant l'été, contre toute attente, c'est Emmanuel Macron qui s'est installé à l'Élysée. Or il y a un passif entre l'industriel et le nouveau président, qui, nous y reviendrons, avait engagé un bras de fer avec Carlos Ghosn quand il était ministre de l'Économie.

Emmanuel Macron n'ouvrira pas sa porte à Carlos Ghosn. Les deux hommes se croisent, pour la première fois depuis l'élection présidentielle du 7 mai, au One Planet Summit du 12 décembre 2017. Une poignée de main, un échange de deux minutes au plus. En septembre, c'est au secrétaire général de l'Élysée Alexis Kohler, une autre vieille connaissance, que le PDG présente son plan stratégique. Pour le reste, c'est essentiellement avec les équipes du ministère de l'Économie que la discussion a lieu. Tant mieux : avec Bruno Le Maire, le courant passe. On les voit tous les deux installés, tout sourire, dans la nouvelle Alpine. La résurrection de la sportive du Losange est un joli symbole, que le ministre apprécie d'autant plus que la production est localisée à Dieppe, sur ses terres.

L'opération séduction fonctionne. Ghosn a son bilan pour lui : fin 2017, Renault va bien. Et le PDG peut promettre ce à quoi un politique ne peut résister : des emplois, de l'activité industrielle, des investissements. En janvier 2018, la partie est gagnée. Carlos Ghosn le sait quand il se présente devant les députés le 17 pour une rare et longue audition. C'est un show, à l'issue duquel les parlementaires applaudissent le patron. Il savoure. Il évoque son nouveau mandat : « La question qu'il faut se poser, c'est celle de la feuille de route. Si on est d'accord sur une feuille de route, alors on continue. Si on n'est pas d'accord, alors on arrête. »

On continue. Le 23 janvier, Carlos Ghosn reprend son avion, direction Davos. À ce célébrissime forum de dirigeants qui incarne la mondialisation, il est chez lui. « Si Davos était un homme, ce serait Carlos Ghosn », comme l'avait écrit *Business Week*. À lui seul, Carlos Ghosn règne sur un empire planétaire : l'Alliance, c'est au total plus de 450 000 salariés, 122 sites industriels et 10,6 millions de voitures vendues dans plus de 200 pays. Pour l'édition 2018, la conférence à laquelle il doit participer fait le plein d'inscriptions en quelques minutes sur l'application dédiée. Le PDG de Renault et Nissan, détendu, jovial, sans cravate, disserte sur le rôle de dirigeant et l'importance du long terme. « Les mandats de PDG trop courts, c'est un vrai problème », explique-t-il. Et de prendre l'exemple du secteur de la mobilité et de l'automobile dans lequel les Google et Uber de ce monde viendront chercher à amortir les dizaines de milliards de dollars d'investissement qu'ils consacrent à l'intelligence artificielle. « Tout ça prend du temps, des années. Alors quatre, cinq, six ans comme PDG, ce n'est pas assez long. » Lui s'apprête à en reprendre pour quatre ans. Et l'animateur de la table ronde se dit qu'il a eu raison de le présenter comme un « patron légendaire ».

Comme le héros de *L'Alchimiste* de Paulo Coelho, l'un de ses livres favoris, Ghosn est en train de construire sa légende personnelle.

GHOSN-SAN

18 octobre 1999, Tokyo

Carlos Ghosn a la boule au ventre. « J'avais peur, j'étais anxieux, j'étais nerveux. Ma grande angoisse, c'était que ça fasse un flop[1]. » Six mois après avoir débarqué au Japon, Ghosn doit présenter le plan de redressement de Nissan. Il n'y a eu aucun « strip-tease organisé » comme il le dit, aucune fuite. Nissan et le Japon retiennent leur souffle. Renault aussi. À Paris, Louis Schweitzer n'a « pas un poil de sec[2] ». Et Ghosn non plus.

Le 18 octobre, la salle de conférences d'un grand hôtel de Tokyo réservée pour l'occasion est comble. Il y a là trois cents journalistes au bas mot. Précédé de sa réputation de *cost killer* pour avoir drastiquement réduit les coûts chez Renault, Carlos Ghosn monte sur l'estrade. Il va, il veut, créer la surprise. Sur la forme.

1. « Audace et prise de risque : la part de l'imprévisible en entreprise », débat à la Cité de la réussite, La Sorbonne, 2014.

2. Stéphane Lauer, *Renault : une révolution française*, *op. cit.*

Le *gaijin*[3] de 45 ans s'aide d'un prompteur, rare au Japon, pour que chaque mot soit pesé. Parce qu'il ne peut pas se louper. Le ton est ferme, le débit saccadé, le regard déterminé derrière ses grosses lunettes épaisses. En 1999, Ghosn a encore des allures un peu « beauf ». Quand il a quitté Renault pour prendre la direction de l'entreprise à Tokyo, à son pot de départ on lui a offert des cravates, signe qu'il ne savait pas vraiment choisir les siennes. Ses équipes ont réussi à lui faire abandonner ses chaussures à semelle épaisse, mais il y a encore du boulot. Le talent du manager, en revanche, s'exprime déjà pleinement. Et il lui en faut ce jour-là.

« Je sais et je mesure quel effort, quel sacrifice, quelle douleur nous devrons subir. Mais croyez-moi, nous n'avons pas le choix et cela en vaudra la peine. » Le plan de redressement, appelé le « plan de renaissance » de Nissan[4], est extraordinairement sévère. « Ce plan n'aurait passé aucun conseil d'administration composé de personnalités japonaises[5] », reconnaîtra Ghosn. Mais en 1999, il a les mains libres. Pour lui, sauver Nissan implique de fermer cinq usines au Japon, de supprimer 21 000 emplois soit 14 % des effectifs, réduire de 20 % les coûts d'achat, fermer 10 % des concessions et tailler dans le *keiretsu*. Sur les 1 394 sociétés dont Nissan est actionnaire, Ghosn n'en a identifié que quatre indispensables au constructeur. Le reste, il faudra le vendre. Le dirigeant français envoyé par Renault n'y va pas de main morte.

3. L'étranger.
4. « *Nissan Revival Plan* ».
5. « Audace et prise de risque… », *op. cit.*

Mais sa recette n'est pas qu'une potion amère. Et c'est peut-être là le secret – d'aucuns disent le génie – de Carlos Ghosn, qui freine et accélère en même temps, qui met en œuvre des coupes franches mais identifie aussi immédiatement des pistes de croissance. Carlos Ghosn annonce ainsi dès 1999 la construction d'une usine sur le sol des États-Unis, à Canton dans le Mississippi – usine qu'il inaugure en 2003 après un investissement de 3,45 milliards de dollars. Plus important encore, Nissan fait très vite, dès 2003, le pari de la Chine, en partenariat avec le groupe chinois Dongfeng. La coentreprise sera la vache à lait du constructeur japonais.

« L'alternative, c'était le risque d'un effondrement de l'entreprise tout entière[6]. » Pendant l'été, Nissan a perdu son rang de numéro deux japonais ; Honda l'a doublé. Son projet n'est pas seulement celui de la restructuration drastique d'une entreprise en difficulté. C'est une remise en cause fondamentale de la structure économique et sociale japonaise. Il ferme des usines dans un pays où cette dernière est sacrée. Il licencie au pays de l'emploi à vie. Il met sous pression les sous-traitants là où les relations entre fournisseurs et donneurs d'ordre tiennent plus de la solidarité que de la hiérarchie. Il fait des coupes dans le *keiretsu* qui façonne le modèle de développement économique de l'archipel. Et il va encore au-delà, en abandonnant le système de promotion à l'ancienneté. Il introduit chez Nissan la rémunération à la performance, en particulier pour les cadres dirigeants, dans le cadre d'un

6. *Nikkei*, *op. cit.*

nouveau système baptisé « *Shin-Kabu-Yoyaku-Ken* ». « Je respecte les traditions, mais je pense tout de même qu'on devrait s'interroger sur la richesse qu'on perd en ne donnant pas une opportunité à ceux qui la méritent[7]. » Une génération de quadras japonais va bénéficier de cette nouvelle méritocratie, comme Hiroto Saikawa par exemple dont la carrière s'accélère à la faveur de l'arrivée des Français.

Ils sont une vingtaine, pas plus, à avoir fait le voyage. Carlos Ghosn leur a donné en gros 48 heures pour se décider à partir à l'autre bout du monde. Avant le grand départ, ils sont tous réunis pour un séminaire de formation sur le Japon. Pendant trois jours, le consultant Serge Airaudi leur donne quelques clés de compréhension et les met en garde : « Vous allez arriver comme les missionnaires chrétiens à la fin du XVe siècle. » Inutile de rappeler que les jésuites ont échoué à convertir les Japonais. « Vous n'êtes pas venus pour changer le Japon, mais pour redresser Nissan. C'est à nous de nous intégrer et pas à eux de s'adapter[8] », les prévient Carlos Ghosn.

C'est l'intuition initiale de Louis Schweitzer. L'opération Pacifique sera un échec si elle cherche à imposer la culture occidentale, si elle vise à forcer Nissan à se soumettre aux méthodes de Renault. Du reste, si fragilisé soit-il, le constructeur nippon a de quoi en remontrer au groupe français. Pour résumer, Nissan est bien meilleur que Renault en matière d'ingénierie, de qualité, de fabrication industrielle.

7. *Libération*, 26 juin 1999.
8. *Citoyen du monde*, *op. cit.*

Schweitzer ne veut donc pas coloniser Nissan mais le respecter. Il n'a réclamé, au moment de la signature, que trois postes : celui de dirigeant opérationnel ou COO[9] pour Carlos Ghosn, celui de directeur financier qu'occupera Thierry Moulonguet, et celui de directeur adjoint du plan produit, c'est-à-dire de la stratégie, pour Patrick Pélata. Ghosn a choisi son équipe. Essentiellement des quadras. « Vingt familles françaises qui débarquent d'un coup à Tokyo, ça se voyait ! », rigole un témoin de l'aventure. La plupart feront toute leur carrière ou presque chez Renault-Nissan. C'est un commando. Un des expatriés se souvient de cet avertissement de leur jeune patron : « Les choses sont simples : vous êtes Nissan maintenant. Et vous devez redresser cette boîte. Renault a payé cher pour ça et si ça ne marche pas, c'est la soupe à la grimace pour tout le monde. Y compris Renault. »

L'équipe est compacte, concentrée dans le quartier autour du Lycée français, où ils inscrivent trente-cinq élèves, et de l'Institut français. L'un des immeubles devient la « maison des Français » : au rez-de-chaussée, on trouve Dominique Thormann, qui finira directeur financier de Renault, sa femme et leurs enfants ; à l'étage, Patrick Pélata, futur numéro deux du Losange ; sur le même palier, la porte en face, Philippe Klein ; et, au deuxième, Bernard Rey, qui sera administrateur de Nissan bien plus tard. Dans un autre bâtiment, à quelques blocs, habite Thierry Moulonguet, directeur financier de Nissan, bientôt rejoint par Farid Aractingi. Lui, son truc, c'est l'informatique ; il est accessoirement

9. *Chief operating officer.*

un camarade de classe de Carlos Ghosn de l'école primaire et du collège au Liban.

La bande de Français connaît la vie classique des expatriés. Expédition au mont Fuji, visite de Kyoto… ils sont les uns chez les autres et découvrent ensemble leur pays d'accueil. Ils font leur trou chez Nissan. Certains intègrent l'équipe de tennis de l'entreprise. Et Carlos Ghosn ? Il est ailleurs, il vit sa vie de son côté. Il s'est installé au printemps 1999 à l'hôtel, puis à l'été, Rita et les quatre enfants l'ont rejoint. Toute la famille a emménagé dans un luxueux duplex avec terrasse, dans l'immeuble futuriste de Shibuya, dit « le 109 ». Les Ghosn s'habituent peu à peu à leur nouvelle vie, malgré ce décalage permanent que crée la barrière de la langue. « Vous avez beau vous dire que vous avez connu plusieurs régions du monde, au Japon, vous êtes bizut à nouveau[10]… », confie Ghosn, qui avant cela n'était venu qu'une fois au Japon – pour deux jours, en voyage d'affaires avec Michelin, quinze ans plus tôt. Caroline, Nadine, Maya et Anthony ne vont pas à la même école que les autres enfants du groupe des Français. Rita ouvre un restaurant, *My Lebanon*, dans un quartier animé de Tokyo, avec spectacles de *belly dance* chaque semaine et spécialités libanaises à la carte. Carlos Ghosn, qui est arrivé avec l'intention d'apprendre le japonais, abandonne très vite. Trop chronophage. Et finalement inutile. D'abord parce que les Japonais de Nissan s'appliquent tout de suite à apprendre l'anglais quand ils ne le maîtrisent pas, dès lors que la langue de Shakespeare a été déclarée langue

10. *Libération*, *op. cit.*

officielle du groupe. Ensuite, parce que cette difficulté de communication permet d'essentialiser les messages, de ramener les objectifs à quelques chiffres – du pur management façon Carlos Ghosn. Enfin, parce qu'il sent vite que les Japonais ne lui demandent pas de devenir japonais, ce qui serait à la fois illusoire et présomptueux. Au bout de quelques mois à Tokyo, le nouveau patron de Nissan réduit à une heure par semaine ses cours de langue. Cela lui suffit pour apprendre en phonétique les quelques mots qu'il récite en introduction ou en conclusion de ses prises de parole publiques.

Carlos Ghosn ne partage pas les activités d'expat' de ses collaborateurs. En cherchant bien, ils ne se souviennent que d'un événement privé partagé avec lui : en 2002, pour la finale de la Coupe du monde de football. Ghosn a invité tout le monde à regarder le match Brésil-Allemagne et exulté à la victoire de son pays natal, par deux buts à zéro marqués par Ronaldo. Sinon, il met de la distance. D'abord parce qu'il est le boss, et, finalement, cela convient assez bien aux autres Français. Ensuite, parce qu'il ne veut pas que se crée un rapport particulier avec les Français par rapport aux Japonais. Il n'y aura quasiment jamais aucune réunion particulière avec les envoyés de Renault. Ils sont désormais tous des Nissan. Enfin, parce que celui que les Japonais ont surnommé « 7/11 » (« *seven eleven* ») n'a tout simplement pas le temps !

Et puis Ghosn est celui qui attire la lumière, celui sur qui les projecteurs japonais se braquent dans un pays où les médias, aux effectifs pléthoriques, sont envahissants. Il n'est pas rare de trouver des journalistes devant chez soi. « J'en ai trouvés, littéralement, sur mon paillasson à l'hôtel ! », se souvient une collaboratrice qui avait fait le déplacement pour la signature de l'Alliance en mars.

« J'ai reçu des demandes d'interviews, de discours, j'ai même été invité dans des talk-shows. Tout à coup, notre restaurant de yakitoris, l'un des préférés de la famille, était envahi par les caméras[11] », raconte Ghosn. Son statut évolue vite au Japon. Au départ, le citoyen du monde, avec ses trois passeports brésilien, libanais et désormais français, suscite surtout de la curiosité. « Avec tout le battage fait autour de ma réputation, les gens se sont dit "mais qui c'est ce pirate qui nous arrive ?"[12] » « Regardez ! Il ressemble à Mr Bean », s'amuse l'animateur qui l'accueille sur un plateau de télé. Qu'il ressemble ou non au comique britannique, le visage de Carlos Ghosn devient très vite célèbre et incarne rapidement Nissan. Les spots qui présentent le *Revival Plan* sont truffés d'images du nouveau patron. Dès lors, quand le succès arrive pour Nissan, c'est Ghosn qui en est crédité. Or, le succès arrive très vite. Un an seulement après l'annonce du plan, le constructeur a déjà renoué avec les bénéfices. La roue de la fortune a tourné incroyablement rapidement. Et Ghosn devient une idole, un faiseur de miracles. Les légendes sont parfois vraies. Oui, comme on l'a raconté plus tard, des Japonais arrêtaient Ghosn dans la rue pour qu'il signe des autographes. Oui, des femmes lui tendaient parfois leurs enfants pour qu'il les embrasse. Son visage s'étale dans les rayons des

11. *Nikkei*, *op. cit.*
12. *Ibid.*

librairies sous des titres tels que *Voulez-vous travailler avec monsieur Ghosn ?*, *La révolution Ghosn peut-elle réussir ?* ou *Comprendre les secrets de la métamorphose de Nissan*… La « Ghosn-mania » au début des années 2000 au Japon est une réalité.

Derrière cet engouement, c'est Nissan qui retrouve une fierté, symbolisée par le débauchage d'un designer de chez Isuzu, une filiale de General Motors. Shiro Nakamura, japonais bien sûr, est une vedette qui saura rendre son lustre à la marque. Un ancien du commando Renault raconte ce qu'un Japonais lui a dit un jour : « Avant l'Alliance, je n'osais pas dire dans mon quartier que je travaillais pour Nissan tellement j'avais honte. Maintenant, j'explique tout ce qu'on fait à mes voisins. Ma famille est fière. » Sur le plan opérationnel, Renault avance pas à pas avec son nouveau partenaire. Le principe qui guidera l'Alliance pendant près de vingt ans est posé dès le départ : c'est du *win-win*. Aucune décision, aucun choix, aucune collaboration ne seront entrepris si l'un des deux constructeurs s'estime lésé. La mise en commun des achats, lancée lors d'une grande convention de plusieurs centaines de collaborateurs de Renault et de Nissan à Euro Disney, entraîne rapidement des résultats spectaculaires. Ensuite, Renault et Nissan entrent dans le vif du sujet : l'élaboration de plateformes communes permettant un partage de l'effort d'investissement. Ce dispositif débouche sur la conception d'architectures de véhicules sur lesquelles chaque marque pourra produire ses propres modèles. Ghosn voit loin. Il pense qu'avant dix ans, toutes les voitures de Renault et de

Nissan seront fabriquées sur la base d'une dizaine de plateformes de l'Alliance.

Le Japon le laisse faire. « Les Japonais sont tellement gentils[13] ! », s'exclame-t-il. Nissan lui a d'abord aménagé un bureau dans une salle de conférences du siège de Ginza, au centre de Tokyo, aussi spacieux que la décoration en faux noyer est kitch et l'éclairage au néon sinistre. Plus tard, à Yokohama, au nouveau siège, il aura un bureau plus agréable. Mais les Japonais se plient en quatre pour satisfaire les demandes du nouveau boss. Pour les autres Français, c'est moins facile. Ils partagent l'*open space* des collaborateurs de Nissan et peinent parfois à travailler avec ces nouveaux collègues aussi aimables qu'impénétrables.

Carlos Ghosn laboure le terrain ; il visite toutes les usines, les centres de recherche, explique, écoute. Et convainc. « Une réunion avec Carlos Ghosn, c'est Stanford à la maison », s'émerveille un cadre. Les Japonais doutaient que le Losange, ce constructeur inconnu pour eux, pourrait leur apporter quoi que ce soit. Ils changent d'avis. Mieux, Renault préserve comme un sanctuaire autour de l'ingénierie de Nissan. Tous les groupes industriels connaissent le syndrome du « *not invented here* », qui pousse les équipes à rejeter tout ce qui n'a pas été pensé en interne. Chez Nissan, et au Japon, on touche au sacré.

L'entente se construit petit à petit. Mais les fondations sont fragiles. « À Tokyo, on parlait d'une alliance. À Paris, malgré ce que pouvait dire Louis Schweitzer, on pensait qu'on avait racheté Nissan », témoigne

---

13. *Libération*, *op. cit.*

un ancien du groupe. « Au Japon, la légitimité est le produit d'un rapport de force. Or, à l'époque, Nissan était en position de faiblesse, en quasi-liquidation. L'entreprise a donc accepté à ce moment-là de se soumettre à Renault », analyse un expert.

Ghosn se grise-t-il du succès ? « "Toyota a eu son M. Toyoda, Honda a eu son M. Honda, mais Nissan n'a eu personne", ont l'habitude de dire les gens de Nissan[14] », signale-t-il parfois. Croit-il qu'il est devenu le « M. Nissan », que le constructeur a trouvé en lui sa figure de référence, presque fondatrice, paternelle ? Le respect et la confiance ne font pas l'appartenance. Un cadre japonais, qui en 1999 avait préféré quitter le constructeur désormais dirigé par des étrangers, raconta une anecdote à l'un des Français : « Les Japonais sont reconnaissants au général MacArthur. Il nous a aidés. Il nous a sauvés de la ruine et de la famine après la guerre, il nous a donné une Constitution et puis il est parti. Aujourd'hui, les Japonais visitent son bureau, celui dans lequel il a écrit la Constitution, dans l'ancien Q.G. des forces américaines à Tokyo. Eh bien, je pense qu'un jour, on visitera aussi le bureau de M. Ghosn. » Pour ce Japonais, la fin de l'histoire est limpide : un jour, il faudra que, comme MacArthur, Ghosn-san reparte.

---

14. *Le Point*, 7 septembre 2001.

LE SENS DE LA FÊTE

11 février 2018, Rio de Janeiro

La musique, la danse, la fête. Les plumes, les paillettes, les strass. Dans la chaleur de cette soirée d'été brésilien, le Sapucaí s'embrase. Le long des six cents mètres de l'avenue du sambodrome, 80 000 spectateurs admirent la parade des écoles de samba de Rio. Dans une loge, côté ouest, Carlos Ghosn et ses invités apprécient le spectacle. Ils sont là pour quatre jours et passeront deux soirées consécutives en surplomb du Sapucaí.

Voitures blindées – ce qui n'est pas si exceptionnel au Brésil où les automobilistes hésitent à s'arrêter au feu rouge la nuit –, dispositif de sécurité, transfert de l'aéroport à l'hôtel, cadeaux de bienvenue dont les incontournables sandales Havaianas dans les suites du Hilton de Copacabana, restaurants, visites touristiques dont l'inévitable Pain de Sucre… tout a été planifié.

C'est Frédérique Le Grèves qui a concocté un programme sur mesure pour la petite bande. L'ancienne directrice de la communication de Renault a depuis

2011 le titre de « *chairman and CEO chief of staff* » – elle est désormais la directrice de cabinet de Ghosn au niveau de l'Alliance. C'est elle qui suit au plus près l'agenda du patron, qui l'accompagne le plus régulièrement dans tous ses déplacements à travers le monde, se plie en quatre pour que l'organisation autour de lui soit parfaitement huilée, que le « cahier des charges » exigé soit toujours respecté. Le temps de Carlos Ghosn est plus compté que celui de quiconque. Rien ne doit jamais lui faire perdre une minute. La ponctualité est la condition sine qua non de son mode de vie hors norme et colle à l'image de rigueur que l'industriel veut diffuser. Et tout cela suppose un travail de fourmi, millimétré, en amont de tous les événements auxquels il participe, qu'il s'agisse d'une visite d'usine en Russie ou en Chine, ou de moments plus festifs comme le Carnaval de Rio.

Ce n'est pas la première fois que le patron de Renault-Nissan organise ainsi une petite virée dans la capitale brésilienne. Il y était déjà un an plus tôt, pour le Carnaval. Surtout, en 2016, Renault-Nissan était un sponsor des Jeux olympiques. Et Carlos Ghosn a alors le privilège d'être l'un des porteurs de la flamme, « plus lourde [qu'il] ne le pensai[t] ». Il en garde un souvenir ému. « Je me sens brésilien quand je suis au Brésil, vous pouvez donc imaginer ma fierté quand j'ai pu tenir la torche olympique[1]. » Le moment est bref ce 5 août 2016, à peine cent mètres courus le long de l'avenida Atlântica, sous le regard de sa famille. On voit les gouttes de sueur lui perler au front : « Même si

1. *Nikkei*, *op. cit.*

c'était l'hiver au Brésil, la température atteignait trente degrés », tient-il à préciser dans son autobiographie.

Ce genre de moment fait partie des avantages de la fonction. Ghosn sait parfois apprécier les privilèges que lui procure son métier, et qui ne sont pas toujours des dus. Cet amateur de bridge a par exemple conscience que ce n'est pas son niveau de jeu qui lui permet parfois de s'asseoir à la table des meilleurs joueurs du monde…

Cette année à Rio, il a fait les choses en grand. L'Alliance sponsorise l'une des écoles qui participe au défilé officiel. Celle du quartier de Vila Isabel, coachée par le célèbre Paulo Barros, et qui avait gagné la compétition en 2013. Pendant une heure, Ghosn et ses invités admirent le déluge de lumière projeté par les chars de Vila Isabel, qui a choisi pour thème l'innovation et la mobilité. L'électricité, chère à Carlos Ghosn qui y voit depuis longtemps l'avenir de l'automobile, est partout : de la figure de Thomas Edison en tête de cortège aux immenses couvre-chefs bardés d'ampoules multicolores qui coiffent certains danseurs. La Vila Isabel finit neuvième sur treize au classement. Mais c'est de peu d'importance.

Ce qui compte c'est la fête. Elle est réussie, ici, à Rio, où Carlos Ghosn s'est entouré de proches. Outre sa sœur Claudine Bichara de Oliveira et son époux qui habitent là, huit couples partagent ce moment de détente avec le patron de l'Alliance, dont beaucoup de Libanais. Il y a notamment Mario Saradar, le patron de la banque éponyme, dont Carlos Ghosn est actionnaire à titre personnel et administrateur. Sont également présents Misbah Ahdab, un ancien député au pays du cèdre, Khalil Daoud, patron de la Poste libanaise et Philippe Jabre, qui dirige un fonds d'investissement à son nom à Genève mais a usé ses fonds de culotte sur les bancs de la même école que Ghosn. Patricia Landeau et Harry Macklowe sont venus aussi, elle de Paris, lui de New York. Ces deux-là se marieront dans un an. Le promoteur immobilier de 82 ans, milliardaire, fera afficher en mars 2019 leurs deux portraits en noir et blanc sur douze mètres de haut, sur la façade d'un de ses buildings new-yorkais pour, dit-on, mieux faire enrager son ex-femme avec qui le divorce a été mouvementé.

Chez Renault et chez Nissan, personne ne trouve manifestement rien à redire à cet événement, facturé par Nissan Brésil 257 872,36 dollars à RNBV[2]. Pourtant, il y aurait de quoi s'interroger. Pas parce que, comme le dira le groupe japonais quand il aura lancé l'offensive contre son patron un an plus tard, les invitations ont été envoyées au nom de « M. et Mme Ghosn ». Cette pratique, dans l'événementiel et le mécénat des grandes sociétés, n'est pas exceptionnelle.

Le problème, c'est évidemment la qualité des invités qui, en l'occurrence au Carnaval de Rio de 2018, semblent avoir plus de liens avec Carlos et Carole Ghosn qu'avec le patron de l'Alliance. Un an plus tard, l'avocat de l'industriel Jean-Yves Le Borgne justifiera laborieusement la présence de Monique et Khalil Daoud en signalant que la Poste libanaise roule en Nissan…

---

2. Filiale commune de Renault et Nissan, voir page 85.

Mais pendant ce week-end festif en février 2018, personne ne pose de questions. Carlos Ghosn en profite pleinement avant d'attaquer la séquence de clôture et de présentation des résultats annuels de Renault, huit jours plus tard, à Paris. Il profite du Brésil. Tout le monde le sait, Ghosn est un autre homme dans son pays natal. Plus détendu, plus libre.

Il y retrouve ses racines et peut mesurer le chemin parcouru. Il est né à Porto Velho, à près de 3 500 kilomètres de Rio de Janeiro. C'est une ville moyenne, au cœur de la région amazonienne, aux confins du Brésil, pas très loin de la frontière avec la Bolivie. C'est nulle part. Mais pour les Ghosn, c'est le point de départ de la saga familiale, celle du grand-père Bichara Ghosn qui, au début du XXe siècle, à 13 ans, s'est embarqué pour une traversée de trois mois, Beyrouth-Rio. Il avait, dira Carlos Ghosn, « une unique valise à la main » et fuyait une « vie difficile au Liban », entre « conflits religieux et pauvreté extrême[3] ». Bichara finit par s'installer à Porto Velho, au bout du monde, où il développe plusieurs activités dont une société de services pour les compagnies aériennes qui posaient là leurs avions. Bichara, puis son fils Jorge, retourneront au Liban trouver leurs femmes, qu'ils ramènent au Brésil. Rose, « Zetta », la mère de Carlos, née au Nigeria, change ainsi de nouveau de continent.

Zetta vit toujours à Rio. Elle et la ville représentent la base arrière de la tribu de Ghosn et de ses quatre enfants – son aînée, Caroline, y est d'ailleurs née. Ils y retournent tous, chaque année autour de Noël,

3. *Nikkei*, *op. cit.*

passer les fêtes de fin d'année en famille. Depuis 2012, l'industriel possède un superbe appartement dans un immeuble de standing qui longe la plage de Copacabana. Le séjour, immense, dans lequel deux canapés de cuir blanc en forme de « L », de dix places chacun, se font face à une dizaine de mètres de distance, est propice aux fêtes de famille nombreuses ou aux mondanités, devant la baie vitrée qui s'ouvre sur l'océan. C'est Claudine, la sœur aînée de Carlos, qui lui a trouvé ce pied-à-terre. Et c'est Nissan qui a payé : 5,8 millions de dollars. Le constructeur réglera aussi, deux ans plus tard, la cotisation au Yacht Club, le *Iate club* de Rio, qui vaut 63 164,31 dollars. On est loin de l'évocation bucolique du refuge brésilien que Carlos Ghosn décrivait en 2005, celle d'une cabane qu'il possédait dans la forêt tropicale aux environs de Rio, où il aimait passer un peu de temps « sans fax, sans téléphone, avec seulement le bruit de l'eau et des oiseaux[4] ».

Ghosn n'a passé que les six premières années de sa vie au Brésil avant que la santé du petit Carlos ne convainque Zetta de repartir au Liban en laissant Jorge sur place. Mais ce pays tient une place à part dans le cœur et la vie du patron sans frontières. C'est la perspective de diriger la filiale locale de Michelin qui l'avait poussé à accepter l'offre de travail du groupe auvergnat à peine sorti de l'École des mines. Entré chez Bibendum en 1978, il ronge son frein pendant sept ans à Clermont-Ferrand et au Puy-en-Velay avant de s'envoler pour Rio. Le poste lui offre aussi une

4. *Bloomberg Markets*, mai 2005.

place de numéro un : au Brésil, c'est lui le patron de Michelin. Malgré l'évolution chaotique de l'économie et de la scène politique brésilienne, Ghosn n'a jamais cessé de croire dans les perspectives de son pays natal. Chez Renault puis chez Nissan, il poussera chacun des deux constructeurs à y investir, y installer des usines. Le Losange avait certes décidé sans lui, en 1995, de construire son usine de Curitiba. Mais Ghosn est là pour son inauguration en 1998, dans une ambiance surchauffée. Renault offre à 30 000 spectateurs et sous les yeux d'invités de prestige, dont le président Cardoso, un concert à ciel ouvert des plus grandes stars brésiliennes comme Caetano Veloso ou Marina Lima. En vingt ans, le Losange va conquérir 9 % du marché brésilien. Quant à Nissan, qui a longtemps fait assembler ses pick-up et ses 4 × 4 sur les chaînes de son partenaire, il débarque en 2014 et inaugure à son tour sa propre usine, à Resende, dans l'État de Rio. Une raison de plus pour Carlos Ghosn de poser plusieurs fois par an son Gulfstream sur les tarmacs brésiliens.

UNE STAR

15 mai 2006, Nashville

Nashville, Tennessee. Deux hommes dînent en ce 15 mai 2006. Ce sont deux monstres sacrés qui partagent un repas sur les terres de Nissan USA, à un moment où la planète financière commence à peine à frémir mais où, déjà, l'industrie automobile américaine souffre. D'un côté de la table, Carlos Ghosn, le premier patron de l'histoire à diriger en même temps deux multinationales, deux entreprises classées au Fortune 500. Face à lui, Kirk Kerkorian, investisseur de légende. Le premier est, selon *Business Week*, « la rock star de l'industrie automobile » ou, selon *The Economist*, « l'homme qui valait 10 milliards » parce qu'il suffirait qu'un constructeur l'engage pour que sa valeur en Bourse grimpe de 10 milliards. Or le second a sur les bras un gros paquet d'actions General Motors, qui traverse alors une très mauvaise passe. « Imaginons... », souffle Kirk Kerkorian, « imaginons étendre l'Alliance Renault-Nissan à GM ».

Pendant trois mois, de mi-juillet à mi-octobre 2006, Ghosn et son bras droit Patrick Pélata planchent avec le géant de Détroit. Sur la table, un schéma dans lequel Renault et Nissan prendraient chacun 10 % du capital de GM. Dans lequel, aussi, Carlos Ghosn serait le patron non pas d'une, non pas de deux, mais bien de trois multinationales de l'automobile à la fois. Le grand chelem ! L'idée est folle et Louis Schweitzer, qui est encore président non exécutif, ouvre de grands yeux. Qu'elle ait seulement pu être envisagée, avant que GM ne préfère quitter la table, en dit long sur la « Ghosn-mania » de l'époque.

En 2006, à 52 ans seulement, Carlos Ghosn est au faîte de sa gloire. Nissan lui a en quelques années confié tous les pouvoirs : il est président de l'entreprise, président du conseil d'administration, directeur général. Le Japon lui a décerné toutes les distinctions possibles. Il est à la fois élu « père idéal » par la presse féminine, désigné comme possible ministre, croqué en héros de manga, récompensé comme meilleur manager de l'ère de l'empereur Akihito, honoré par le Premier ministre Jun'ichirō Koizumi pour sa contribution à l'économie japonaise… Il obtient même ce qui paraissait inaccessible à un *gaijin* : la décoration du ruban bleu, que lui a remise sur son coussinet de velours l'empereur lui-même, dans le cadre d'une cérémonie au palais d'Akasaka en 2004. Une marque de confiance, un gage d'intouchabilité.

Mais Carlos Ghosn est aussi devenu une star internationale, qui enchaîne les prix de chef d'entreprise ou de stratège de l'année. Les conseils d'administration les plus courus de la planète – Sony, Alcoa,

IBM… – lui ouvrent leurs portes. L'Angleterre le fait Chevalier. Harvard fait de Nissan un cas d'école et Stanford invite Ghosn à discourir devant ses étudiants. Il ne se contente plus d'aller à Davos ; Klaus Schwab, le grand prêtre du Forum, l'a fait entrer au Conseil de l'organisation. Il appartient à l'élite de l'élite mondiale.

Et la France ? Ah, la France ! La France est un village gaulois qui ne cède pas aussi facilement que les autres pays du monde aux sirènes de la réputation de celui qui est pourtant un peu son fils prodigue. La France résiste à Carlos Ghosn.

Le retour chez Renault du manager de choc était programmé. C'est après tout pour en faire son successeur que Louis Schweitzer l'a embauché en 1996. Ce qui n'était pas prévu, c'est que l'aventure japonaise soit aussi vite un tel succès. Dès 2001, on commence à spéculer sur la nomination chez Renault de Ghosn, qui ne fait rien pour éteindre la rumeur, au contraire. Schweitzer anticipe : il annonce devant l'assemblée générale des actionnaires du 25 avril 2002 ce qui se passera… en 2005. Ghosn écrit l'histoire à sa façon : « Louis Schweitzer avait annoncé trois ans plus tôt que je serais son successeur. Il aurait même voulu que cela arrive avant 2005, mais je lui ai demandé d'attendre parce que je voulais me concentrer sur la reconstruction de Nissan[1]. »

En 2005 donc, il y aura un président du conseil d'administration, Schweitzer, et un patron opérationnel, Ghosn. Une telle dissociation est à l'époque tant inhabituelle dans le capitalisme français qu'on

1. *Vanity Fair*, janvier 2016.

décide que le second ne sera pas directeur général, mais « président de la direction générale » pour bien marquer que le pouvoir a basculé. « Parce que chez Renault, c'est celui qu'on appelle "président" qui est le patron. Carlos Ghosn n'aurait pas toléré autre chose », se souvient un ancien du Losange. Le cumul Renault-Nissan contraint aussi à modifier le « Rama », l'accord qui régit les relations entre les deux groupes. Une formalité.

Ghosn revient chez Renault avec des exigences. « Le Japon l'a transformé », témoigne un de ses anciens collaborateurs. Le changement est physique : en 2002, il s'est fait opérer de la myopie. Le voilà débarrassé de ses grosses lunettes : « C'est génial ! Une vraie délivrance[2] ! » Mais la métamorphose est plus profonde sous l'effet, forcément pervers, du cocktail de pouvoir et d'adulation absorbé au pays du Soleil-Levant. « Les Japonais l'ont flatté, ils en ont fait un demi-dieu. Et il a changé de nature », affirme un proche qui le connaît depuis des lustres.

Le premier signal d'alerte sonne le 6 juillet 2000 quand, chez Renault, on découvre le dernier numéro de *Paris Match*. Le fameux « choc des photos ». Carlos Ghosn s'étale sur six pages ! On voit le patron dans les rues de Tokyo, salué dans une usine Nissan par des employés ravis alignés en rang d'oignons. Et surtout, immortalisé chez lui, en famille, à la table du petit déjeuner autour de laquelle les enfants boivent les paroles du père en même temps que leur bol de lait, tandis que Rita apporte le café à la turque. L'épisode

2. *Le Nouvel Observateur*, 4 septembre 2003.

provoque une explication de texte avec Schweitzer. « C'est au Japon que Ghosn est devenu Louis XIV », dit un ancien du groupe qui a assisté, de Paris, à la transformation du manager en « *imperator* » comme le surnommera la presse.

Quand il revient en France en 2005, et que la famille Ghosn reprend ses quartiers dans la grande maison de L'Étang-la-Ville dans les Yvelines achetée en 1996, le PDG est précédé par son succès qui, pense-t-il, devrait lui ouvrir toutes les portes. Mais la France n'est pas le Japon. « Quand il descendait de son avion à Tokyo, les douaniers étaient au garde-à-vous. Au Bourget, ils lui faisaient ouvrir sa valise », résume une ancienne collaboratrice.

Paris ne se donne pas si facilement. Même quand des conseillers ont balisé le chemin. Sur les conseils de Jean-Marie Dru, patron de l'agence TBWA qui gère l'image mondiale de Nissan, Ghosn est coaché par Marie-France Lavarini, l'ancienne chargée de communication de Lionel Jospin à Matignon que Dru a ensuite recrutée.

Le microcosme des affaires a ses rites de passage et Lavarini les connaît par cœur. Le nouveau patron de Renault a certes un pedigree à la hauteur. D'abord, il est français. Avant son départ pour Tokyo, sur les conseils de Schweitzer notamment, il a demandé et obtenu la nationalité. Un troisième passeport avec le brésilien et le libanais. « Je ne pouvais plus vivre avec un permis de séjour[3]. » Mais la France représente plus pour lui. C'est un hommage à sa mère, une femme

3. *Vanity Fair*, 2016.

« pleine d'amour et très accessible ». « Elle était une francophile fervente. Elle parlait un français exquis et était peut-être même plus française que beaucoup de gens qui sont nés dans ce pays[4]. » La France a même appris au jeune Ghosn, devenu brusquement un élève assidu en classe de seconde, le goût amer de l'échec, fugace dans son cas. « Mon premier trimestre à Saint-Louis a été un désastre : j'ai eu un 4/20 en maths. Mais cette terrible performance m'a ouvert les yeux sur ce que j'avais à faire. Les étudiants [de prépa] étaient appelés les "taupes" parce qu'ils restaient enfermés pour travailler, sans jamais voir le jour. J'ai donc décidé que, moi aussi, je serais une taupe. »

Ghosn devient une taupe mais pas un corpsard. Polytechnicien, diplômé des Mines, il n'appartient pourtant pas au Corps des mines car il n'est pas français à l'époque de ses études. Ghosn est en décalage. Ghosn a toujours été en décalage. « J'ai toujours été quelqu'un de différent. Je n'ai jamais vécu dans un endroit où je pouvais me dire que je faisais partie intégralement du groupe en étant comme les autres. Quand on est enfant, on n'aime pas ça[5]. » Et c'est pareil avec ses camarades élèves ingénieurs, qui se fichaient bien des événements qui commençaient à déchirer son Liban. Et encore de même avec ses camarades patrons trente ans plus tard. Fraîchement nommé à la tête de Renault en 2005, il faudrait qu'il aille montrer patte blanche dans certains cercles, comme celui du Siècle dont Schweitzer lui a

4. *Nikkei*, *op. cit.*
5. *Citoyen du monde*, *op. cit.*

ouvert les portes, mais il les snobe presque ostensiblement. « J'y allais dîner parfois. Mais depuis six ans, je n'y ai pas mis les pieds. Je me suis peut-être fait virer[6] », s'esclaffe-t-il. « Ce qui est important dans ces rendez-vous de patrons français, c'est que chacun s'y rende en considérant qu'il est parmi ses pairs », analyse un bon connaisseur du milieu. « Et Ghosn nous a toujours fait comprendre qu'il était suprêmement au-dessus du lot de tous ces ploucs de patrons français », lâche un PDG du CAC 40. Jean-Dominique Senard, le dirigeant de Michelin qui le remplacera en 2019 chez Renault, n'aura eu droit qu'à un mot de Carlos Ghosn : « Bonjour. » Il aura fallu pour cela que les deux hommes se rentrent quasiment dedans en se croisant par hasard un jour dans un couloir de Bercy. « Il n'avait pas les codes. Il a commis des crimes de lèse-majesté. Il n'a pas mis les polytechniciens, les inspecteurs des finances là où il fallait, c'est-à-dire aux postes qu'ils estimaient leur revenir de droit dans l'entreprise », affirme un ancien cadre du Losange.

L'incompréhension est réciproque. Ghosn est un peu trop bling-bling, à s'afficher au bras de sa fille Caroline habillée par Elie Saab au Bal des débutantes donné dans l'hôtel de Crillon. Rita est trop clinquante quand elle se montre dans de grandes occasions au côté de son époux, « un vrai sapin de Noël », dit-on méchamment. « Il a été victime d'un délit de sale gueule », affirme un de ses anciens collaborateurs, peu suspect de complaisance à l'égard de Ghosn. « Il était plus fric, foot et famille qu'opéra », raconte un autre.

---

6. *Le Point*, 28 avril 2005.

« On lui demandait de faire des ronds de jambe. Mais avec Ghosn, un dîner, c'est de 19 h 30 à 21 heures, pas plus ! », ajoute encore un troisième. Bref, le couple Ghosn rate son entrée à Paris. La greffe ne prend pas.

Et le patron de Renault rate aussi son rendez-vous avec les cercles politiques, incontournables en France. Il faudra qu'il attende janvier 2006 et la cérémonie à l'Élysée des vœux au monde économique pour une première rencontre avec le président Chirac. Dommage, il avait potassé les cent trente pages de fiches qu'on lui avait préparées pour mieux saisir toutes les passions françaises : 35 heures, syndicats, écologie, État actionnaire… Ghosn s'est d'abord appliqué. Il s'est plié aux passages obligés : publier une tribune dans *Le Monde*, faire le pied de grue dans les couloirs de quelques ministères clés. Il a écouté les conseils de ceux qui avaient pour mission de lui faire réussir son atterrissage français et se sont attachés à le débarrasser des attributs du pouvoir absolu contractés au Japon. Il en convient lui-même, il est « tellement entouré de pourpre… ». Mais les bonnes résolutions ne tiennent qu'un temps…

Chez Renault aussi, l'atterrissage est délicat. « En réalité, il se méfiait de Renault », raconte un ancien dirigeant, « de cette société latine qu'il avait du mal à décoder, pleine de conflits de palais, remplie de rumeurs et marquée par des décennies de contrôle de l'État ». Ghosn ne prend pas de gants, y compris avec Louis Schweitzer et son bilan. Le nouveau patron dresse, à peine arrivé, un tableau assez sombre de l'entreprise dont il prend les rênes. Il la joue bulldozer. « Je connais les Renault, mais je sais que je dois les redécouvrir », avait-il promis. Pourtant, dix jours après sa prise de commande, il semble avoir déjà tout compris. « Je peux vous dire qu'après dix jours, les choses deviennent plus claires pour moi, encore plus que je ne le pensais avant de venir ici », affirme-t-il au *Financial Times*. « Je prendrai des engagements forts, sans les "si", les "mais", les "cependant" qui souvent atténuent les objectifs. »

Les objectifs seront ambitieux, dans une entreprise qu'il constate être « pleine de dysfonctionnements ». Patrick Pélata est rentré à Paris un peu avant Ghosn, en éclaireur. Et l'état des lieux n'est pas brillant. « Patrick a été un peu effaré de ce qu'il a trouvé », confie un ancien cadre, « l'entreprise n'était pas du tout au niveau, la boîte était au fond du trou, la qualité épouvantable. Une vraie douche froide pour ceux qui venaient du Japon et qui en plus trouvaient un Renault dans le déni ». Nissan représente alors les deux tiers des bénéfices de Renault. Le contraste est saisissant : Sandouville tourne à peine à la moitié de ses capacités ; le Brésil affiche des ventes d'à peine un tiers des projections faites six ans plus tôt. Quand Carlos Ghosn débarque à Boulogne-Billancourt, Renault tremble, mi-fasciné, mi-paniqué.

En 2005, l'évidence Ghosn s'est imposée chez Renault. Et il reste indispensable chez Nissan.

Il fera donc les deux. « L'après-Ghosn [chez Nissan] va prendre du temps. L'après-Ghosn ce n'est pas 2005 », déclare-t-il, à la troisième personne, dès 2002 au *Wall Street Journal*. Louis Schweitzer l'a confirmé trois jours plus tard : « Nous en avons parlé et nous estimons tous deux que c'est envisageable[7]. »

7. Radio Classique, 27 avril 2002.

Deux entreprises à la fois. C'est à ce moment-là que l'agenda de Carlos Ghosn devient un objet de curiosité. Il sera 40 % de son temps à Paris – un peu plus au tout début de sa prise de fonctions chez Renault –, 40 % à Yokohama et 20 % dans le reste du monde, notamment Los Angeles puis Nashville où Nissan USA, qu'il continue à diriger en direct, a son siège. « Son agenda était rempli de couleurs différentes, par demi-journée, selon l'endroit où il était. Et tout était programmé avec un à deux ans d'avance », se souvient un proche. Carlos Ghosn commence en 2005 une vie à nulle autre pareille. « Je crois qu'il voyageait plus à travers le monde que le secrétaire d'État des États-Unis[8] », dira son chef de cabinet Greg Kelly. Il dort cent nuits par an dans son avion, mais banalise l'exploit avec une évidente fausse modestie. « Ce qui m'aide, c'est que je dors bien en avion[9]. » Sans aide chimique, aime-t-il préciser. Il a essayé la mélatonine, mais cela n'a fait que décaler le choc. « Quand vous débarquez de l'avion, vous avez intérêt à être en forme », explique-t-il. « Personne ne va dire "oh le pauvre, il a mal dormi à cause du décalage horaire". Mes collaborateurs ne veulent pas d'un demi-patron. Ils ont besoin d'un patron entier[10]. »

« L'essentiel de ma journée est planifié », expose-t-il encore obligeamment. « Les réunions commencent à 8 heures et ne s'arrêtent plus jusqu'à la fin de la journée, le plus souvent autour de 20 heures ou

8. *Bungei Shunju*, 10 juin 2019.
9. *Nikkei*, *op. cit.*
10. *Vanity Fair*, *op. cit.*

plus tard. Ce n'est pas inhabituel pour moi de quitter Tokyo le vendredi soir, participer à des réunions dans un autre pays pendant le week-end, puis prendre l'avion jusqu'à Paris pour une nouvelle semaine de travail. Ce genre de mode de vie peut avoir des conséquences, physiques et sociales. Il y a un prix à payer et il faut gérer cela. Mais c'est ce qu'on demande à beaucoup de dirigeants dans cette époque de mondialisation[11]. » Comme le remarquera en 2008 *Le Canard enchaîné*, Ghosn « cultive un côté "maître du monde" qu'en France, on avait vu transparaître que chez un Jean-Marie Messier ». Surmédiatisé, Carlos Ghosn n'est plus seulement un hyper-PDG Il est un surhomme.

Le ver est dans le fruit. Ou plutôt les vers.

Ghosn est en conflit d'intérêts permanent. Certes, il pousse la méticulosité jusqu'à avoir deux mallettes différentes, l'une consacrée à Renault, l'autre à Nissan. Le fait d'avoir un seul patron pourrait être le prétexte à une fusion des deux entreprises, mais Ghosn écarte l'hypothèse. Mais qui sert-il ? Renault ? Ou Nissan ?

« J'aime savoir à qui je parle. Au patron de Renault, ou à celui de Nissan, lui dira le ministre Thierry Breton dans son bureau de Bercy en 2006, montrez-moi votre agenda.

— Je l'ai laissé dans ma voiture.

— Bien, je vais demander à ce que votre chauffeur nous le porte. »

L'agenda laisse apparaître que Carlos Ghosn passe plus de temps chez Nissan que chez Renault. La

11. *Nikkei*, *op. cit.*

conclusion s'impose : Nissan paie mieux. Beaucoup mieux.

La France se demande où va la loyauté du dirigeant de Renault. À Yokohama, le même doute commence à émerger. « Quand Carlos Ghosn est rentré en France, les gens de Nissan ont d'abord cru qu'il continuerait à défendre leurs intérêts. Certains ont ensuite éprouvé un sentiment de trahison », explique un bon connaisseur du groupe.

Un autre mal va lentement ronger l'Alliance de l'intérieur : l'excès de pouvoir. Chez Nissan, après 1999, « Carlos Ghosn avait relevé le pont-levis derrière lui une fois installé au Japon », rapporte un ancien cadre, « il était le proconsul du bout du monde ». Entre le moment où, en 2002, Louis Schweitzer annonce qu'il sera patron de Renault, et celui où, en 2005, il l'est effectivement, Carlos Ghosn promet une organisation ad hoc : il aura chez Renault comme chez Nissan un numéro deux, un COO. À Yokohama, il choisit Toshiyuki Shiga. Il n'est pas tout à fait un homme de paille, mais un vrai bébé Ghosn, nommé en 2000 *managing director* du constructeur, le plus jeune, à 46 ans, de l'histoire du groupe japonais. Le nouveau dirigeant opérationnel de Nissan décrit son mentor en ces termes : « Pour les enfants, c'est un héros. Pour les hommes, un modèle. Pour les femmes, le mari et le père de famille idéal. » Carlos Ghosn n'a rien à craindre de lui. Il reste le vrai patron de Nissan en même temps que celui de Renault. Au Losange, il faudra attendre plus de trois ans pour que Ghosn désigne un bras droit, Patrick Pélata, nommé directeur général fin 2008.

Deux entreprises à la fois, à l'opposé l'une de l'autre sur la planète. Cette position unique convient formidablement bien à l'industriel franco-libano-brésilien qui n'hésite pas à confier son admiration pour les bâtisseurs d'empire fussent-ils des autocrates, comme Saladin, Alexandre le Grand, Jules César ou encore Gengis Khan. « Ils ont, dit-il, créé les premières multinationales du monde. »

À partir de 2005, il n'y a en réalité plus qu'une corde de rappel à l'ambition de Ghosn : Louis Schweitzer, toujours président de Renault. « Il avait une vraie autorité morale », confie un ancien haut dirigeant. Mais en 2009, Schweitzer part pour de bon. Il était le dernier contre-pouvoir.

« INDÉTRICOTABILITÉ »

15 février 2018, Paris

« Je ne suis pas "secondophage" ! » Comme il est de – très – bonne humeur en ce début d'année 2018, Carlos Ghosn roule des yeux et donne malgré lui à son visage extraordinairement mobile un air gourmand de joyeux cannibale de dessin animé. Il est ainsi, Carlos Ghosn, une allégorie vivante de la paille et de la poutre. Tout le monde a les yeux braqués sur le fait qu'il va, encore, être renouvelé comme PDG de Renault, mais lui insiste sur le fait qu'il aura un numéro deux. Croix de bois, croix de fer, il cède du terrain, il lâche du pouvoir.

Le 15 février, c'est Thierry Bolloré qui gagne la course à ce poste convoité. Au terme d'un processus officiellement mené par le conseil d'administration avec les conseils du cabinet Korn Ferry, mais officieusement et évidemment piloté par Carlos Ghosn, il est nommé COO. Thierry Bolloré, très lointain cousin du célèbre *tycoon* Vincent Tan, n'est pas un historique du Losange. Il l'a rejoint en 2012, après avoir fait carrière chez les équipementiers Michelin – comme Ghosn – et Faurecia.

Cela fait un an et demi, depuis l'élargissement de l'Alliance à Mitsubishi, que la succession de Carlos Ghosn n'est plus un tabou. Au contraire, elle infuse la communication du groupe. Elle semble presque une réalité chez Nissan, depuis que Hiroto Saikawa a été promu CEO en avril 2017. Chez Renault, Thierry Bolloré n'en a pas encore le titre. Il faudra qu'il fasse ses preuves. Ce jeu peut durer longtemps, comme c'est parfois le cas au crépuscule du patriarche des entreprises familiales. Au Japon, il n'y a quasiment pas de limite d'âge. Chez Renault, elle a été repoussée en 2015. Résultat, en février 2018, à 64 ans, Ghosn peut rempiler pour un mandat entier de quatre ans comme directeur général, et pour deux mandats de président du conseil d'administration.

Ses fidèles sont soulagés qu'il reste. « En juin 2017, il voulait partir », affirme un très proche. Preuve qui ne trompe pas : « Il avait demandé à ce moment-là comment il pouvait liquider sa retraite. » « Nous, on l'a supplié de rester », explique cette même source. La négociation de l'hiver 2017-2018 avec l'État français n'aurait donc pas seulement été une comédie… Ghosn aurait pu partir. En tout cas s'est-il lui-même convaincu qu'on lui a demandé de rester, que son nouveau mandat n'est pas le fruit de sa seule addiction au pouvoir mais bien la volonté du conseil d'administration de Renault, gouvernement français compris.

En fait, à ce moment-là, les intérêts des uns et des autres se rejoignent. Carlos Ghosn les résume dans un autre néologisme : l'« indétricotabilité » de l'Alliance avec Nissan. C'est sa « feuille de route », comme il dit. Et c'est la première fois qu'il l'assume aussi clairement. Depuis des années, il a certes testé des idées de rapprochement entre Renault et Nissan. Il a aussi envisagé de rééquilibrer l'Alliance, pour mettre les deux constructeurs sur un pied d'égalité capitalistique. Mais il a toujours reculé.

Cette fois, il faudra qu'il amène, peut-être qu'il impose, le schéma qui pourra lui survivre. Il le dit le 15 février : « Il faut qu'il n'y ait plus aucun doute dans l'esprit de quiconque sur la pérennité de l'Alliance. La grande inquiétude étant que, le jour où je ne serai plus là, l'Alliance perde un moteur important. Cela implique forcément des structures juridiques pour qu'il ne soit plus possible de se séparer[1]. »

Des « structures juridiques » ? La phrase est suffisamment vague pour laisser ouvertes toutes les possibilités. Le marché pense à la fusion, bien sûr. Simple et sans bavure. On marie une entreprise A à une entreprise B en fonction de leurs valeurs respectives. On les dote d'une direction commune et on réalise des économies d'échelle. Si seulement c'était aussi facile… Renault soulève l'idée en 2013, qui est brutalement balayée par Nissan. « On a fait marche arrière. Mais on a créé, chez Renault, des zones géographiques qui collaient à celles qui existaient chez Nissan. Le jour où le rapprochement aurait lieu, on serait plus facilement compatible… », raconte un ancien du Losange.

Au-delà du problème de la succession inévitable, à court ou moyen terme, de Carlos Ghosn, les intérêts

1. *Le Figaro*, 16 février 2018.

financiers plaident pour un rapprochement. Notamment ceux des actionnaires de Renault, l'entreprise française valant trois francs six sous. En mai 2015, quand l'action tutoie les 100 euros, son plus haut historique, le constructeur pèse 30 milliards d'euros. Mais les analystes font tourner leurs modèles. Si on calcule la valeur du groupe selon la méthode de la somme des parties, qui fait l'addition de la valeur de Renault et de celle de sa participation de 43 % dans Nissan, alors le Losange ne vaut que 15 milliards. À certains moments de son histoire, Renault a même eu une valeur négative : le groupe valait moins que le seul prix de ses actions Nissan ! C'est frustrant pour les actionnaires du groupe français, l'État en tête. Ça l'est aussi pour les fonds d'investissement qui se sont positionnés dans le capital des deux entreprises et qui rongent leur frein, parfois depuis des années, en espérant la fusion. Et c'est dangereux : qu'arrivera-t-il le jour où un concurrent lancera une offre publique d'achat (OPA) sur Renault, juste pour s'offrir à moindre coût le contrôle de Nissan ?

Des quantités de schémas plus ou moins sophistiqués circulent pour donner corps à l'indétricotabilité. La fusion, donc. Ou encore la DLC, la *dual-listed company*, sur le modèle du groupe pétrolier Royal Dutch Shell : une entreprise binationale, détenue par deux holdings, chacune avec leur action, leur place de cotation, leur conseil d'administration. Ou bien, au contraire, une seule holding qui détiendrait les différents constructeurs, Renault, Nissan, Mitsubishi.

C'est ce dernier schéma qui a la préférence de Carlos Ghosn. Il résout à ses yeux une quadruple gageure. La première est financière comme on l'a vu.

La deuxième est opérationnelle. La beauté des synergies de l'Alliance Renault-Nissan se fane peu à peu face à la puissance d'investissement des groupes intégrés comme Toyota ou Volkswagen. L'Alliance a besoin d'une autorité d'arbitrage plus forte, pour pouvoir miser massivement sur les paris technologiques de demain. Qu'en matière de véhicule électrique, Renault ait développé sa Zoé, tandis que Nissan pariait sur la Leaf, est une aberration en termes d'allocation de moyens. « Dans le domaine des moteurs, c'est aussi caricatural. On en a beaucoup trop ! », sourit un ex-employé du groupe. L'Alliance ne peut plus se permettre ce genre de caprices. « La vision *win-win*, gagnant-gagnant, pour chaque décision a atteint ses limites », décrit un bon connaisseur de l'Alliance. « Renault et Nissan ne peuvent pas être perpétuellement tous les deux gagnants sur un projet qui évidemment profitera d'abord à tel marché, et donc à telle marque. Il y a un moment où l'un des deux se dit "je n'ai pas envie de payer pour l'autre". La seule manière de franchir une nouvelle étape, c'est un schéma financier, capitalistique, qui aligne les intérêts de tous les actionnaires. » « On présentait l'Alliance comme un groupe numéro un mondial. La réalité, c'est que ce sont trois groupes qui ont des choses en commun, pas plus », se souvient un ancien. Dix-neuf ans après la signature de l'Alliance, toutes les plateformes ne sont pas communes. Il faut encore « surmonter les réticences d'ingénieurs entre ces deux entreprises-marques ».

La troisième gageure est personnelle. La holding, c'est le moyen pour Carlos Ghosn de s'extraire de l'impossible situation de conflit d'intérêts permanent dans laquelle il se trouve. Défendre les intérêts de Renault sous sa casquette Renault, ceux de Nissan sous celle de Nissan. Depuis treize ans, on ne compte plus les occasions durant lesquelles les Français ou, alternativement, les Japonais se sont plaints que le boss ait pris le parti de l'autre. « En 2009, raconte un Renault, on a voulu acheter la marque Saturn aux États-Unis. Nissan s'y est opposé parce que cela aurait empiété sur son pré carré américain. Carlos Ghosn aurait pu l'imposer. Il ne l'a pas fait. » Et à Boulogne-Billancourt, on ne digère pas non plus que le Qashqai soit un best-seller Nissan… Tandis qu'à Yokohama, on rumine encore la décision de confier à RCI Banque, la filiale financière de Renault, l'activité de crédit attachée à la commercialisation des véhicules de la marque japonaise en Europe, une machine à cash. On accepte encore moins la décision de déléguer à l'usine Renault de Flins la production des Nissan Micra. « C'était pour faire plaisir à l'État français », entend-on au Japon.

Une holding, c'est enfin, pour Carlos Ghosn, la retraite en douceur. La prise de champ à laquelle il aspire sans la souhaiter totalement. « Il ne voulait plus travailler comme avant. Il souhaitait y garder un pied, parce que ça l'amusait. Mais il avait trop travaillé. Il ne voulait plus autant s'investir », raconte a posteriori un proche. Le beurre et l'argent du beurre, diront certains. Le pouvoir suprême, sans les astreintes de la gestion au quotidien. Carlos Ghosn imagine en petit comité « une équipe resserrée, qui s'occuperait de stratégie et de synergie, tandis que les différents constructeurs de l'Alliance resteraient autonomes ».

Concrètement, il serait le président de cette holding, et chaque entreprise aurait sa propre direction. Il incarnerait l'Alliance.

Il pense, enfin, pouvoir résoudre la quatrième partie de l'équation, la dimension culturelle. Son projet de holding est à son image de citoyen du monde : c'est une structure de pilotage global. Or, comme il le décrit lui-même à destination d'un public japonais, outre la mondialisation, « nous assistons à une tendance sociétale qui façonne l'économie : c'est la question de l'identité et de la résurgence du nationalisme. Les deux tendances coexistent. Regardez le Brexit : le Royaume-Uni a voté pour quitter l'Union européenne, mais en même temps les Britanniques veulent travailler avec la région européenne et commercer avec le monde. Ces deux tendances existent aussi certainement chez Nissan[2] ». Tout comme elles existent au sein du Losange, dont Ghosn mesure qu'il est un pan de l'histoire industrielle française.

Carlos Ghosn doit composer avec les identités des entreprises qu'il dirige. Il le sait. Mais il commet une erreur.

« Je me suis engagé à aboutir avant la fin de ce nouveau mandat », affirme-t-il. Engagé ? Auprès de qui ? Auprès de son conseil d'administration, semble-t-il répondre. En réalité, c'est bien auprès de l'État français, qui détient la clé de son renouvellement à la tête de Renault. L'État veut la fusion, même si le mot n'est pas prononcé en public. « Ce qui est important, déclare le président de la République Emmanuel Macron le 13 février, c'est que Renault conserve son ancrage

2. *Nikkei*, *op. cit.*

industriel dans le pays et que les intérêts de Renault au sein de l'Alliance soient préservés. » « Cette alliance doit être gravée dans le marbre », insiste le ministre Bruno Le Maire. Le 15 février, lorsqu'il obtient un nouveau mandat, Carlos Ghosn est pour la première fois depuis très longtemps sur la même longueur d'onde que l'État français. Vu du Japon, il a basculé. Il n'est plus celui qui défendait Nissan contre les prétentions françaises à prendre le contrôle du constructeur nippon. Il est devenu l'instrument de celles-ci.

L'industriel et le gouvernement français ont un agenda commun : il faut aboutir avant 2022, avant la fin du mandat de Carlos Ghosn et avant l'élection présidentielle. Devant des proches, Ghosn fait son rétroplanning : il faut deux ans pour réaliser l'opération juridique et financière, trois ans pour la mettre en œuvre. C'est donc maintenant qu'il faut avancer, négocier. Si tout se passe bien, Carlos Ghosn pourra rendre public le projet début 2019, au moment où Renault et Nissan fêteront les vingt ans de l'Alliance. Quelle apothéose ce serait ! « Carlos Ghosn avait de multiples discussions, consultait différents conseillers, sur la base de plusieurs schémas. Mais il était ferme sur une chose : le calendrier », racontera plus tard un banquier d'affaires.

Pour l'heure, en février 2018, il faut d'abord rassurer Nissan. Le message interne qu'il diffuse ne suffit pas. « Rien ne changera », écrit-il. À Yokohama, la réaction est immédiate. « La fusion est hors de question », déclare le directeur général Hiroto Saikawa à des journalistes. « Carlos Ghosn a, en fait, joué un jeu fantastique, explique un proche de Nissan, en France, il a dit “je suis le seul qui peut faire délivrer les Japonais” et, au Japon, “je suis le seul à pouvoir arrêter les Français”. Chapeau ! »

La tension monte d’autant plus vite que Carlos Ghosn met en place les premiers jalons. Dès le 1er mars, Renault et Nissan créent de nouvelles « directions convergées ». Pour les fonctions concernées (qualité et satisfaction client, après-vente), il n’y aura plus qu’un dirigeant pour les deux groupes. « De plus, la convergence sera renforcée dans les achats, dans la fabrication logistique et dans l’ingénierie », annonce l’Alliance. C’est ce qui s’appelle préparer le terrain. « En 2013, nous avions travaillé sur un projet de fusion, mais Nissan l’avait repoussé, explique un ancien de Renault, c’est à ce moment-là qu’on a créé les premières fonctions convergées. C’était, à défaut de réussir le mariage par le haut, une façon de commencer à le consommer par le bas. Carlos Ghosn appelait cela la politique des petits pas. En mars 2018, c’est un pas de plus. »

Un pas de trop peut-être. Début mars 2018, tandis que toute l’automobile mondiale s’est donné rendez-vous au Salon de Genève, les tensions de l’Alliance s’étalent au grand jour. Les rumeurs circulent comme autant de ballons d’essai pour tester les intentions et les limites de chacun. Dans les allées du salon, il se dit que Nissan et Renault travaillent au rachat par le premier de la participation de l’État au capital du second. L’idée n’est pas neuve, mais elle réussit, comme à chaque fois qu’elle ressurgit, à tendre les relations à l’intérieur du ménage à trois formé par Renault, Nissan et l’État français.

PREMIÈRE HUMILIATION

Mars 2002, Paris-Yokohama

Un coup de fil d'un avocat, c'est rarement bon signe. « Les avocats de Renault nous ont contactés pour nous dire qu'il y avait un problème », relate un ancien cadre de Nissan. Fin 2001, les deux constructeurs sont en train de redessiner les plans de leur relation. Moins de trois ans après le sauvetage du groupe japonais par le Français, Nissan va lui aussi entrer au capital de Renault, à hauteur de 15 %.

Mais il y a un hic : l'article L233-31 du Code de commerce français relatif à l'autocontrôle, dont la COB, la Commission des opérations de Bourse, décide de faire une interprétation très restrictive. La voilà, la mauvaise nouvelle des avocats : Nissan peut acheter 15 % des actions de Renault, son actionnaire de référence, mais le groupe japonais n'aura pas de droit de vote. L'opération qui a vocation à symboliser l'esprit de partenariat des deux groupes ne changera donc en réalité rien au rapport de force entre eux.

« Même pour un Japonais, qui ne montre pas beaucoup d'émotions, c'est le genre de chose qui fait tiquer », explique l'ex-Nissan. Un expert de l'Alliance confirme : « Cela été vécu comme une humiliation par les Japonais. »

Sur le coup, ce sont surtout les actionnaires de Nissan qui pestent. « On s'est fait pourrir par les investisseurs japonais avec cette histoire ! », se souvient un cadre du groupe. Vu du Japon, la décision de la COB signifie que le constructeur paie au prix fort des actions qui ne lui servent à rien. Bref, Nissan s'est fait avoir.

Ce n'est pas faux, et c'est pire encore. Quand Nissan achète en mars 2002 ses fameux 15 %, Renault, de son côté, monte en effet aussi au capital de Nissan. En 1999, le Losange avait acquis 38 % de ses actions, mais aussi des instruments financiers – des warrants – lui permettant de grimper, plus tard, à 44 % et à un prix fixé à l'avance. Or, le cours de Bourse de Nissan a explosé depuis. Renault a donc la possibilité d'acheter à 400 yens pièce des actions qui valent 800 yens. Le genre d'affaire à côté de laquelle il est interdit de passer.

À la réserve que Renault n'a pas un sou vaillant et qu'il faut quand même débourser 1,86 milliard d'euros. « Une solution a été trouvée : faire payer Nissan », confie un ancien de l'entreprise japonaise. « Nous achetions 15 % de Renault. Et avec l'argent, Renault pouvait convertir ses warrants et monter à 44 % dans le capital de Nissan. » Le président de la COB écrit à Renault fin 2001 que sa décision se justifie par « le caractère fictif du capital créé », et il n'a peut-être pas tort...

À l'époque, Nissan, dirigé par Carlos Ghosn, encore reconnaissant à son patron et à son actionnaire français de sa résurrection fulgurante, accepte le tour de passe-passe. Celui-ci s'inscrit dans une réorganisation profonde de l'Alliance, qui, début 2002, modifie donc sa structure capitalistique et se dote aussi d'une société commune et d'un texte qui codifie la relation.

Il était temps, en effet, de mettre un peu d'ordre dans un système bâti en 1999, dans l'urgence créée par la situation critique de Nissan. Il était temps, aussi, de mieux organiser les coopérations entre les deux constructeurs pour en extraire plus de valeur. Renault et Nissan ont commencé par mettre en commun leurs achats. C'est la manière la plus facile de gagner de l'argent dans l'automobile. Les 70 % de la valeur d'une voiture sont constitués des équipements fabriqués par les fournisseurs. Il suffit de standardiser pour commander plus et faire baisser le prix unitaire. De plus, ce travail avec les fournisseurs ne nécessite quasiment aucun changement dans l'organisation interne des constructeurs.

Mais le Global Alliance Committee ne suffit déjà plus. C'est plus un forum qu'autre chose : il réunit les principaux dirigeants de Renault et de Nissan alternativement en France et au Japon, puis chacun rentre chez soi et fait ce qu'il veut... Louis Schweitzer sait qu'il faut aller plus loin.

Évidemment, l'hypothèse de la fusion est – déjà – sur la table. « Mais l'idée de fusionner les entités opérationnelles semblait absurde, confie un ex-dirigeant de Renault. Renault, c'est français. Aucun Français ne parle japonais. Nissan, c'est japonais. Aucun Japonais ne parle français, ni anglais. Et encore moins français qu'anglais d'ailleurs. » Non, le projet qui a longuement été étudié consiste à installer une holding de tête, qui serait propriétaire des deux constructeurs. Avec un actionnariat commun, les intérêts des deux entreprises s'alignent.

Et le problème – déjà, aussi ! –, c'est que Nissan, compte tenu de sa santé retrouvée, pèserait plus lourd que Renault dans la holding. Un comble, que Louis Schweitzer appelle drôlement « l'inversion de la chaussette ». L'opération ferait d'une alliance contrôlée par la partie française, un ensemble contrôlé par la partie japonaise. Pas question… « À l'époque, quand on faisait les parités d'échange, ça faisait du 70/30 », rapporte un ancien du constructeur japonais. « On y a passé des heures, en réfléchissant à sortir des actifs du périmètre de Nissan. Mais on pouvait torturer les chiffres dans tous les sens, les faits étaient là. » Les ex-Renault désormais badgés Nissan, Carlos Ghosn le premier, défendent bec et ongles les intérêts du constructeur japonais. Les négociations avec Renault sont sources de tensions. « On était blessés, déplore un Français de Nissan. On avait sué sang et eau à Tokyo. On était venus là, on avait embarqué femmes et enfants, et on nous reprochait d'avoir trop bien réussi ! »

Exit la holding de tête. Renault et Nissan optent pour la construction baroque, pour ne pas dire bâtarde. En plus du système de participations croisées, ils créent une société commune qu'ils installent, comme Airbus l'a déjà fait avant eux, en terrain neutre, aux Pays-Bas. La société s'appelle RNBV, pour Renault Nissan BV, les deux dernières lettres représentant le sigle désignant une société à responsabilité limitée en droit néerlandais. Ni tout à fait une holding de tête, ni tout à fait une filiale, c'est un objet hybride dont personne n'imagine à l'époque combien il fera couler d'encre.

L'Alliance, cet étrange attelage, a, enfin, un poste de pilotage. Mais que d'ingénierie juridique et financière il aura fallu pour le construire ! Renault et Nissan ne fusionnent pas, mais ils confient à RNBV certains pouvoirs directs pour une durée de dix ans renouvelable. « Les pouvoirs délégués sont l'adoption des plans à trois, cinq, dix ans, la validation des plans produits, les principes de politique financière, la gestion des filiales communes. » Certains actionnaires minoritaires de Renault dénoncent immédiatement ce schéma, qui dépossède le conseil d'administration d'une partie de ses prérogatives au profit d'une société non contrôlée. Pour que cela soit légalement possible, il faut même changer les statuts des deux constructeurs. En France, Renault devient ainsi une société par actions simplifiée.

La fusée compte un deuxième étage, encore plus discret : une fondation de droit néerlandais dont la vocation est d'être la pilule empoisonnée de la structure. Mal valorisé en Bourse, Renault vit en effet sous la menace permanente de devenir la cible d'un raider qui ferait le pari d'acheter Nissan, du moins 44 % de Nissan, pour trois fois rien, en attaquant le Losange. Dans une telle hypothèse, la fondation, titulaire d'une action RNBV, aurait le pouvoir de prendre le contrôle total de la société et de rendre inopérante la tactique de l'assaillant.

Le troisième étage, c'est un texte. Le « Rama », pour « *Restated Alliance Master Agreement* », c'est le contrat-cadre de l'Alliance, les tables de la loi. Renault et Nissan gravent dans le marbre ce que chacun peut faire ou non. Il n'est pas question, par exemple, que l'un ou l'autre des deux groupes cherche à prendre le contrôle de l'autre, ni que l'État français relève le niveau de ses parts. Pas question non plus que Renault confonde sa position d'actionnaire de référence avec le contrôle de Nissan. Les Français, qui aiment le juridisme, font grand cas de ce texte fondateur. Les Japonais beaucoup moins. « Le Japon, ce n'est pas une culture de l'écrit. Ce qui compte, c'est la parole donnée », explique un ancien de l'Alliance. Nissan prend note de la parole de l'État français qui, au printemps 2002, descend une marche dans le capital de Renault. Il n'en possède plus que 25 % et promet de descendre à 15 %, sur un faux pied d'égalité avec Nissan qui seul est privé de ses droits de vote. Et il compte sur Renault et les engagements de Louis Schweitzer. Il croit enfin en Carlos Ghosn, que le vétéran de Nissan Toshiyuki Shiga décrira plus tard comme « un mur, un coupe-vent[1] » entre Nissan et les ambitions françaises.

Et c'est vrai qu'à l'époque, Ghosn défend son entrepris japonaise et, avec elle, sa propre citadelle. « La mise en place de cette structure a été beaucoup plus difficile que je ne l'imaginais », confiera

1. *Asahi Shimbun*, 18 juillet 2019.

a posteriori Louis Schweitzer. Un ancien de l'Alliance se souvient de la dernière réunion de calage des accords de 2002. Exceptionnellement, elle démarre avec plus de trois quarts d'heure de retard. « Dans une salle à côté, Schweitzer et Ghosn s'engueulaient ! », rigole-t-il. Malgré l'histoire du groupe, qui est à l'origine celle du sauvetage d'une entreprise japonaise par une entreprise française, l'Alliance version 2002 est essentiellement conçue comme une entente d'égaux.

À un détail près, en réalité fondamental. Le conseil de RNBV est certes paritaire : il est constitué des patrons de Renault et de Nissan et de trois de leurs directeurs. Et il est présidé par le patron de Renault, celui de Nissan ayant le titre de vice-président. Surtout, une simple phrase dans les statuts de RNBV change beaucoup de choses : « En cas de partage des voix, le président a voix prépondérante. » Ni Schweitzer, ni Ghosn ensuite ne se sont jamais servis de ce pouvoir particulier et toutes les décisions de RNBV ont été prises par consensus ou ne l'ont pas été. Mais ce *casting vote* en sommeil au fin fond du conseil d'une obscure société néerlandaise est le symbole d'une hiérarchie. Il fait de Renault le décisionnaire ultime. Des années plus tard, Nissan n'aura de cesse d'y mettre fin.

On n'en est pas là, le 29 mai 2002, quand RNBV tient sa première réunion. Louis Schweitzer et Carlos Ghosn, chacun flanqué de trois de leurs cadres, s'asseyent pour la première fois autour de la table dans la salle de réunion de la société. Celle-ci s'est implantée à quelques kilomètres de l'aéroport international de Schiphol, dans un petit bâtiment bas et sans charme. La structure est minimaliste : « RNBV n'a pas de salariés. C'est peu de dépenses : une fille à l'accueil, qui ne venait que quand il y avait des réunions – elle bossait ailleurs le reste du temps –, un homme à tout faire pour changer les ampoules et mettre le chauffage, un cuisinier qui avait une petite cuisine et venait avec ses plats qu'il réchauffait sur place. Ce sont des bureaux de passage et deux salles de réunion. Point barre », raconte un ex-employé de l'Alliance. « C'est seulement un lieu d'échange. Il n'y a pas de cabinet secret ! »

Pourtant, à Paris et à Yokohama, beaucoup vont progressivement apprendre à détester Amsterdam. En France, la petite société est souvent décrite – notamment par les actionnaires minoritaires qui donnent de la voix à chaque assemblée générale – comme une boîte noire. Aucun actif n'a pourtant été affecté à la société, ce qui limite les enjeux financiers. Mais cette entité détenue à parité paraît n'être réellement contrôlée ni par l'un, ni par l'autre de ses actionnaires. Un ancien administrateur de Renault confirme : « On ne savait pas grand-chose de son activité. » Un autre abonde avec une forme d'ingénuité : « Le *business model* était inédit. Les pouvoirs d'un conseil d'administration sont théoriquement très étendus, mais là… c'est une situation vraiment spéciale. RNBV, c'est une filiale qu'on ne contrôle pas. On s'occupait de Renault, c'était comme ça… »

La direction du Losange a toujours balayé ces critiques. RNBV ? Un forum d'échange, une structure de pilotage qui s'assure de la cohérence des décisions stratégiques des deux partenaires de l'Alliance. Ni plus, ni moins. Depuis 2005, cependant, depuis que Carlos

Ghosn est patron des deux constructeurs et détient à ce titre deux voix au conseil de RNBV, l'opacité semble aller en s'aggravant. Les bons connaisseurs de l'Alliance et les détracteurs les plus déterminés du double PDG ont repéré que RNBV a vocation, entre autres missions, à décider des « dispositifs permettant la motivation des dirigeants de Renault-Nissan et des filiales communes, qui porteraient spécifiquement sur la création de valeur résultant des synergies entre les deux groupes ». Ghosn a-t-il inventé chez RNBV un système supplémentaire de rémunération, qui dépendrait de la capacité de Renault et Nissan à faire fructifier les alliances, à générer des synergies ? Ce serait plausible, compte tenu du système de pensée de Carlos Ghosn, et classique en matière de management : quelle meilleure façon d'aligner les intérêts de toutes les parties que de récompenser le travail commun ? « Il était prévu d'attribuer des stock-options pour les intéresser à la réussite de l'Alliance », confirme un proche du dossier.

Un tel système ne sera jamais mis en place. En juin 2017, l'agence Reuters révèle un document de travail concocté par Ardea Partners, qui décrit la mise en place d'un tel système de rémunération. Carlos Ghosn, devant ses actionnaires, avait méchamment balayé l'information et l'avait reléguée au rang de document commercial comme beaucoup d'autres sociétés de conseil sont capables d'en rédiger. En réalité, il n'y a qu'une seule raison pour laquelle ni Carlos Ghosn ni les autres membres du conseil de RNBV n'ont jamais été payés : la transparence. Si RNBV avait payé Ghosn,

Renault aurait dû le déclarer dans son rapport annuel. Polémique garantie !

La règle compte une exception. Entre 2013 et 2016, Mouna Sepehri, directrice déléguée à la présidence de Renault, touche au total 500 000 euros de la part de RNBV. Cette rémunération, qu'un proche du dossier attribue au travail particulier fourni sur les projets de fusion en 2013 et sur l'affaire des droits de vote double en 2015, n'avait pas à être déclarée puisque Mouna Sepehri n'était pas mandataire social ou administratrice de Renault. Le conseil d'administration de Renault, devant lequel elle avait planché au sujet des projets d'intégration, aurait validé en octobre 2012 son implication au niveau de RNBV. Mais le caractère confidentiel de la « prime de performance » que Carlos Ghosn lui attribuera, y compris vis-à-vis des autres cadres dirigeants de l'Alliance, aura beaucoup de mal à passer.

Chez Nissan, Amsterdam n'est pas non plus en odeur de sainteté. « Il suffit de regarder la carte du monde pour comprendre qu'il y a un problème », sourit un banquier. La distance contribue à l'éloignement du groupe japonais du centre névralgique de l'Alliance. Surtout, la confusion croissante entre cette dernière et la petite société néerlandaise transforme peu à peu RNBV dans l'inconscient collectif, surtout à mesure que la création de directions convergées va tenter de donner corps à l'intégration de Renault et Nissan. RNBV n'est plus un forum d'échange. Elle est l'embryon d'une fusion.

FIERTÉ JAPONAISE

9 avril 2018, Paris

Un courrier inhabituel a atterri sur le bureau de Pascal Faure, le patron de la direction générale des entreprises au ministère de l'Économie. La lettre, datée du 9 avril 2018, est signée par Akihiro Tada, le directeur général du METI, le ministère de l'Économie, du Commerce et de l'Industrie japonais. Rien d'étonnant à ce que les deux hommes, quasiment homologues, échangent. Mais Akihiro Tada vicnt cettc fois s'enquérir auprès de Pascal Faure d'un sujet bien précis : l'Alliance Renault-Nissan. Le METI s'inquiète des bruits de fusion qui courent.

« Tiens donc ! », pense-t-on à Bercy, « le METI se dévoile… ». Cela fait des années que le gouvernement français essaie d'engager un dialogue avec le gouvernement japonais sur le sujet Renault-Nissan. Mais chaque fois, les Français obtiennent au mieux un échange aussi courtois que creux, au pire ils trouvent porte close. À Tokyo, tout le monde le leur dit : « Le gouvernement japonais n'intervient pas dans les affaires d'une entreprise privée. » À Paris aussi, d'ailleurs, on dit souvent cela. Mais chacun sait que c'est faux. Au Japon, c'est également faux. C'est juste que les choses se font de manière différente.

L'archipel est, avec la France, l'autre pays de la politique industrielle. Un État dans lequel l'intervention de la puissance publique dans l'orientation de l'économie de marché est assumée. Le METI, quand il s'appelait encore le MITI (*Ministry of Industrial Trade and Industry*), a connu ses heures de gloire de la reconstruction de l'après-guerre à la crise des années 1990. C'est lui qui, à coups de déductions fiscales, de barrières douanières et de circulaires administratives partagées avec les entreprises, a orienté le développement de l'économie japonaise, stimulé l'innovation, poussé des secteurs industriels à la concentration… Il peut légitimement revendiquer une part des succès, notamment dans l'électronique, qui ont fait du pays une grande puissance exportatrice.

Ce METI-là, Bercy croit s'y reconnaître. Il est son double dans l'ambiguïté perpétuelle des rapports entre l'État et les entreprises. Mais le fossé culturel est immense. La France est un pays politique où aucun problème ne saurait être correctement réglé si sa conclusion n'est pas formulée dans le bureau du ministre, du Premier ministre, voire du président de la République. Le Japon est une bureaucratie, où les bureaux obscurs de l'administration ont parfois plus d'importance que les lieux les plus officiels. Dans les deux pays, le liant entre le monde public et celui des entreprises est assuré par les hommes : on commence sa carrière comme fonctionnaire, on la poursuit dans l'entreprise. Mais si, en France, on craint que ces transferts ne permettent la contamination de l'État par les intérêts privés, au Japon, ils facilitent la transmission du sens de l'intérêt national dans les entreprises. « Dans tous les conseils d'administration de grands groupes japonais, le METI est là, note un banquier d'affaires, il est officieusement présent à travers les administrateurs qui y ont travaillé. » C'est plus subtil, plus tacite et moins onéreux que la voie française de l'État actionnaire, mais au moins aussi efficace. « L'État japonais… ? C'est "*deep Japan*[1]" », explique candidement un cadre non-japonais de Nissan qui concède ne pas connaître, et encore moins comprendre, cet aspect-là de la vie de son entreprise.

Deux cultures de l'interventionnisme… Pourtant, Bercy et le METI ont du mal à se comprendre. Et le ministère de l'Économie français peine à trouver la bonne porte à laquelle frapper pour discuter du problème Renault-Nissan.

Ce 9 avril 2018, le courrier signé Tada n'est donc pas anecdotique. C'est le METI qui sort du bois. Et c'est mauvais signe. Très mauvais signe… Le Japon vient de déclencher la contre-offensive en réaction aux projets de fusion entre Renault et Nissan qui s'étalent à grand renfort de fuites dans la presse internationale.

Le monde de l'automobile spécule à chacune de ses grands-messes sur les projets de Carlos Ghosn. Bercy s'inquiète aussi, d'ailleurs. Certes, le PDG de Renault et Nissan s'est engagé à mener à bien l'opération dans le cadre de son nouveau mandat.

1. Le Japon profond, inaccessible.

Mais les rumeurs sont perturbantes. On parle davantage de sortir l'État français du capital de Renault que de consolider effectivement l'Alliance. Et l'idée d'une structure sous forme de fondation revient avec insistance. Cette fondation, qui pourrait par exemple être basée aux Pays-Bas, reprendrait les pouvoirs attachés aux participations croisées entre les trois constructeurs. Est-ce une façon imaginative de contourner l'écueil de la fusion totale dont Nissan ne veut pas ? Beaucoup, y compris au sein de l'État français, y voient autre chose : un stratagème imaginé par Carlos Ghosn pour « perpétuer cette situation si confortable pour lui, où il n'aurait de comptes à rendre à personne », comme le suppose un protagoniste, un moyen de se créer une forteresse encore plus inexpugnable, encore plus opaque et encore plus rémunératrice pour lui…

Martin Vial, à l'APE, soit l'Agence des participations de l'État, insiste donc et envoie un mémo à Mouna Sepehri chez Renault, également à l'intention de Nissan. Vis-à-vis des deux groupes, il insiste sur les bénéfices d'une fusion, quelle qu'en soit la forme exacte. Le patron de l'État actionnaire est convaincu de l'intérêt financier d'une opération, qui permettrait de réduire la décote de holding dont souffre l'action Renault et qui donnerait plus de consistance aux énormes synergies – 10 milliards d'euros à l'horizon 2022 – que Carlos Ghosn a annoncées l'automne précédent et auxquelles le marché peine à croire. Mais Martin Vial souligne surtout les enjeux managériaux et industriels. « Il ne fallait pas que l'Alliance puisse disparaître avec la génération Ghosn-Saikawa. La coopération était en train d'atteindre ses limites sur le plan opérationnel. Parce que le fonctionnement au consensus est compliqué. Les équipes du Technocentre de Renault considèrent qu'elles sont meilleures que celles des centres de recherche de Nissan, et vice versa », souligne un proche du dossier. Ce qu'un ancien de Renault résume crûment : « Chaque pièce commune, chaque plateforme en commun, chaque techno partagée, c'était un bordel sans nom ! » « La réalité, c'est que l'Alliance a pu tout de même avancer parce que Ghosn décidait. Le consensus, c'était lui ! Mais pour aller plus loin, sur les enjeux nouveaux du véhicule électrique ou autonome, il fallait qu'une équipe soit choisie, qu'elle prenne le leadership pour l'ensemble de l'Alliance. Qui allait faire ce choix, après Carlos Ghosn ? Il fallait une ligne de décision unique », analyse une source proche du dossier. « Pour Martin Vial, la fusion était la traduction capitalistique de ce problème managérial et industriel. »

Mais cette fusion, le Japon n'en veut pas. Il est loin, le temps où Carlos Ghosn pouvait dire : « une seule règle : pas de vaches sacrées, pas de tabous[2] », comme il l'avait affirmé le jour de sa fameuse conférence de presse d'octobre 1999. Le Japon de 2018 tient au contraire à ses vaches sacrées. L'archipel connaît un réveil nationaliste de plus en plus patent. Shinzō Abe, le Premier ministre et chef du parti majoritaire, le PLD, s'est fait élire en 2011 sur un programme de revitalisation économique, les fameuses flèches des « *Abenomics* ». À l'automne 2017, il se fait

2. Tim Larimer, « Japan, Nissan and the Ghosn Revolution », Chazen Web Journal of International Business, 2003.

réélire sur des thèmes beaucoup plus politiques. Le conservateur Shinzō Abe veut retisser les fils du Japon, rompus après la défaite de 1945, avec son histoire. Il veut tourner la page de l'après-guerre et renouer avec la mystique identitaire nationale. Ce qui passe par deux symboles forts, marqueurs du débat politique dans l'archipel : des visites de sanctuaires comme celui de Yasukuni qui honorent les morts pour la patrie, y compris quand certains de ces combattants ont été déclarés coupables de crimes de guerre contre les Chinois et les Coréens ; et la révision de la Constitution héritée de l'occupation américaine et du général MacArthur – Shinzō Abe veut réviser son article 9, qui interdit au Japon tout recours à la guerre.

La réaction identitaire incarnée par Shinzō Abe reflète un mouvement plus profond de la société japonaise. L'organisation de droite entre confrérie et lobby conservateur Nippon Kaigi, ou « Conférence du Japon », a ainsi gagné en influence ces vingt dernières années. Abe y a adhéré dès sa création, en 1997. Ses proches en sont aussi des piliers, à commencer par son bras droit Yoshihide Suga, le secrétaire général du gouvernement, et Hiroshige Sekō, inamovible ministre de l'Économie, patron du METI donc. « Même Shinzō Abe peut être débordé sur sa droite. Il y a, au METI, une faction beaucoup plus nationaliste que lui », précise un bon connaisseur des arcanes du pouvoir japonais.

La tentation indépendantiste de Nissan en 2018, dix-neuf ans après son sauvetage par Renault, fait donc écho à l'envie identitaire de tout un pays. « Regardez les choses de haut : Carlos Ghosn a sauvé Nissan, mais qu'a-t-il fait pour le Japon ? Que signifie pour le Japon son projet qui est d'essence globale ? », dit un proche de l'ex-PDG

De fait, en 2017, Ghosn fait un bilan flatteur de son action chez Nissan, mais à altitude de Gulfstream : « Nous avons dû fermer 5 usines, mais nous en avons rouvert 15 depuis. Nous avons supprimé 20 000 emplois sur 150 000 environ, mais nos effectifs sont aujourd'hui le double de ce qu'ils étaient. Nissan avait 2 000 milliards de dettes, il a maintenant 1,500 milliard de cash. » Si Ghosn rend souvent hommage à la culture japonaise, il est d'abord un homme de la mondialisation. « Le succès de l'Alliance réside dans notre capacité à exploiter le potentiel de notre diversité culturelle. [...] Chez Nissan, 20 des 52 executive officers viennent d'ailleurs et représentent dix nationalités. La moitié des dix membres du comité exécutif ne sont pas Japonais. [...] Si vous regardez le monde automobile, il y a 90 millions de voitures vendues chaque année, dont 5 % seulement sont des voitures japonaises vendues au Japon. Nissan opère dans 160 pays. » Le Japon de 2018 peut-il se contenter d'être un point, même d'ancrage, sur la carte des activités de Nissan ?

« Au Japon, l'entreprise existe au sens économique du terme. Mais pas au sens anthropologique. La seule structure que le Japon connaît depuis ses origines, c'est la structure clanique, dominée par les guerriers, les *bushi*. À la fin du XIXe siècle, le Japon s'est modernisé et a importé le modèle d'entreprise britannique, la référence à l'époque. Mais le rapport des hommes à l'organisation n'a pas bougé.

Conséquence : l'entreprise est un système de vie, de société, d'appartenance qui vous donne toute valeur », explique un expert.

Et dans ce système de vie qu'est l'entreprise japonaise, les guerriers modernes, ce sont les ingénieurs. « Si vous enlevez l'ingénierie à Nissan, vous décapitez le clan », insiste un fin connaisseur du sujet. Vu sous cet angle, la décision annoncée en mars 2018 de créer des directions convergées entre Renault et Nissan, y compris pour l'ingénierie, n'était pas seulement un jalon logique avant la fusion. « C'était une déclaration de guerre », affirme un bon connaisseur de l'Alliance. Un vétéran du groupe confie d'ailleurs : « J'avais prévenu Carlos Ghosn : "Faites attention, dans les cinq directions convergées, il n'y en a pas assez qui sont dirigées par des Japonais." "J'ai mis les meilleurs", répondait-il. Il avait horreur de "compter" les nationalités. Mais il y a des gens chez Nissan, notamment Sakamoto à l'ingénierie, à qui l'Alliance ou le fait que Carlos Ghosn soit leur directeur général posaient problème. Le commerce, la finance, oui, il y avait des responsables étrangers. Le *shadow management* à l'international, qui plaçait un double japonais à tous les managers des grandes régions, a été supprimé sous Carlos Ghosn. Mais le cœur de Nissan, l'ingénierie, la mécanique, les usines, a largement échappé à l'Alliance. Ce monde-là, c'est ce qui ce qui leur restait de pouvoir. »

Quoi d'étonnant, dès lors, que Nissan s'arme. Fin mars 2018, la saison des cerisiers en fleurs a commencé un peu plus tôt que d'ordinaire au Japon, mais elle ne rend pas les cadres du constructeur d'humeur poétique. Faire intervenir le METI dans la discussion qui s'engage avec Renault fait partie de l'arsenal que l'entreprise japonaise peut déployer pour contrer son partenaire, en même temps que l'argument de l'ingérence de l'État français. Le gouvernement japonais ne s'est pas contenté de faire monter Akihiro Tada au front. Fin avril 2018, il compte faire aussi intervenir le ministre Hiroshige Sekō en personne. En mai, il fait même circuler parmi les protagonistes de l'Alliance un projet de protocole d'accord entre les deux gouvernements : un *Memorandum of Understanding*, ou MOU. Le texte, qui fait de l'Alliance Renault-Nissan le reflet « de la confiance mutuelle entre les deux pays » et « un des premiers symboles de la coopération industrielle franco-japonaise », exige que « si le gouvernement français est amené, en tant qu'actionnaire, à faire des propositions spécifiques, le gouvernement japonais devra en être informé ». Le protocole insiste aussi sur le fait que « par-dessus tout, Nissan est libre de ses propres décisions ». Les accords de 2015 ne sont peut-être pas suffisants : « Les opinions en vue de renforcer l'Alliance qui sont exprimées par des administrateurs de Renault [...] représentent exclusivement l'opinion de Renault et ne doivent jamais affecter le libre arbitre de Nissan et de son conseil d'administration. »

Comme toujours, le texte de ce projet de MOU glisse sur le sujet Carlos Ghosn, présent comme un éléphant dans la pièce, comme disent les Anglo-Saxons – le problème est à la fois évident et énorme mais personne ne l'évoque directement.

Carlos Ghosn essaie en réalité de tirer les ficelles de cette négociation, afin de faire converger les différentes parties vers le schéma de holding qui lui paraît le plus naturel. « Une holding avec une seule action, à la tête de trois constructeurs qui conserveront leur autonomie à condition qu'ils délivrent la performance. » C'est le mantra qu'au fil des mois il répète à ses plus proches. Un projet qui suscite des résistances dont certaines jouent du reste sur l'ambiguïté du mot « fusion », souvent utilisé dans la presse et dans les conversations et qui fait figure d'épouvantail chez Nissan et au Japon. Dans l'esprit de Ghosn, Renault, Nissan et Mitsubishi resteront des sociétés distinctes, à la tête de toutes leurs marques – parmi lesquelles Avtovaz, Dacia, Datsun, Infiniti… – et avec leur management propre.

Faire atterrir ce projet de Top Company, ou « TopCo » comme disent les financiers, suppose de franchir beaucoup d'obstacles. C'est tout l'enjeu des discussions du printemps 2018. Carlos Ghosn ne plonge pas dans la mêlée. Il laisse Mouna Sepehri en première ligne du côté de Renault, Hari Nada du côté de Nissan. Deux juristes, deux fidèles, deux esprits brillants, aussi déterminés l'un que l'autre à défendre les intérêts de leur entreprise respective, rivaux pour obtenir les galons officieux de bras droit de Carlos Ghosn, dont ils devraient pourtant savoir que ce dernier ne les accorde jamais. L'un et l'autre sont des « super-secrétaires généraux », qui traitent les sujets les plus sensibles et les plus confidentiels, attachés à la présidence de chaque constructeur et donc à Ghosn. Chez Renault, Mouna Sepehri a le titre de directrice déléguée à la présidence ;

chez Nissan, Hari Nada est depuis avril 2014 le directeur du CEO Office, où il travaille depuis 1990. L'un et l'autre pourraient s'entendre. Leur proximité avec l'autocrate leur attire à l'un comme à l'autre la même détestation de beaucoup de leurs collègues dans leur entreprise respective et plus encore dans celle de l'autre. Mouna Sepehri est souvent décrite comme la « GAD », « Ghosn a dit », en chef, les allusions sexistes en prime. Hari Nada est dépeint comme un homme plus sirupeux que dévoué, un manipulateur.

Le 23 avril 2018, Sepehri et Nada se retrouvent dans le bureau de Martin Vial. Une réunion qui fait suite au mémo rédigé par le patron de l'APE, qui espère que les conseils d'administration de Renault et de Nissan prendront bientôt une position commune sur leur avenir partagé. L'homme de Nissan résiste, pied à pied. Le mémo ? Simpliste, dit-il. La fusion ? Nissan préférerait le statu quo. Une fois encore, le constructeur japonais fait valoir son schéma idéal : le rééquilibrage des participations, qui lui donnerait des droits de vote chez Renault. Ce serait, répond Vial, « un trop grand sacrifice pour Renault » si dans le même temps la direction vers la fusion n'est pas prise. La réunion est stérile.

Hari Nada en rend compte le jour même à Carlos Ghosn dans un long e-mail, dont Mouna Sepehri et Hiroto Saikawa sont également destinataires. Dans ce message, rien ne suggère que la position exprimée par Hari Nada à Paris soit différente de celle que Carlos Ghosn souhaitait qu'il défende. Le patron de l'Alliance, à force de vouloir laisser se développer une négociation dont il connaît le point d'arrivée, la holding, est en pleine schizophrénie.

Du reste, il consent – et, vraisemblablement, il approuve – à ce que Nissan en appelle au gouvernement japonais. Cela contribuera à tenir l'État français à distance et cela, Ghosn ne peut qu'apprécier. « Comme vous le savez, nous avons demandé au METI d'être derrière nous pour soutenir Nissan et essayer de freiner l'État français et l'APE chaque fois que nécessaire », écrit le 21 mai 2018 à 14 h 18 Hitoshi Kawaguchi à Carlos Ghosn. Kawaguchi est le pivot de la relation entre Nissan et les autorités japonaises. Entré chez le constructeur en 1976, il en a été le directeur des ressources humaines jusqu'à ce que Ghosn le remplace à ce poste par l'Américain Greg Kelly. « Il ne faisait pas l'affaire. C'était une catastrophe aux RH », affirme un ancien de l'Alliance. Selon une autre source, Kawaguchi résistait à appliquer une réforme voulue par Ghosn : le recrutement printanier traditionnel des jeunes diplômés japonais. Pour le PDG, Nissan, en cette année 2009 où le monde est plongé dans la tourmente de la crise créée par la faillite de Lehman Brothers, n'a pas les moyens de sacrifier à ce rituel. Dans ce moment d'austérité, un Américain sera mieux placé qu'un Japonais pour piloter les ressources humaines. Dans une entreprise japonaise, cependant, les cadres supérieurs partent rarement, y compris quand on les juge inaptes. Chacun se souvient du vieux patron des achats de Nissan, Itaru Koeda, qui n'avait plus de titre mais encore un bureau où ses anciens collaborateurs continuaient de défiler. Idem pour l'ex-directeur de l'ingénierie Nobuo Okubo qui, dit-on, continuait d'organiser chaque matin à 7 h 30 une réunion dans son bureau du centre de recherche d'Atsugi. La résilience du *deep Japan* chez Nissan, malgré l'Alliance et malgré Carlos Ghosn, réside aussi dans la persistance de ces vieux réflexes et de ces hiérarchies parallèles.

Hitoshi Kawaguchi, lui, a été muté aux affaires publiques. « L'œil de Moscou, c'est-à-dire l'œil du METI, c'était lui », affirme une source proche du dossier. Ghosn l'utilise pour manipuler le gouvernement japonais. À moins que ce ne soit le gouvernement japonais et Kawaguchi qui, désormais, manipulent Ghosn. En mai 2018, Kawaguchi semble en tout cas maîtriser la situation. Constatant dans son message à Carlos Ghosn, dont Hiroto Saikawa est également destinataire, que le « projet de MOU, rédigé par le METI, va un peu trop loin », il réussit à l'enterrer. Le directeur général de Nissan approuve. « Abe-san et Suga-san ont été très discrets, moins loquaces, mais avec un soutien très solide », répond le 22 mai Hiroto Saikawa, qui suggère de trouver « un moyen adroit de demander plus tard l'appui de Suga pour mieux contrôler le METI et éviter qu'il ne franchisse la ligne ». Il renvoie le sujet à l'après-session parlementaire. Celui de la négociation concernant l'Alliance est aussi renvoyé à plus tard par Hiroto Saikawa. « Ce n'est pas à un ou deux mois près (et donc pas pour le mois de juin) », écrit-il le 28 avril, suggérant une mise à l'étude au conseil d'administration « en juillet ou après l'été ».

Carlos Ghosn laisse dire. Il pense, lui qu'on appelle parfois « Ghosn-*sensei* » (« Maître Ghosn »), qu'il finira par imposer son rythme à cette négociation.

Il en sera le deus ex machina, encore une fois. Une dernière.

LE COUP DE MACRON

7 avril 2015, Paris

Dominique Thormann déambule tranquillement une coupe à la main dans les allées d'un vernissage à Paris. Quand son téléphone sonne et que l'écran affiche le nom de Carlos Ghosn, il sait que c'est mauvais signe. Il est 21 heures. Or, si Ghosn peut être un patron autoritaire, il ne verse pas dans le harcèlement téléphonique vespéral. « Vous êtes assis ? », demande le PDG au directeur financier de Renault. Thormann s'isole.

À l'autre bout du fil, Carlos Ghosn est furieux. Il vient de raccrocher avec Emmanuel Macron. Un appel qui s'est fait attendre : deux fois, pendant son week-end à New York, Carlos Ghosn est prévenu que le jeune ministre de l'Économie va l'appeler, deux fois ce dernier ne trouve finalement pas le temps. Quand cette conversation a enfin lieu, ce mardi soir, elle dure à peine quelques minutes. Emmanuel Macron est au Sénat où vient de commencer l'examen de « sa » loi et, comme à l'Assemblée en début d'année, il tient à participer à tous les débats. Le PDG de Renault a été casé pendant une interruption de séance, à 20 h 15.

Le ministre a stupéfié Ghosn. Les deux hommes avaient partagé un déjeuner quelques semaines plus tôt, mais le PDG n'a rien vu venir. Le 8 avril, Emmanuel Macron lui annonce que l'État a décidé de monter au capital de Renault, dont il détient déjà 15 %. Il ne lui précise même pas combien d'actions en plus il a achetées ! « Comment ça, ils achètent des actions ? Ils nous nationalisent ou quoi ? », rit jaune un cadre du Losange. Le lendemain, l'Agence des participations de l'État, la direction de Bercy qui incarne l'État actionnaire, rend publique la nouvelle : la part de l'État dans Renault est désormais de 19,73 %.

Le gouvernement mobilise 1,2 milliard d'euros dans l'affaire, sans compter les frais non divulgués mais que Renault estimera à près de 79 millions d'euros[1]. Son objectif : contraindre Renault à se soumettre à la loi Florange, votée un an plus tôt. Le texte qu'avait porté le prédécesseur d'Emmanuel Macron, Arnaud Montebourg, impose aux sociétés cotées d'adopter un régime de droits de vote double pour leurs actionnaires de long terme. C'est un moyen, espère-t-on, de stabiliser le capital des groupes français qui ont une fâcheuse tendance ces temps-ci à se faire avaler par des concurrents étrangers. Mais Renault, du fait de l'Alliance avec Nissan, est un cas particulier. Adopter des droits de vote double, plaide sa direction, déséquilibrerait le rapport de force entre ses deux actionnaires

1. Réponse au rapport de la Cour des comptes sur l'État actionnaire, janvier 2017.

à 15 % : l'État, qui en aurait le bénéfice, et Nissan, qui n'a pas de droit de vote du tout.

Le Losange a donc décidé, comme l'autorise la loi Florange, de proposer au vote de ses actionnaires une résolution pour rester en régime de droits de vote simple. « Manifestement, ils n'avaient pas capté nos signaux d'alerte. Nous étions déterminés à faire appliquer la loi Florange dans les entreprises dont l'État était actionnaire, y compris Renault bien sûr », explique un ancien de Bercy.

La surprise chez Renault est totale. Et le microcosme parisien des affaires en reste pantois. L'État vient de faire un coup de Bourse ! On y voit la patte d'Emmanuel Macron, banquier d'affaires chez Rothschild jusqu'en 2012, dont on se souvient au siège du Losange qu'il venait *pitcher* en compagnie de son mentor à la banque, François Henrot. En réalité, l'opération a été élaborée par les équipes de l'APE dirigées par Régis Turrini, auxquelles le ministre a donné le feu vert la semaine précédente, en marge du dîner qui réunit chaque année les pontes de Bercy et les patrons des entreprises dont l'État est actionnaire.

Le mouvement est franchement osé et même choquant diront certains. C'est la Deutsche Bank qui s'est chargée de trouver sur le marché le paquet de quatorze millions d'actions Renault que voulait l'État. La transaction est assortie d'un système complexe d'options. Bercy refuse de le dire comme ça, mais l'opération ressemble furieusement à celles qu'affectionnent les fonds les plus spéculatifs, les emprunts de titres. En gros, l'État loue au prix fort une part du capital pour pouvoir gagner en assemblée générale et revenir ensuite à sa part initiale de 15 %. L'État ne revendra les actions qu'à l'automne 2017, officiellement sans pertes, mais sans tenir compte des frais. Et il exécute sa manœuvre moins de trois semaines avant l'assemblée générale du groupe, en rupture avec tous les usages de place.

À 37 ans, et pas encore huit mois d'ancienneté comme ministre de l'Économie, Emmanuel Macron engage ce 8 avril 2015 le bras de fer avec Carlos Ghosn. Il s'attaque de front au cauchemar de Bercy, ce qui lui fera marquer des points sur la scène politique où personne ne soupçonne encore jusqu'où son ambition le fait se projeter. Il a le soutien du président de la République, François Hollande, qui n'est qu'éloges pour lui, et aussi celui du Premier ministre, Manuel Valls, qui commence à peine à s'agacer de la popularité médiatique du jeune ministre. Il dispose de l'expertise de son directeur de cabinet Alexis Kohler, qu'il a choisi huit mois plus tôt au grand dam du secrétaire général de l'Élysée Jean-Pierre Jouyet, qui aurait préféré qu'il puise dans le vivier de l'Inspection des finances. Kohler, certes énarque mais « simple » administrateur civil, connaît le dossier Renault comme sa poche : il est passé par l'APE, il a même été administrateur du groupe automobile pendant deux ans – de 2010 à 2012 –, durant lesquels Ghosn a dû superbement ignorer le jeune fonctionnaire alors à peine quadragénaire. Un autre ancien représentant de l'État au conseil de Renault témoigne : « Ce conseil d'administration était horrible. Nous étions deux de Bercy au milieu d'une assemblée de dix-huit personnes essentiellement hostiles. » Autour de la table, il y a quelques grands pontes du capitalisme français comme Philippe Lagayette, ancien gouverneur de la Banque de France puis patron de la banque JPMorgan en France, Marc Ladreit de Lacharrière, patron fondateur de Fimalac, Franck Riboud de Danone, Patrick Thomas de Hermès, tous loyaux à Ghosn, « à sa main » selon les termes d'un bon connaisseur du dossier. Les travaux sont cornaqués par Mouna Sepehri et, autour de la table, on donne à Ghosn du « Président ». Les débats sont réduits à leur plus simple expression. « Comme dans tous les conseils de groupes français où l'on a assis les représentants des syndicats à la table, remarque un ancien administrateur, le débat, le vrai, avait lieu dans des réunions plus restreintes et informelles. »

Ghosn et Bercy, c'est une vieille histoire de détestation réciproque qui semble résister au temps et aux incessantes passations de pouvoir de ce ministère. Le PDG de Renault se méfie de l'État qui, juge-t-il, n'a cessé depuis 2005 de lui donner des leçons d'industrie et de morale sur sa rémunération. Il digère mal la convocation en 2010 à l'Élysée, pour se faire reprocher par Nicolas Sarkozy son projet de fabrication de la Clio en Turquie. Il n'avait surtout pas supporté les séances dans le bureau du ministre de l'Industrie de l'époque, séances qu'il raconte des années plus tard, à la fois hilare et méprisant, les yeux écarquillés et les deux mains battant la mesure sur sa poitrine : « À moi ! À moi, Christian Estrosi va expliquer comment on fabrique des automobiles ! Estrosi ! À moi ! »

Avec Emmanuel Macron pourtant, les choses auraient pu être différentes. « La première fois que Carlos Ghosn est allé à l'Élysée après l'élection de

François Hollande en 2012, il en est ressorti enchanté. Il avait apprécié son rendez-vous avec Pierre-René Lemas, le secrétaire général, et son adjoint, Emmanuel Macron. Il avait, disait-il, « pour une fois rencontré des types qui connaissaient leur sujet et ne se contentaient pas de lire leurs fiches », se souvient un ancien cadre de Renault.

Le 30 avril 2015, Macron passe à la deuxième phase de son plan. À l'assemblée générale de Renault, avec l'aide de quelques autres actionnaires publics ou liés comme la Caisse des dépôts, il met en échec de justesse la résolution proposant le retour aux droits de vote simple. Sous deux ans, l'État aura ses droits de vote double et de facto une minorité de blocage. Il défie Carlos Ghosn. « Macron a voulu gagner à la régulière, aller au vote, grince un proche du dossier, il a refusé les solutions de compromis proposées par Renault. »

À Bercy, les hommes de Macron sont de fait droits dans leurs bottes. « Les droits de vote double, c'est une question de principe. On l'avait dit au conseil d'administration dès le mois de décembre », dit un proche du ministre. Pour Alexis Kohler, c'est « un comble que l'État, actionnaire de Renault depuis 1945, qui fut présent dans tous les coups durs, se voie contester la minorité de blocage sur les décisions stratégiques du Losange ».

Ce n'est cependant pas seulement une question de principe. Bercy veut secouer le cocotier. Les fonctionnaires de l'APE comme Alexis Kohler en son temps, Régis Turrini ou son prédécesseur David Azéma, ont l'impression de se faire balader par Carlos

Ghosn depuis des années. « Nous lui avons demandé à plusieurs reprises de plancher sur des schémas d'évolution de l'Alliance. Il nous ignorait. Il a juste fait semblant, une fois en 2013, avec un pseudo-groupe de travail au conseil d'administration », note un ancien de Bercy. L'État, en réalité, ne supporte plus d'être perpétuellement mis devant le fait accompli : Ghosn, patron de Renault et de Nissan, semble à l'abri d'une forteresse dont il est inexpugnable parce qu'aucune structure ne garantit sa pérennité hors son pouvoir. « L'Alliance, c'était sa chose, c'était son rythme, c'était sa décision. Il a toujours refusé d'engager réellement le débat avec le ministère », explique un ex-haut fonctionnaire. Résultat, « on était content de notre coup à l'assemblée générale, dit un ancien du ministère, au moins, pensions-nous, cela allait enfin faire bouger les choses ».

Mais rien ne bouge. Pendant quatre mois, chacun retourne à ses occupations. L'État conserve ses titres supplémentaires, dont la valeur est pour le moment garantie avec la Deutsche Bank mais dont le cours en Bourse fléchit progressivement.

Et puis, à la rentrée de septembre 2015, ça bouge. Ou plutôt, ça tremble. Ça craque. Martin Vial vient de remplacer Régis Turrini à la tête de l'APE. Il n'a pas pris possession de son bureau du cinquième étage du bâtiment Colbert à Bercy depuis 24 heures qu'on lui porte une missive de Nissan. C'est une note de trois pages que Hiroto Saikawa, qui représente le groupe japonais au conseil d'administration de Renault, est venu apporter à Paris. C'est une charge violente contre la rupture de l'équilibre actionnarial de Renault, contre la trahison de l'État français. À Bercy, on tombe des nues. En aucun cas, l'État français n'a franchi la ligne jaune ! Les accords de 2002 et le fameux Rama lui interdisent de monter au-dessus de 25 % du capital. Les droits de vote c'est autre chose…

Nissan pose ses exigences : la seule façon de rétablir l'équilibre, c'est que Renault diminue le niveau de sa participation au capital de Nissan qui, de son côté, augmenterait la sienne dans le groupe français. L'Alliance remettrait ses deux partenaires sur un pied d'égalité et chacun aurait des droits de vote chez l'autre.

La négociation qui s'engage est lunaire. Formellement, Carlos Ghosn n'y prend pas part. « Parce que j'étais à la fois président de Renault et de Nissan, la situation était particulièrement compliquée. Pour éviter tout conflit d'intérêts, j'ai temporairement démissionné de mon poste de président[2] », relatera-t-il. Ghosn fait mine de prendre de la distance, ou plutôt de la hauteur, comme patron de l'Alliance. Pour Renault, c'est Mouna Sepehri, directrice déléguée à la présidence, qui est à la manœuvre. Et pour Nissan, c'est Hiroto Saikawa qui est en première ligne. Il est épaulé par Hari Nada qui est alors un vice-président de Nissan, en charge du CEO Office. Il fait régulièrement le voyage à Paris, ainsi que Greg Kelly, administrateur et mandataire social, qui reste en soutien à Yokohama.

C'est la première fois depuis 1999 que l'État français a un contact direct avec le groupe nippon. Carlos Ghosn s'était jusque-là employé à protéger son fief japonais. Vu de Paris, Nissan, c'est une *slide*

2. *Nikkei*, *op. cit.*

par an présentée au conseil d'administration du Losange et une ligne dans ses comptes quand bien même elle représente la part du lion de ses profits. « Nous n'avions pas la compréhension profonde de l'Alliance », convient un ancien de Bercy. « Et quand nous cherchions à mieux comprendre, nous nous tournions vers Louis Schweitzer dont la clé de lecture était sa propre expérience : pour lui, Ghosn défendait systématiquement les intérêts de Nissan. »

Le gouvernement japonais, qui, à la différence de l'État français, n'est pas actionnaire, se tient en retrait, mais personne n'est dupe. Le silence ne signifie pas la passivité. Et Ghosn a été convoqué chez le Premier ministre Shinzō Abe.

« Saikawa n'était que la voix de son maître, tranche un ancien de Bercy, et Mouna Sepehri aussi. » Emmanuel Macron a engagé un bras de fer avec une ombre. « Au gouvernement, ils étaient obsédés par Ghosn. Ils ne négociaient pas avec Nissan, ils se bagarraient contre Carlos Ghosn », résume un proche de Renault. Que le constructeur japonais, et derrière lui le Japon, puisse avoir des intentions propres n'effleure pas le ministère. « L'État actionnaire mécontente manifestement certains, mais pas forcément du côté japonais », lâche à l'époque Emmanuel Macron. « En réalité, il y avait un débat entre nous », raconte un ancien fonctionnaire. « Le ministre et son cabinet ne voyaient que Carlos Ghosn à la manœuvre. D'autres voyaient un espace entre Nissan et lui et donc une possibilité de discussion. » « Votre intérêt pour Carlos Ghosn dépasse votre intérêt pour Renault », assène, cinglant, un représentant du Losange à un émissaire de Bercy.

Le ministre, cependant, attaque Ghosn de front. Dans un entretien aux *Échos*, en octobre 2015, il le tance vertement : « Carlos Ghosn est PDG, il n'est pas actionnaire ! » Il suggère même que le patron de Renault et Nissan a « un agenda caché ». Son projet serait, au mieux, de surélever les barricades déjà installées autour de la gouvernance de Renault et de Nissan pour mieux protéger son propre pouvoir de toute velléité d'ingérence de l'État actionnaire ; au pire, de faire basculer l'Alliance du côté de Nissan. Vu de Bercy, la minorité de blocage revendiquée par l'État est aussi celle qui permettra si besoin d'empêcher une prise de contrôle et un déménagement du siège de Renault.

Nissan a pris ses quartiers à Paris en cet automne 2015. Les équipes et les conseillers – banquiers, avocats, lobbyistes, communicants… – du groupe japonais cognent dur contre « *minister* Macron ». « Il n'est plus banquier d'affaires ! Il a agi comme un raider ! Son discours, c'est "fusion ! fusion ! fusion !". Mais, pour nous, il ne peut pas y avoir de fusion, même à long terme, parce qu'il y a toujours un perdant. Nissan doit récupérer ses droits de vote, l'État français doit abaisser sa participation dans Renault, et le Rama qui régit les relations dans l'Alliance doit être amendé pour que cela ne puisse jamais se reproduire », demande à l'époque un proche de Nissan. « Il est hors de question que l'État français puisse d'une façon ou d'une autre, parce qu'il contrôlerait Renault, exercer une influence chez Nissan », analyse un autre protagoniste.

Il faut savoir finir une guerre et celle-là n'a que trop duré. Le 11 décembre 2015, l'armistice est signé au terme d'un long, très long conseil d'administration de Renault. Ce jour-là, Carlos Ghosn doit descendre de son Olympe et prendre part à la négociation. Les interruptions de séance sont l'occasion de multiples coups de fil, parfois des appels à l'aide, qui aboutissent jusque dans le bureau du Premier ministre Manuel Valls. À la fin, on s'entend sur deux textes.

Le premier est conclu entre l'État et Nissan. C'est un accord d'actionnaires qu'on appellera un « accord de stabilisation ». Pendant vingt ans, les droits de vote de l'État seront plafonnés à 20 % en assemblée générale ordinaire. Il aura ses droits de vote double en assemblée générale extraordinaire où se prennent les décisions les plus stratégiques. Pour Emmanuel Macron, c'est une victoire : le gouvernement garde la possibilité de protéger Renault d'une OPA hostile… ou d'empêcher son départ volontaire du sol français.

Le second est un avenant au Rama entre Renault et Nissan qui grave dans le marbre ce qui se pratique depuis 1999 au sein de l'Alliance : Renault, actionnaire à 44 % de Nissan, s'engage à ne pas voter autrement que le conseil d'administration du groupe japonais lors des assemblées générales de celui-ci, y compris concernant les nominations de ses dirigeants. « Le conseil d'administration de Nissan étant essentiellement composé par des membres de sa direction, l'accord de 2015 crée une magnifique boucle d'autocontrôle », observe a posteriori un expert de l'Alliance.

C'est ce qui s'appelle sauver la face. « Je rêve ou Emmanuel Macron vient d'échanger le contrôle de l'État sur Renault contre le contrôle de Renault sur Nissan ? », s'exclame un patron du CAC 40 quelques jours plus tard. Le résumé est abrupt. Mais il est fidèle à la réalité. L'État français a fait valoir ses droits auxquels le ministre était si attaché chez Renault. Mais il a aussi renforcé la position de Carlos Ghosn. Qu'il ait ou non été manipulé par ce dernier ne change finalement pas grand-chose au résultat.

« Nissan a été humilié dans cet épisode », analyse un proche de l'Alliance. « Et les Japonais ont la mémoire longue. » Chez Renault, certains l'ont aussi. Si, en public, c'est le bras de fer entre Emmanuel Macron et Carlos Ghosn qui polarise l'attention, il y a aussi, en coulisses, une bataille entre Renault et Nissan. La première dans l'histoire de l'Alliance qui ait atteint ce degré d'intensité. « Des choses qui avaient été enfouies depuis 1999 et 2002 ont été réveillées », remarque un ancien de l'Alliance. Dans les bureaux de Boulogne-Billancourt et d'Amsterdam, il y a eu de vraies scènes d'orage. Hiroto Saikawa et Hari Nada ont même essayé de faire sauter un ultime verrou : le *casting vote*, la voix prépondérante de Renault en cas d'impasse chez RNBV. Et, au cours du fameux conseil d'administration de décembre, chacun a pu constater que Hiroto Saikawa allait au-delà de la position d'équilibre exprimée par Carlos Ghosn. La marionnette semblait échapper à son marionnettiste…

En 2015, le Losange est un groupe qui commence à peine à panser les plaies de la crise industrielle européenne de 2012-2013. Il est affaibli. Et il a pris peur. Car dans l'Alliance, il existe une pilule empoisonnée. Un scénario, certes théorique, mais redoutable. Une résolution votée par l'assemblée générale de Nissan qui lui permet de déclencher à tout moment une augmentation de capital et de « diluer » ainsi Renault. Et si Nissan se sert de cet argent pour acheter 10 % de Renault, il peut forcer le rééquilibrage. 25 % dans les deux sens, et des droits de vote pour chacun, en un claquement de doigts ou presque. En 2015, à Boulogne-Billancourt, on sent le poids, la menace, de cette épée de Damoclès.

Deux ans plus tard, quand il fait le bilan et décrit « un événement très important qui a renforcé la confiance [de Nissan] avec Renault[3] », Carlos Ghosn se leurre. Après 2015, Renault et Nissan ne se regardent plus tout à fait comme avant. Entre Mouna Sepehri, Hiroto Saikawa, Hari Nada et tous les protagonistes de cette passe d'armes, le poison de la défiance s'est insidieusement installé. « De la défiance ? Non. De la haine… », affirme un bon connaisseur du dossier.

3. *Ibid.*

LE LANCEUR D'ALERTE

10 mai 2018, Cannes

S'il savait… Mais Carlos Ghosn ne sait pas. Une tempête est en train de se lever au Japon, mais lui a l'esprit tranquille, à la fête même. Le 10 mai 2018, comme tous les ans désormais, il prend ses quartiers pour quelques jours à l'hôtel du Cap-Eden-Roc, sur les hauteurs d'Antibes. C'est dans ce lieu idyllique et luxueux, célèbre pour sa piscine d'eau de mer chauffée creusée dans la roche, que l'industriel avait annoncé à quelques amis, trois ans plus tôt, son mariage avec Carole. Avec elle à son bras, Ghosn se plie avec fierté au rite de la montée des marches du Palais des festivals de Cannes pour la grand-messe annuelle du cinéma dont Renault est partenaire. Lui, en smoking noir et nœud papillon impeccable. Elle, en robe longue vert émeraude drapée sur le devant, signée par le créateur libanais Rabih Kayrouz, la même qu'elle portait deux ans plus tôt à la fastueuse réception donnée pour ses 50 ans au Grand Trianon du château de Versailles.

Cette année, le couple manquera la soirée de gala de l'AmfAR, l'association de lutte contre le sida, dont il est coprésident. Un événement people et glamour, où, en 2017, les Ghosn ont croisé Uma Thurman, Jessica Chastain, Nicole Kidman ou Diane Kruger.

La chronique mondaine du journal libanais *L'Orient-Le Jour* – qui, plus tard, deviendra une des lectures favorites de Nissan – ne rate pas une miette du séjour des Ghosn sur la Riviera, aux frais de l'Alliance. Encore une fois, les amis originaires du pays du cèdre ont été gâtés par leurs hôtes. Jean et Nayla de Freige, May Daouk, Khalil et Mizou Kharrat, Joe et Hala Saddi, Habib et Lara Kayrouz… ont droit à un souper au champagne au Majestic après la projection d'un film en compétition, à une escapade sur l'île Sainte-Marguerite le lendemain, puis à une visite du domaine viticole du château Thuerry. « Le soir même à Antibes, nos compatriotes se sont régalés d'un repas gastronomique à la plage Keller, au restaurant *Le César* », admire encore le quotidien libanais, qui précise également que le week-end s'est terminé en beauté avec « une journée magique » à la Fondation Maeght de Saint-Paul-de-Vence et un déjeuner dans la « mythique auberge de la Colombe d'Or ».

S'il savait… Ce train de vie, devenu habituel pour le couple Ghosn, va causer sa perte. Plus il profite, plus il s'enfonce. Au moment même où Carole et Carlos Ghosn foulent le tapis rouge cannois, à 10 000 kilomètres de là, chez Nissan, on est en train de rassembler les preuves du faste payé par l'entreprise ou par RNBV. À Yokohama, une enquête d'un genre très particulier a commencé.

Dans les premières heures où est révélée cette enquête en novembre 2018, les médias et des sources chez Nissan affirment qu'elle a démarré au printemps. « Des éléments d'information ont été rassemblés depuis le printemps », explique ainsi fin 2018 un proche du groupe. Puis le discours évolue chez Nissan et le point de départ de l'enquête est d'abord situé « juste avant l'été » – selon une source interne, sans plus de précisions –, avant la dernière version : elle aurait démarré « autour de l'été 2018 », selon un document officiel[1].

Quand ? Cette question obsédera tous les protagonistes de l'affaire Carlos Ghosn parce qu'elle détermine le « qui ? », et surtout le « pourquoi ? ». Des proches de l'industriel décèleront a posteriori dès le mois de mars des signaux faibles de ce qui se tramait et dont, ni eux ni Carlos Ghosn, n'avaient alors connaissance. Des dossiers concernant l'Alliance qui ralentissaient, des blocages inexpliqués dans les échanges entre Renault et Nissan, des formalités, par exemple concernant la mise à disposition de la maison de Beyrouth, qui prenaient du retard sans raison apparente…

Selon Nissan, « autour de l'été », donc, tout commence avec une dénonciation par un lanceur d'alerte. Pour Hiroto Saikawa, le changement de culture impulsé chez Nissan depuis le scandale des certifications falsifiées de l'été 2017 n'y serait pas pour rien. Nul ne sait quels sont les éléments qui ont été dénoncés. Cependant, la probabilité est forte que

1. Rapport du *Special Committee for Improving Governance* (SCIG) de Nissan, mars 2019.

Zi-A Capital, une filiale – non consolidée – de Nissan et en charge des acquisitions de l'appartement de Rio et de la maison de Beyrouth de Carlos Ghosn, soit concernée.

Le lanceur d'alerte aurait confié ses doutes à Hidetoshi Imazu, un des quatre auditeurs statutaires de Nissan. Une fonction particulière au capitalisme japonais. L'auditeur statutaire a un rôle différent du cabinet d'audit – Ernst & Young Shin Nihon dans le cas de Nissan – qui certifie les comptes, ou d'un comité d'audit du conseil d'administration. Il est nommé par les actionnaires en assemblée générale pour surveiller les travaux du conseil. Il est une sorte d'observateur, presque une autorité morale. Surtout dans le cas de Hidetoshi Imazu, qui a fait presque toute sa carrière chez Nissan, dont il a été l'un des pionniers de l'entrée sur le marché américain dans les années 1980. À 65 ans, il a changé d'étage et de fonction pour devenir auditeur statutaire.

Un job tranquille… en principe. Hidetoshi Imazu se serait soudain retrouvé confronté à une situation inédite et délicate, face à ce lanceur d'alerte venu dénoncer les pratiques du président, de l'icône, Carlos Ghosn. Selon Nissan, le vétéran de l'entreprise aurait pris deux décisions, dont il faut mesurer le poids : il aurait immédiatement pris contact avec le parquet japonais – une démarche inédite dans les annales de la profession[2] – et demandé à un groupe

2. « Je n'ai jamais entendu parler d'un cas où le statutory auditor alerte la justice avant le board » Masahito Nagata, membre d'une organisation professionnelle de l'audit (JASBA), [trad. des auteurs], dans « Inside the Tensions at Carlos Ghosn's Nissan », *The New York Times*, 28 mars 2018.

très restreint de cadres du constructeur de mener l'enquête, en toute discrétion et sans en référer à quiconque sinon à lui.

Si l'on s'en tient à cette version, cela signifie que Hidetoshi Imazu avait porté seul sur ses épaules, pendant au minimum quatre mois, le poids d'une investigation concernant Carlos Ghosn. Cela signifie qu'il avait délibérément refusé la voie classique qui aurait consisté à saisir le conseil d'administration, à charge pour lui de convoquer le président pour lui demander de rendre des comptes. S'il n'en fait rien, c'est probablement parce qu'il craint l'étendue du pouvoir dictatorial de Ghosn, susceptible d'étouffer ce départ de feu. « Il était si inquiet par ce qu'il a entendu qu'il a décidé d'en parler aux autorités. Le bureau des procureurs a pris la chose au sérieux et lui a demandé de regarder de plus près tel ou tel élément. Ils lui ont aussi dit qu'il ne devait pas en parler à qui que ce soit. Les instructions étaient très claires là-dessus. Il n'avait pas le droit de parler, y compris au conseil d'administration, y compris au directeur général, Hiroto Saikawa. Ceux qui savaient étaient terrifiés à l'idée d'avertir Carlos Ghosn parce qu'il était si puissant chez Nissan, si puissant chez Renault, qu'il ne laisserait jamais cette investigation être menée. L'auditeur statutaire devait donc chercher des éléments mais de façon très confidentielle, sans même en parler au METI ni au gouvernement japonais », relatera ensuite une source proche de Nissan. Le constructeur, s'abritant derrière les instructions de confidentialité données par les procureurs, ne donnera jamais ni les faits qui ont alerté le dénonciateur, ni son nom, ni la date exacte de son initiative.

La chronologie raconte cependant une autre histoire, sauf à s'en remettre au hasard et aux coïncidences. Car l'enquête contre Carlos Ghosn commence au moment où la discussion sur l'avenir de l'Alliance Renault-Nissan entre dans le vif du sujet. Au moment où le METI s'y implique, directement et de façon inédite. Au moment, enfin, où le constructeur japonais défend plus clairement que jamais ses positions.

« Je ne vois aucun mérite à une fusion », déclare Hiroto Saikawa le 25 avril aux journalistes du *Nikkei* dans le cadre du Salon automobile de Pékin. « Le but de l'Alliance est de maintenir ses membres indépendants et de maximiser la croissance de chacun. » Deux semaines plus tôt, alors qu'il était au Japon, Carlos Ghosn avait lui aussi rencontré la presse et évoqué, *off the record*, ses projets d'évolution capitalistique, en précisant bien que « toutes les options [étaient] ouvertes ». Le discours à deux voix des deux têtes de Nissan n'est plus un canon ni un jeu de rôles ; il est devenu incohérent.

Mi-mai, Hiroto Saikawa enfonce encore le clou. Le 14, quand il présente les résultats annuels du groupe, le directeur général est tranchant. « Il n'est pas vrai que nous négocions une fusion, affirme-t-il, la structure du capital n'est absolument pas un sujet lorsque nous parlons de l'organisation concrète du travail de l'Alliance. »

Le vent tourne pour chacun des deux dirigeants de Nissan. Un an après sa prise de fonctions comme directeur général, Hiroto Saikawa présente mi-mai de très mauvais résultats : les profits opérationnels de Nissan ont chuté de 22,6 % en un an. Le scandale des certifications falsifiées est passé par là. Mais Saikawa fréquente Carlos Ghosn depuis assez longtemps pour savoir que cette contre-performance le met en danger.

Carlos Ghosn aussi est en danger. Le regard du Japon sur lui a changé. Il n'est plus celui que Saikawa louait deux ans plus tôt, celui qui avait « prouvé qu'il était l'un des [leurs], qu'il était un Nissan, et pas un agent envoyé par Renault pour tout imposer[3] ». Le titre qui barre la une de mai 2018 du magazine *Zaiten* devrait l'alerter : « Renault-Nissan : la trahison de Carlos Ghosn ». Ghosn n'est plus le héros de Nissan, il est redevenu l'homme de Renault, sinon de l'État français. Il est maintenant vu, écrira plus tard le quotidien *Asahi*, comme « le chien de chasse d'Emmanuel Macron » ! Il est aussi, de Cannes à Rio, celui qui utilise Nissan.

En privé, Louis Schweitzer raconte souvent la même fable pour décrire l'évolution qu'il a cru comprendre chez Nissan. « Imaginez Nissan en 1999 », conte-t-il. « Vous êtes malade, très malade, et un grand médecin vient vous voir. Il vous dit : "Vous êtes mon malade, je vais installer un lit de camp dans votre chambre. Je vais rester là et je vais vous guérir." Vous dites : "Merci mon Dieu !" Puis vous êtes guéri. Mais le médecin garde son lit de camp dans votre chambre et n'en part plus… » Chez Nissan, on finit par espérer voir partir Carlos Ghosn. À moins, bien sûr, que ce ne soit tout simplement Renault qui soit resté trop longtemps…

3. Entretien avec les auteurs, octobre 2016.

L'INSATIABLE

26 avril 2016, Paris

La salle tremble. Voix de stentor, carcasse de rugbyman, les mains larges comme des battoirs et le sang chaud d'un gascon, Patrick Pouyanné fulmine. Et quand le PDG de Total est furieux, personne n'en mène large et surtout pas le frêle Pierre Pringuet, le patron de Pernod Ricard. Les autres patrons présents non plus. Mais ce jour-là, il y a le feu au bureau de l'Afep, la discrète mais puissante Association française des entreprises privées – en gros le CAC 40 –, que depuis 2012 Pringuet préside – réputé proche de François Hollande, ses confrères ont bon espoir qu'il saura l'amadouer.

Tous les participants sont d'accord : aucun n'a envie de payer les pots cassés pour Carlos Ghosn. C'est toute la place de Paris qui est remontée contre un dirigeant qui de toute façon lui fait si rarement l'honneur de sa présence. À cause du PDG de Renault, une loi sur l'encadrement des rémunérations des dirigeants, qu'ils avaient su esquiver en 2013 malgré les promesses de campagne et le discours du Bourget de François Hollande, pend de nouveau au nez du patronat français.

En 2013, les grandes entreprises avaient convaincu l'exécutif de faire confiance à leur autorégulation dans le domaine des rémunérations. Tous les ans, les actionnaires se prononceraient désormais sur le salaire du PDG, mais le vote serait consultatif. Et pour éviter les fautes de carre, il y aurait un gendarme, le Haut Comité de gouvernement d'entreprise ou HCGE, confié à Denis Ranque, président d'Airbus et ancien patron de Thales. On réglerait ainsi ses comptes à l'intérieur de la famille patronale.

Le 29 avril 2016, une seule assemblée générale, celle de Renault, et un seul cas, celui de Carlos Ghosn, sabotent cette stratégie. Ce jour-là, pour la première fois depuis la mise en place du « *say on pay* » consultatif en France, les actionnaires de Renault ont désavoué la rémunération de Carlos Ghosn. Ils ont voté « non », à 54 %. L'État actionnaire a pesé lourd dans la balance. Il n'a pas encore de droits de vote double, mais il détient depuis l'automne 19,7 % du capital puisqu'il n'a pas encore revendu les 4,7 % achetés pour l'assemblée générale de 2015.

Le problème n'est pas tant ce vote négatif, auquel plusieurs agences de conseil aux actionnaires comme Proxinvest appelaient. Le problème, c'est que le conseil d'administration de Renault n'en a pas tiré de conséquences. À peine l'assemblée générale du 29 avril est-elle terminée que le conseil publie un communiqué creux, confirmant la rémunération de Carlos Ghosn et promettant d'y réfléchir pour les années suivantes. Circulez...

L'erreur de communication est énorme. Le ministre des Finances Michel Sapin résume la séquence en une formule : Renault vient de « faire un bras d'honneur à ses actionnaires ». Le patronat tente de limiter les dégâts et se désolidarise du cas Ghosn. Ranque envoie à Renault un courrier de deux pages inhabituellement cinglant. Mais le mal est fait. Le Premier ministre Manuel Valls a beau mener une politique pro-business, il ne peut pas laisser passer. La loi Sapin 2, un texte de lutte contre la corruption en cours d'examen, sera enrichie d'un article pour rendre contraignant le « *say on pay* » des actionnaires. Tant pis si, comme le redoute le patron du Medef Pierre Gattaz, c'est une pierre de plus dans le jardin de l'attractivité de la France. Technip vient de se marier à Londres avec l'américain FMC et, se désole Gattaz, « c'est la quatrième [entreprise française] cette année », après Alcatel, Alstom et Lafarge. Valls, lui, y voit un double bénéfice politique : il soigne un peu sa gauche, qui s'est fracturée sur la loi El Khomri de libéralisation du marché du travail, et il cloue le bec à son ministre de l'Économie Emmanuel Macron qui n'a certes aucune sympathie pour le cas de Renault, mais craint des répercussions sur l'économie. « Il n'y a qu'une ligne au gouvernement » tranche, cassant, Manuel Valls en public et devant son ministre, et ce sera de légiférer.

Mi-juin, les parlementaires votent un amendement porté par le député Sébastien Denaja, mais, pour tout le monde, c'est « l'amendement Ghosn ». Le PDG se serait bien passé de cette postérité. Mais il y a finalement une évidence à ce qu'un texte sur le salaire des patrons porte son nom. Depuis des années, la rémunération de Carlos Ghosn est un sujet passionnel et polémique. Chez Renault, pour l'année 2015, il a gagné 7,2 millions d'euros, dont 1,2 million cash, le reste en actions de performance – ce qui a fait l'objet du vote fatal des actionnaires. Chez Nissan, le compteur affiche 1 milliard de yens, soit 9 millions d'euros. Deux entreprises, deux gros chèques. Une particularité qui ajoute à la controverse. Chez Proxinvest, Pierre-Henri Leroy s'interroge : soit Carlos Ghosn est à mi-temps dans chaque entreprise et il doit donc être payé en conséquence, soit il est à plein temps et cela justifie que Renault soit aussi informé de ce qui se passe chez Nissan. Car, de ce que Ghosn gagne au Japon, on ne connaît que le chiffre publié chaque année par Nissan depuis 2010. Une ligne – quand la réglementation en France oblige à noircir des dizaines de pages de rapport annuel sur le même sujet. Même le HCGE de Denis Ranque embraye sur ce thème dans son courrier à Renault : il faudrait, réclame-t-il, que soit « soigneusement justifiée » la façon dont la direction de deux sociétés distinctes « peut être exercée par une seule personne ».

À 7,2 millions d'euros chez Renault, Carlos Ghosn est en tête du palmarès des patrons français de sociétés cotées les mieux payés. À 16,2 millions en ajoutant Nissan, il explose les compteurs tricolores. « Et alors ? », semble-t-il répondre. Son échelle à lui, ce n'est pas la France, c'est le monde. Il n'a pas vis-à-vis de l'argent les pudeurs des dirigeants français qui savent le sujet tabou et passionnel dans l'Hexagone. Au contraire, il revendique sa rémunération comme un élève le fait de son bulletin de notes : c'est une mesure de son talent, de son mérite. Plus il s'identifie à l'Alliance Renault-Nissan, plus celle-ci s'incarne en lui, et moins il se sent proche des PDG salariés, plus il se reconnaît dans les dirigeants d'entreprises familiales et patrimoniales, parfois princières, comme au Moyen-Orient. Entre les deux mondes, il y a autant d'écart qu'entre un employé lambda et un patron classique. Un PDG salarié, fût-ce d'une multinationale, utilise l'avion de celle-ci ; un héritier se paie son propre jet. De son successeur, Louis Schweitzer aurait l'habitude de dire : « Il veut peser un milliard. »

Ghosn ne se prive pas de raconter qu'on a voulu le débaucher, ce qui veut dire qu'il a une valeur marchande élevée. « Quatre grands groupes ont voulu me recruter alors que j'étais le patron de Nissan », affirmera-t-il début 2019, dans sa déclaration devant la Cour de Tokyo. Il y a eu Ford en 2003, et surtout General Motors, en 2009. Alors que l'automobile américaine a un genou à terre après la faillite de Lehman Brothers, le géant de Détroit est nationalisé et l'administration Obama lui cherche un patron de choc. Steven Rattner, surnommé le « tsar de l'automobile », qui pilote le sauvetage pour le compte du président des États-Unis, contacte Carlos Ghosn pour le recruter. Il refuse. Nissan et Renault ont, dit-il, besoin de lui. Dix ans plus tard, quand on lui demande de raconter cet épisode, son premier réflexe surprend. Sa réplique fuse, du tac au tac : « J'ai pris une très mauvaise décision financière, c'est évident, les choses le prouvent[1] ! » Le salaire qu'a obtenu Dan Akerson, nommé chez GM, puis Mary Barra qui lui succède, aurait pu être le sien.

Mary Barra ? 28,6 millions de dollars en 2015, l'année où la France conteste à Carlos Ghosn ses 7,3 millions chez Renault. Mark Fields, chez Ford ? 18,6 millions. Le patron de Renault-Nissan semble connaître ces chiffres par cœur. Il récite de tête la grille de salaires de son secteur. Il s'y réfère en permanence. Quand il dîne avec un vieux copain de Polytechnique et que vient l'heure de l'addition, il la règle, bien sûr. « Avec ce que tu gagnes… », plaisante l'ami. « Mais tu sais combien gagnent les autres ?! », rétorque Carlos Ghosn. Tous ceux qui l'ont approché ont une anecdote dans cette veine. Ghosn a du mal à accepter qu'il gagne moins que certains de ses homologues quand il est, comme le dit Patrick Thomas qui préside le comité des rémunérations au conseil de Renault à l'époque, « l'homme indispensable de l'Alliance Renault-Nissan ». « Sans lui, elle disparaîtrait. Nous avons encore besoin de lui[2]. » Il faut retenir Carlos Ghosn. Et chez Renault comme chez Nissan, cela passe par la feuille de paie.

En 2009, Tokyo décide de contraindre ses sociétés cotées à un minimum de transparence. À partir de l'exercice clos au 31 mars 2010, Nissan, comme les autres, doit publier la rémunération de son patron. Le Japon découvre alors que son *gaijin* gagne énormément d'argent : il est le patron le mieux payé de l'archipel avec 891 millions de yens de salaire déclaré.

1. *Le Figaro*, 30 août 2018.
2. *Le Figaro*, 19 mai 2016.

Personne ne le sait à ce moment-là, mais Carlos Ghosn a divisé par deux sa rémunération japonaise. Quand en 2016, les actionnaires de Renault s'émeuvent du milliard de yens perçus par le PDG du côté de Nissan, ils sont loin de se douter que neuf ans plus tôt, il gagnait près du double ! Pour l'exercice clos fin mars 2008, Ghosn avait gagné chez Nissan quelque 1,75 milliard de yens. À l'abri des regards.

Pourquoi Carlos Ghosn consent-il en 2010 à ce hara-kiri financier ? La transparence et la pression de l'opinion publique l'auraient-elles converti au politiquement correct ? Greg Kelly, son bras droit qui sera arrêté en même temps que lui, livre une autre explication : « Ce qui inquiétait Ghosn, c'était la réaction du gouvernement français, un actionnaire important de Renault. Il pensait que s'il continuait à gagner 2 milliards de yens, son poste serait en danger[3]. »

Ghosn est rationnel. Surtout quand il s'agit d'argent. Il intègre la sensibilité du gouvernement français comme une donnée parmi d'autres de son équation, et il en tire les conclusions qui s'imposent. Point. C'est tout aussi pragmatiquement qu'il fait le choix de sa résidence fiscale. Ce sujet-là n'est pas public. L'État est au courant, par définition, mais il est tenu par le secret fiscal. En 2012, au moment où Paris veut voter la taxe à 75 % sur les très hauts revenus chère à François Hollande et décrite par Emmanuel Macron comme « Cuba sans le soleil », Carlos Ghosn quitte la France en tant que contribuable. Direction les Pays-Bas, comme le révèle plus tard *Libération*. Selon un de ses proches, ce

3. *Bungei Shunju*, *op. cit.*

n'est pas seulement l'environnement fiscal français qui a changé pour Ghosn, c'est aussi sa situation personnelle. Le PDG a divorcé de Rita. Une rupture dont il a informé ses proches chez Renault, d'autant qu'elle se passe mal. L'ex-Mme Ghosn s'épanche sur Facebook au point que Ghosn l'aurait fait très lourdement condamner à hauteur de plusieurs millions d'euros. Quoi qu'il en soit, Carlos Ghosn, dont les quatre enfants se sont dispersés aux quatre coins du monde, n'a plus d'attache géographique évidente. Paris, Tokyo, Beyrouth, New York, Rio de Janeiro… Difficile de trouver un port d'attache à ce patron globe-trotter, qui passe tant de nuits à bord de son Gulfstream. Il choisit Amsterdam, le siège de RNBV. Nissan le paie dès lors pour partie depuis sa filiale européenne installée au Pays-Bas. Pour Ghosn, être résident néerlandais est cohérent avec sa position de patron de l'Alliance. Ce qui est très cohérent aussi avec le régime fiscal appliqué aux « impatriés », exonérés de 30 % de leur charge d'impôt. Un avantage qui prend fin début 2019.

Résultat, en 2018, Ghosn est à la recherche d'un nouveau point de chute. La Suisse ? Il y a beaucoup pensé. La société de l'Alliance qui gère les contrats des cadres expatriés y est basée, ainsi que l'Alliance Foundation, tout juste créée. Il fait réaliser des études, se disant que si la Confédération suisse doit in fine être choisie pour le siège de la future holding de l'Alliance Renault-Nissan à laquelle il travaille, il peut bien la précéder. « Pas tant que vous êtes PDG de Renault. Ou pas tant que la holding n'est pas créée », lui aurait répondu Mouna Sepehri. « Vous imaginez la une de *Marianne* si cela se savait ? »

LE BAL DES TRAÎTRES

25 juin 2018, Tokyo

Tant pis pour Martin Vial ! Assis au premier rang de la salle, le patron de l'Agence des participations de l'État aurait voulu que cette assemblée générale de Renault du 15 juin 2018 soit plus concluante. Quand la décision a été prise six mois plus tôt, au plus haut niveau de l'État français, de reconduire Carlos Ghosn à la tête du Losange pour qu'il parachève l'Alliance avec Nissan, Bercy espérait bien qu'une étape serait franchie dès le 15 juin. Que Carlos Ghosn, ce jour-là, présenterait au moins une ébauche de l'opération à venir. Ou à défaut, a minima, une déclaration commune qui engagerait les conseils d'administration de Renault et de Nissan.

Mais rien. L'impasse des discussions du printemps n'a pas été surmontée. Martin Vial ravale sa déception, que Carlos Ghosn n'a pas l'air de partager. Sur la scène, le PDG de Renault savoure sa réélection imminente. Il est plus flamboyant que jamais. Il tresse ses propres lauriers – un exercice qu'il adore et où il excelle – et embarque la salle en traçant des perspectives glorieuses. Il promet aux actionnaires du Losange 10 milliards d'euros de synergies dégagées au total et de nouveaux progrès grâce à l'Alliance, qui vise 240 milliards de dollars de chiffre d'affaires cumulé et au sein de laquelle, d'ici 2022, 75 % des moteurs seront partagés. Il leur assure que les résultats de ses décisions les plus débattues seront bientôt – et enfin ! – visibles, et notamment les défis que représentent le véhicule électrique et l'implantation en Russie, avec la prise de contrôle d'Avtovaz.

Deux belles revanches. Dès 2009, Ghosn a poussé Renault et Nissan à investir 4 milliards d'euros à eux deux pour développer une gamme électrique. Contre l'avis des frileux, des petits bras. Le patron de l'Alliance était sûr de son intuition. D'ici dix ans, 10 % des ventes seraient électriques. Il s'est trompé – en 2019, l'électrique ne représente que 1 % des volumes. Mais il décolle, pour de bon cette fois. Et tous les constructeurs se sont lancés dans cette course où l'Alliance a été précurseur. En Russie aussi, il est sûr d'avoir eu raison, même si c'était trop tôt. Il y a emmené Renault en 2007, en lui faisant acheter 25 % d'Avtovaz. Une opération négociée en direct avec Vladimir Poutine, qui lui vaudra beaucoup de rancœur de la part du Losange : Nissan a eu la Chine, Renault la Russie… Cherchez l'erreur ! Pour autant, après onze ans d'efforts pendant lesquels Renault est monté au capital du constructeur des Lada et a dû remettre du cash encore et encore, le bout du tunnel est là. Ghosn en est certain.

Alors Carlos Ghosn ne s'alarme pas outre mesure du retard à l'allumage pris par son projet d'indétricotabilité de l'Alliance. Il n'est peut-être pas dans les clous du calendrier de l'État mais son propre agenda est encore réalisable. Lui vise février 2019. Ce sera sa consécration en même temps que les vingt ans de l'Alliance.

Autre lieu, autre assemblée générale. Le 26 juin à Yokohama, l'ambiance est plus tendue. Le scandale des certifications a pesé sur les comptes et sur le cours de Bourse. Si Carlos Ghosn s'excuse auprès des actionnaires du fait que, à cause de l'affluence, ils n'auront pas droit à une réception à l'issue de la réunion mais seulement à un cadeau, il ne s'excuse pas pour le scandale. Un petit porteur excédé, constatant que Ghosn « est toujours le visage de Nissan », le lui fait remarquer. Le président fait une passe en retrait à son directeur général. « Le boss, c'est lui. Ce n'est pas moi. Le conseil d'administration lui a confié la responsabilité de Nissan, il faut respecter cela. » Hiroto Saikawa confirme et rappelle qu'il a réduit en conséquence sa rémunération.

À ces escarmouches près, c'est une assemblée générale comme les autres. Un peu ennuyeuse, même si Carlos Ghosn fait respecter à la minute près la durée prévue, une petite heure seulement. Ni lui, ni les actionnaires ne comprennent ce jour-là le caractère dramatique, presque tragique, de cette réunion, qui sera la dernière de Carlos Ghosn après dix-neuf années de règne. Cette assemblée générale, c'est en fait le bal des traîtres. Ghosn est physiquement entouré de personnes qui, à ce moment-là, enquêtent sur lui et dans son dos, et d'autres qui participeront très bientôt activement à le faire tomber.

À la gauche de Carlos Ghosn, il y a bien sûr Hiroto Saikawa, son directeur général. Celui qui, dans moins de cinq mois, annoncera sa destitution.

Juste derrière les deux dirigeants, on aperçoit quatre hommes qui assurent le secrétariat de la réunion. Trois Japonais et un homme à la peau couleur caramel dont les cheveux commencent à grisonner. Il est britanno-malais, a 54 ans et s'appelle Hemant Kumar Nadanasabapathy, alias Hari Nada. Le juriste notamment formé à l'université Chūō de Tokyo est entré chez Nissan en 1990 par la petite porte du département légal. Puis il a gravi tous les échelons jusqu'à devenir en 2014 vice-président *corporate* chargé de Nissan et de l'Alliance, et entrer dans le saint des saints, le CEO Office, le cabinet de la direction de Nissan longtemps uniquement dévolu à Carlos Ghosn et désormais partagé avec Hiroto Saikawa. Nada en est le patron depuis qu'il a remplacé à ce poste son mentor et ami, Greg Kelly. L'Américain, homme de confiance de Carlos Ghosn s'il en est, a pris sa retraite opérationnelle mais il reste administrateur de Nissan.

Hari Nada est sur tous les dossiers sensibles : il supervise à la fois, en relation avec Frédérique Le Grèves au niveau de l'Alliance, l'agenda de Carlos Ghosn ainsi que sa rémunération, avantages en nature compris. Il est aussi le négociateur de Nissan pour tous les sujets qui touchent à l'Alliance. Avec Hiroto Saikawa, il est en première ligne en 2015 pendant la bataille des droits de vote double avec l'État français. Idem en 2018. Il est l'interlocuteur des fonctionnaires de l'APE. Nada, c'est l'homme fort du « 21e étage », le dernier du siège de Yokohama, où Carlos Ghosn et

Hiroto Saikawa ont leurs quartiers. Il sait énormément de choses.

La rumeur a fait un temps de Hari Nada le dénonciateur de Carlos Ghosn. Ce qui est certain, c'est qu'il a été le bras armé chez Nissan de la justice japonaise pour enquêter au cœur du groupe. Ce 25 juin, alors qu'il est assis juste derrière Carlos Ghosn, debout au pupitre, Hari Nada est déjà en train de rassembler les éléments qui constitueront le dossier d'accusation de son patron. « Nada, ce n'est pas un caractère fort. C'est un salopard. Un homme qui se tourne vers là où est le pouvoir. Cela a longtemps été Carlos Ghosn. Ensuite… », décrit un ancien de l'Alliance. « Ce n'est pas le diable tout de même ! », dit une autre source pour le dédouaner, « je pense que c'est quelqu'un qui, ayant travaillé une dizaine d'années avec Greg Kelly, n'a compris que très progressivement ce qui se passait au 21e étage. Et à un moment, tout cela est devenu trop gros ». « Les procureurs l'ont retourné », explique un proche du dossier. Dans quelques jours, en juillet, le Japon inscrira dans son arsenal judiciaire le plaider-coupable, cette procédure à l'américaine qui permet de vider son sac en échange d'un allègement de peine. Hari Nada sera l'un des premiers à en bénéficier.

Lui, et un autre homme clé : Toshiaki Onuma, le responsable d'un autre service sensible, le Secrétariat. Autant Hari Nada est souvent décrit comme un homme certes habile mais aussi rusé et opportuniste, autant Onuma est dépeint comme « un gentil grand-père », selon une source proche de Nissan. « C'est précisément pour cette raison qu'il était à ce poste. Parce que c'est le genre de personne à qui il ne viendrait jamais à l'esprit de poser des questions. »

À deux pas de Hari Nada sur l'estrade de l'assemblée générale, se trouve un autre homme. Celui-là se lève et prend la parole quelques minutes car son intervention fait partie du rituel des réunions d'actionnaires. « Le rapport annuel est conforme aux lois et règlements en vigueur. Il n'existe pas d'éléments témoignant d'éventuelles infractions. Il n'y a pas de sujet spécifique à porter [à la connaissance des actionnaires]. » Les mots sont creux. Des formules toutes faites que l'auditeur statutaire répète, année après année. Même en 2018 ! Hidetoshi Imazu fait comme d'habitude alors même qu'il est très probablement déjà en possession d'un rapport de dénonciation, qu'il pilote les investigations, qu'il est en contact avec les procureurs… A posteriori, la scène est surréaliste.

Ce 25 juin, il y a encore un autre personnage qui comptera : Masakazu Toyoda, élu ce jour-là parmi les trois administrateurs indépendants de Nissan. L'ancien fonctionnaire représente typiquement cette présence tacite dans les conseils d'administration japonais du METI, où il a fait toute sa carrière jusqu'à en devenir le numéro deux. « Depuis 1999, Carlos Ghosn avait "décroché" Nissan de l'influence du METI. Après sa nomination en 2017, Hiroto Saikawa a reconstruit la relation. La nomination de Toyoda au *board* en est le signe très clair », analyse une source. L'autre homme qui symbolise cette relation revivifiée, c'est Hitoshi Kawaguchi, également présent dans la salle. Pour les proches de Carlos Ghosn ainsi que pour plusieurs protagonistes de haut niveau, à la fois chez Renault et au sein des pouvoirs publics français, il sera le suspect numéro un, le « cerveau » de l'affaire. « Imazu, Nada, et Onuma n'auraient jamais lancé un truc pareil sans être couverts par le gouvernement japonais. Kawaguchi a forcément joué un rôle important », estime un proche du dossier.

D'autres pensent que le feu vert vient de très haut. C'est le cas de Jake Adelstein, journaliste d'investigation américain installé au Japon et connu pour ses enquêtes sur les yakuzas. Selon lui, c'est Hiroto Saikawa qui, ayant pris peur, « est allé consulter Akihide Kumada, le conseiller juridique officiel du PLD [le parti du Premier ministre Shinzō Abe]. Il a joué à fond la fibre patriotique. Je sais aussi de source sûre qu'il a rencontré ensuite Yoshihide Suga, le secrétaire général du Premier ministre Abe, à qui il aurait présenté toute une liste de griefs envers son patron. D'après mes informations, c'est Suga qui a donné le *go*[1] ». Officiellement, Nissan affirme que Hiroto Saikawa n'a rien su de l'enquête avant le mois d'octobre et le gouvernement nie être intervenu.

Autour de Carlos Ghosn ce 25 juin, la défiance alourdit l'atmosphère. « Tous ces gens, Kawaguchi, Nada, Karube… détestaient Renault », confie une source proche du groupe français. Hiroshi Karube a été nommé directeur financier en mai 2018, en remplacement de l'américain Joe Peter.

Mais Carlos Ghosn ne semble rien pressentir de ce mystère, ni de cette hostilité qui monte. « C'est le pire DRH que j'ai jamais connu », lâche en riant un

1. *Capital*, 17 avril 2019.

bon connaisseur du dossier, « il a récolté ce qu'il avait semé, avec son habitude de s'entourer de lâches et de traîtres, et de ne jamais écouter quand on le lui disait ». Avec une inévitable dose d'uchronie, beaucoup diront plus tard avoir mis Carlos Ghosn en garde contre plusieurs de ceux qui se retourneront bientôt contre lui. Plusieurs proches auraient ainsi alerté l'industriel contre Hari Nada. Ghosn balayait l'argument en disant : « Mais enfin… il ne compte pas. »

« À un moment, des membres du gouvernement japonais et des dirigeants de Nissan ont convenu que s'ils voulaient casser l'influence de Renault chez Nissan, il fallait casser Carlos Ghosn », explique un proche de l'ex-patron. « C'est une chose que le gouvernement français n'a jamais comprise, que Ghosn était vraiment le garant de l'influence de Renault chez Nissan. »

L'ERREUR

14 mars 2011, Paris

« Je me suis trompé, nous nous sommes trompés et, d'après les conclusions que nous avons entendues du procureur de Paris, il semble que nous ayons été trompés. » Costume sombre, chemise blanche, cravate rouge, regard encore plus noir que d'habitude, Carlos Ghosn se présente devant les Français pour admettre ses erreurs. Jamais on ne l'avait vu dans une telle posture. Et c'est sur le plateau du « 20 heures » de TF1, face à Laurence Ferrari et à 10 millions de téléspectateurs, qu'il se livre le lundi 14 mars 2011 à cet exercice inédit d'autocritique. Il n'a pas le choix. Il doit reconnaître un échec majeur, dans une histoire hors norme. C'est l'affaire dite « des faux espions ».

Une affaire rocambolesque qui a commencé deux mois plus tôt, au Technocentre de Guyancourt en région parisienne. Ce centre, c'est le cœur battant du Losange : 11 000 personnes y travaillent. Là, les ingénieurs et les techniciens conçoivent tous les nouveaux véhicules de la marque. Le 3 janvier au petit matin, le Technocentre revient à la vie après les vacances de Noël. Et trois ingénieurs sont particulièrement attendus. Matthieu Tenenbaum, un jeune ingénieur spécialiste du véhicule électrique, Bertrand Rochette, directeur des avant-projets véhicules, et Michel Balthazard, son supérieur direct, numéro deux de l'ingénierie, membre du comité de direction de Renault. Balthazard est l'un des trente plus hauts cadres de Renault. Et, ce lundi 3 janvier, il est mis à pied à titre conservatoire.

Début août, une lettre anonyme reçue chez Renault a en effet accusé Michel Balthazard d'avoir « négocié un pot-de-vin ». Rapidement, Patrick Pélata et Carlos Ghosn sont mis au courant. Les deux hommes, qui connaissent bien Michel Balthazard, sont sceptiques. Mais ils décident de diligenter une enquête interne. Elle est confiée à la direction de protection du groupe, le service de sécurité interne, où l'on trouve d'anciens policiers, militaires et agents du renseignement. Et la DPG obtient rapidement des résultats. Michel Balthazard serait titulaire d'un compte secret au Liechtenstein. Bertrand Rochette aurait un compte en Suisse, alimenté par celui de Balthazard. Et Matthieu Tenenbaum également. La lettre a révélé un vrai nid de traîtres !

Patrick Pélata et Carlos Ghosn prennent début décembre une décision radicale : les trois suspects vont être licenciés au plus vite. Ils tranchent dans le vif, sur la seule base d'une enquête interne qui n'est pas encore terminée et qui elle-même ne repose en fait que sur un témoignage, recueilli auprès d'une seule source par le numéro trois de la DPG Dominique Gevrey.

Dès le 4 janvier, l'affaire s'ébruite. En fin de journée, une simple dépêche AFP indique : « Des hauts dirigeants de Renault licenciés, raison inconnue. » Éric Besson, le ministre de l'Industrie, est furieux : il a visité le Technocentre en compagnie de Patrick Pélata le jour même et le numéro deux de Renault ne lui a rien dit ! La rumeur d'espionnage industriel enfle et s'étale à la une du *Figaro* le 6 janvier : « Espionnage chez Renault : la piste chinoise ». Le Losange est convaincu que l'empire du Milieu a créé une filière de corruption pour lui piller ses technologies, notamment dans le véhicule électrique. Mais malgré la gravité de l'affaire, il n'a mis ni la police, ni la justice dans la boucle. Ce n'est que le 13 janvier que le groupe se résout à porter plainte contre X pour « espionnage industriel, corruption, abus de confiance, vol et recel, commis en bande organisée ».

Pendant trois semaines, Ghosn laisse Pélata en première ligne. Préoccupé par son divorce difficile, il n'a rien changé à son programme habituel de cette époque de l'année : fêtes en famille au Brésil, crochet par les États-Unis pour le Salon de Détroit… Mais le 22 janvier, c'est lui, le PDG, qui monte au front. Il s'invite chez Claire Chazal sur TF1 au journal de 20 heures. Et le patron se révèle très offensif. « Écoutez, nous avons des certitudes. Si nous n'avions pas des certitudes, nous ne serions pas là. » Des « certitudes » qui surprennent tous les protagonistes de l'affaire. Les avocats des accusés, les policiers chargés de l'enquête et même les communicants de Renault, qui militaient pour un discours beaucoup plus prudent. Mais Carlos Ghosn a eu peur « de passer pour un con », selon les confidences d'un proche. Il a donc décidé d'aller plus loin. Face à la caméra, il évoque même « des preuves multiples ».

Carlos Ghosn commet une terrible erreur. Il n'y a pas de preuves. Il n'y a qu'une « gorge profonde », connue du seul Gevrey qui refuse d'en dévoiler l'identité. Les policiers de la DCRI passent au crible la vie des suspects, les mouvements sur leurs comptes en banque, leur train de vie, les appels téléphoniques… Et ils ne trouvent rien. Le parquet envoie des demandes d'entraide judiciaire en Suisse et au Leichstentein. Et toujours rien. Les comptes bancaires présentés par la source de Gevrey comme appartenant aux trois cadres n'existent pas. Le 14 mars, Jean-Claude Marin, procureur de Paris, tient une conférence de presse. L'affaire d'espionnage présumé ne relève en fait que « d'une possible escroquerie au renseignement ». Renault s'est fait extorquer 300 000 euros, versés au mystérieux informateur sur plusieurs comptes en Europe et au Moyen-Orient. Dominique Gevrey est arrêté le 13 au soir à l'aéroport de Roissy alors qu'il s'apprête à prendre un vol pour Conakry, en Guinée. Il est mis en examen pour escroquerie. Et Carlos Ghosn revient chez TF1 pour reconnaître ses torts.

Une affaire aussi rocambolesque, aussi retentissante, ne peut rester sans conséquence. Le gouvernement, qui est monté au créneau pour défendre Renault contre un risque d'espionnage industriel, s'est en réalité humilié dans une histoire de pieds nickelés. Chez Renault, les salariés sont écœurés par la façon dont la direction s'est précipitée pour licencier trois d'entre eux. Les syndicats, les politiques, l'opinion réclament des comptes à Renault. François Baroin, porte-parole du gouvernement, s'emporte sur « l'amateurisme invraisemblable » de l'affaire. « On ne pourra pas laisser ça sans suite », conclut le ministre sur LCI. Des têtes doivent tomber.

Et des têtes tombent. Mais pas celle de Carlos Ghosn, malgré ses « certitudes » télévisées de janvier. Le PDG s'entoure d'une équipe de choc pour défendre sa cause auprès de l'exécutif et de Nicolas Sarkozy. Il faut éviter que le président de la République ne baisse le pouce. Ghosn recrute ceux qui savent murmurer à l'oreille de l'Élysée. Il s'attache ainsi les services d'Alain Bauer, dont la mission officielle – et nécessaire ! – est de réorganiser le dispositif de sécurité de Renault. L'avocat Nicolas Baverez entre également en piste. Et il propose aussi le nom de Claudine Pons de l'agence Les Rois Mages, qui se trouve aussi connaître le frère du Premier ministre François Fillon. Autour de Ghosn, un dispositif de triangulation de la République se met ainsi en place pour activer tous les réseaux qui comptent. Pour faire aussi valoir le risque qu'il y aurait à se passer de Carlos Ghosn. Et ce risque, c'est l'Alliance. En 2011, comme en 2005 quand il avait été nommé patron des deux entreprises, Carlos Ghosn reste le meilleur ciment entre Renault et Nissan. Il est incontournable. Indéboulonnable. Le conseil d'administration se rend à cette évidence et renouvelle sa confiance au PDG. À la table, Alexis Kohler qui représente l'APE est de ceux qui assistent à cet épisode qui est une vraie démonstration de force pour Carlos Ghosn. Le gouvernement confirme cette position. À Bercy, les ministres Christine Lagarde et Éric Besson se contentent de le mettre en garde pour l'avenir et soutiennent par communiqué qu'ils « ont prévu de faire avec Carlos Ghosn dans les prochains mois le point sur la stratégie industrielle de nature à renforcer l'Alliance Renault-Nissan ». La mission « il faut sauver le soldat Ghosn » est un succès.

Les dégâts collatéraux sont immenses. Carlos Ghosn s'est trompé, et ceux qui ne l'ont pas empêché de se tromper vont en subir les conséquences. Une procédure de licenciement est engagée dès avril 2011 contre trois membres du service DPG, dont le chef, Rémi Pagnie, un ancien de la DGSE, les services secrets français. Un vétéran de l'Alliance. Ghosn en avait fait son responsable de la sécurité chez Nissan en 2000 et l'a ramené dans ses bagages en 2005, chez Renault. Un homme de confiance qui, pendant toute l'affaire des faux espions, a été l'interlocuteur de Pélata et du PDG, qui n'ont jamais remis en cause ce qu'il leur disait. Le directeur juridique, le directeur des ressources humaines en charge des cadres, la secrétaire générale et la directrice de la communication sont également relevés de leur fonction à la même date.

Mais le fusible sera Patrick Pélata, qui s'est lui-même mis la tête sur le billot en déclarant le 4 mars : « S'il n'y a pas d'affaire d'espionnage, j'en tirerai toutes les conséquences jusqu'au plus haut niveau de l'entreprise, c'est-à-dire y compris jusqu'à moi[1]. » L'audit commandité après le fiasco va mettre

1. *Le Figaro*, 4 mars 2011.

en lumière son rôle au quotidien dans l'affaire. Le 11 avril, il démissionne de ses fonctions de directeur général en charge des opérations. Carlos Ghosn a sacrifié son bras droit.

Pélata n'est pas n'importe qui, ni pour le PDG, ni pour Renault. Il était considéré comme l'un des plus fidèles de Carlos Ghosn – les deux hommes se tutoient – et l'un des plus légitimes dans le groupe français et dans l'Alliance pour avoir fait partie du commando de 1999, dont les autres membres le reconnaissaient volontiers comme le plus brillant d'entre eux. Pour l'ancienne régie Renault, Patrick Pélata est un patron à part, un surdiplômé brillant qui a cotisé dix ans au parti communiste.

Que Ghosn lâche Pélata provoque une onde de choc dans le groupe. La fascination exercée par l'hyper-PDG change de nature. Il sera désormais moins admiré que craint. Carlos Ghosn a perdu dans cette affaire une partie de sa remarquable faculté à embarquer ses troupes.

C'était pourtant sa force. « S'il nous avait demandé de sauter par la fenêtre, on l'aurait tous fait », raconte un ancien du Losange. Un autre se souvient de réunions avec le dirigeant comme « d'instants magiques ». Ghosn met une intensité hors norme dans tout ce qu'il fait. « Pendant un comité de direction, c'était lui le plus assidu. Son esprit ne s'évadait jamais pour quelques instants, comme cela arrive à tout le monde dans ce genre de situation », note un ancien cadre. Sur le terrain, dans les usines, auprès des équipes commerciales ou dans les centres d'ingénierie, l'effet est le même. Les problèmes paraissent soudain solubles et, mieux, Ghosn sait faire en sorte que les équipes trouvent elles-mêmes la solution.

Chez Michelin puis chez Renault et enfin chez Nissan, le patron a appliqué la même recette pour parvenir à ses fins : créer des équipes transversales, souvent composées de jeunes cadres, chargées de résoudre un problème donné en actionnant tous les leviers nécessaires dans l'entreprise. L'objectif est le pragmatisme, la conséquence est que cela casse les baronnies, les hiérarchies installées.

Chez Nissan, la méthode a fait merveille. « Le 1er avril, premier jour de la nouvelle année fiscale, il réunissait 300 cadres pour lancer l'année. Quand il parlait aux mecs, il les électrisait », soutient un ancien de Nissan.

Chez Renault, le résultat est là en matière de réduction des coûts et d'efficacité. Mais l'ancienne Régie accepte mal cette nouvelle culture. Les jeunes employés des équipes transversales se voient affublés de surnoms peu flatteurs. Ils sont les « GAD », les « Ghosn a dit », les « Khmers rouges » du patron.

Depuis 2005 et sa double casquette, Carlos Ghosn fait cependant moins de terrain. Le lien avec les Nissan et les Renault s'est peu à peu distendu. Ironie de l'histoire, c'est en pleine affaire des faux espions que le groupe japonais retrouve, lui, un peu de ce Carlos Ghosn qu'il a tellement admiré. Car au moment où Renault est violemment secoué par le scandale, la terre tremble au Japon, le 11 mars. L'usine Nissan d'Iwaki dans la préfecture de Fukushima est en partie détruite. Le 29 mars, quand d'autres ont préféré quitter la région voire le pays, Carlos Ghosn est à Iwaki et il promet que l'usine ne fermera pas. « Deux mois après, le 17 mai 2011, quand j'y suis retourné, l'usine tournait de nouveau presque à plein régime[2]. » La séquence a marqué l'homme et le groupe. Elle entrera dans la légende de Carlos Ghosn.

Mais chez Renault comme chez Nissan, son étoile a pâli avec l'affaire des faux espions. Car outre Pélata, un autre numéro deux va en faire les frais : c'est Toshiyuki Shiga. En novembre 2010, la « source » de Dominique Gevrey l'avait aussi cité comme titulaire d'un compte offshore. Ghosn avait demandé à Rémi Pagnie d'enquêter sur le dirigeant japonais, sans en parler à quiconque, pas même à Pélata. L'implication de Shiga pouvait avoir des conséquences d'une ampleur sans commune mesure avec celles des espions made in Renault. Ce volet du dossier va d'ailleurs inciter le patron de Renault et Nissan à ne pas saisir la justice française ni la DCRI et à ne pas informer le gouvernement. Il veut gérer en direct et seul tout ce qui concerne Nissan. L'effondrement des accusations contre les cadres français de Renault remet forcément en cause celles contre le dirigeant japonais. Mais Carlos Ghosn n'aurait plus vraiment confiance en Toshiyuki Shiga. Deux ans plus tard, il le relève de toute fonction opérationnelle et le boucle dans un placard doré, avec un titre de vice-président de Nissan et une place au conseil d'administration. Une fonction qu'il n'abandonnera qu'en juin 2019…

De Pélata à Shiga, la preuve semble faite que Carlos Ghosn coupe les têtes qui dépassent. Et la

2. *Nikkei*, *op. cit.*

façon n'est pas glorieuse. « Quand il veut se débarrasser de quelqu'un, il ne le voit plus, tout simplement. Il n'existe plus à ses yeux. Et les gens finissent par craquer », confie un ancien haut dirigeant du constructeur français. Patrick Pélata a démissionné de ses fonctions en avril 2011, mais il n'a quitté Renault que le 16 août 2012. Ghosn laisse pourrir les situations, préférant le mépris aux explications franches, sans se douter de la somme de rancœurs qu'il contribue ainsi à créer dans son sillage. « À ma connaissance, il n'y a que Carlos Tavares qu'il a viré lui-même », remarque un ancien de Renault. Il faut dire que Tavares, le cadet de dix ans de Ghosn, un ancien de Nissan mais pas de la génération de 1999, a poussé le bouchon très loin. Le 14 août 2013, alors qu'il succède à Pélata au poste de numéro deux de Renault, il accorde un entretien à l'agence Bloomberg durant lequel il déclare tranquillement son ambition de diriger un grand constructeur comme General Motors ou Ford : « À un moment donné, vous avez l'énergie et l'appétit pour devenir numéro un [...]. Mon expérience serait bonne pour n'importe quel constructeur. » L'affront à Carlos Ghosn est d'autant plus massif qu'il est parfaitement délibéré. Le PDG écourte ses vacances, s'assure du soutien de son conseil et débarque son remuant bras droit. Encore un.

L'AVEUGLEMENT

Octobre 2018, Paris

Paris suffoque sous la canicule et Tokyo s'alanguit dans la touffeur de l'été japonais. Chez Renault et chez Nissan, le rythme a ralenti. Le sort des deux groupes est en train de basculer. Dans les bureaux du procureur de Tokyo, l'unité d'enquêtes spéciales ouvre confidentiellement, au cœur du mois d'août, une enquête criminelle à partir des éléments déjà obtenus chez Nissan. Le tremblement de terre est pour bientôt. La tectonique des plaques le rend inéluctable.

Aucun sismographe n'a pourtant décelé l'incroyable accumulation de pressions, de tensions, qui se produit à l'automne. Carlos Ghosn est pris dans un tourbillon d'activités ; il parcourt la planète à un rythme encore plus effréné que d'habitude, pour remplir de multiples obligations, souvent d'ordre privé. Et le président de l'Alliance met la dernière main à son projet de holding, à sa future TopCo, qu'il veut révéler comme prévu en février 2019, tandis que Nissan, fragilisé par ses mauvais résultats, est miné de l'intérieur par une enquête secrète.

Dans la tête de Carlos Ghosn, toutes les pièces du puzzle sont en train de se mettre en place. Il va y arriver. Il va faire converger les positions de tous les protagonistes de son impossible casse-tête vers la holding. Ses dernières discussions avec les représentants de l'État français, notamment à l'occasion d'un déjeuner fin juillet avec Martin Vial, le rendent confiant.

Ghosn fait avancer son dossier à sa manière, assez solitaire. Il cloisonne. Aucun groupe de travail commun entre Renault et Nissan n'a encore été mis sur pied. Aucune banque conseil n'a encore été formellement désignée, alors que toutes font le siège de l'Alliance pour offrir leurs services, flairant l'énorme deal qui se profile. Aucun des conseils d'administration n'est encore saisi. Chez Renault, il y a seulement eu une présentation informelle en septembre, dans le cadre d'un déjeuner où le PDG convie Philippe Lagayette, l'administrateur référent, Patrick Thomas, l'ancien patron d'Hermès et président du comité des nominations, et Marie-Annick Darmaillac, la secrétaire générale du groupe Bolloré qui préside le comité des rémunérations.

Ghosn se choisit quelques proches qui font office de sparring-partners, comme Carlos Abou Jaoude, l'avocat libanais qu'il sollicite au moment de son divorce et dont il est devenu proche. Et à Boulogne-Billancourt, il fait plancher le petit groupe de travail dédié que pilote Mouna Sepehri. L'équipe s'est constituée après la séquence de la bataille des droits de vote double de l'État en 2015, qui a contribué à créer un fossé entre Renault et Nissan. Son premier mandat est d'explorer la possibilité d'une fusion totale entre les deux constructeurs. Outre Mouna Sepehri, on trouve autour de la table Thierry Bolloré, ainsi que la directrice financière du Losange, Clotilde Delbos. Les banquiers d'Ardea Partners, une boutique créée par une poignée d'anciens de chez Goldman Sachs comme Chris Cole et James Del Favero, les avocats de Sullivan & Cromwell et l'incontournable agence Les Rois Mages de Claudine Pons complètent le petit groupe confidentiel. Mais personne, à part Carlos Ghosn, ne connaît vraiment le tableau final.

Il a pourtant déjà prévu beaucoup de choses. Quand il lancera officiellement le chantier, il désignera ses négociateurs. Lui devra se tenir en retrait, éviter de plonger directement dans le conflit d'intérêts inhérent à sa double casquette. Il souhaite que Greg Kelly reprenne du service actif. Kelly l'a confié à quelques proches, dont José Munoz, le directeur délégué à la performance de Nissan, à l'automne : il va « bientôt avoir un rôle plus opérationnel », plus « *hands-on* » comme dit l'Américain. Avec son ancienneté et la confiance que lui accorde Ghosn, il supervisera la négociation. Reprenant leurs rôles naturels, Mouna Sepehri et Hari Nada représenteront chacun leur entreprise. Le choix des conseils juridique et financier viendra bientôt aussi. Ghosn a un rendez-vous programmé avec Jamie Dimon, le patron superstar de la banque américaine JPMorgan, au mois de janvier. À tous les banquiers qu'il voit ou qui le contactent à ce stade, il dit la même chose. Tout sera prêt en février.

Une holding, une seule action cotée à Paris et à Tokyo, une direction légère et des constructeurs autonomes. Le schéma est simple. Il reste trois inconnues à lever. La première, c'est la place de l'État français. Carlos Ghosn a clairement dit à ses interlocuteurs de l'APE et du gouvernement que la sortie de l'État du capital de Renault et donc de la future holding de l'Alliance était nécessaire pour faire atterrir son projet. « Ils n'aimaient pas l'idée », raconte un acteur du dossier. « Ils se seraient laissé convaincre en obtenant de Renault beaucoup d'engagements contraignants sur l'activité et l'investissement en France », confie un autre.

La deuxième question qui n'est pas tranchée, c'est la localisation du siège de la future Alliance qui, accessoirement, deviendrait aussi la nouvelle résidence fiscale de Carlos Ghosn. Le choix devait se faire presque par élimination. Ni Paris, ni Tokyo évidemment, pour que ni Nissan, ni Renault ne se sentent vassalisés par l'autre. Emmanuel Macron refusera que ce soit hors d'Europe ; exit donc les ports d'attache asiatiques très prisés comme Singapour ou Hong Kong. En Europe, « nous pensions à Londres, mais le Brexit a mis ce projet par terre », explique une source proche du dossier, « et l'Irlande, ça commençait à faire exotique ». Finalement, l'alternative se situe entre Amsterdam et Genève. Ghosn et sa garde rapprochée penchent pour la Suisse, mais, à tout prendre, l'État français préférerait les Pays-Bas qui ont au moins le mérite d'être dans l'Union européenne. La capitale néerlandaise est aussi plus politiquement correcte que la Suisse qui, malgré la fin du secret bancaire, traîne toujours sa vieille réputation de paradis fiscal. Et puis RNBV a déjà son siège à Amsterdam, cela ne donnera pas l'impression d'un « déménagement » de l'Alliance.

La troisième question en suspens, c'est l'ampleur de l'Alliance. Il y a le plan A, celui où on reste à trois : la holding contrôlerait Renault, Nissan, et Mitsubishi. Et puis il y a le plan B, à quatre, ou plutôt à cinq d'ailleurs : l'Alliance s'étendrait au groupe FCA, c'est-à-dire à Fiat et Chrysler. Carlos Ghosn en parle parfois avec des étoiles dans les yeux. Cette Alliance-là serait vraiment de très loin le numéro un mondial, avec un pied puissant aux États-Unis, un autre en Europe, un troisième en Asie. Pour un patron obsédé par l'idée de marquer l'histoire, quelle consécration ce serait ! Depuis des mois, des années, Ghosn mène des discussions plus ou moins intenses avec John Elkann, le jeune héritier de la famille Agnelli qui contrôle FCA (Fiat Chrysler Automobiles), et avec Sergio Marchionne, l'emblématique patron du constructeur. Son Gulfstream se pose régulièrement à Turin, le fief des Agnelli, ou encore à Milan, ou dans des destinations italiennes plus originales, comme Gênes, Naples, ou Olbia en Sardaigne, au gré des pérégrinations de ses interlocuteurs. Tout le monde le sait : FCA cherche à se marier pour accéder à la taille qui permettra le bon niveau d'investissement dans une industrie « accro au capital », « *capital junkie* » comme dit Marchionne. Volkswagen, Ford, Renault-Nissan, PSA… le groupe italo-américain discute avec tout le monde et essaie de faire monter les enchères. Le décès de Sergio Marchionne le 25 juillet 2018 laisse l'automobile mondiale orpheline d'une de ses plus grandes icônes – et accentue la pression sur les épaules de John Elkann.

Et il rend aussi plus facile l'aboutissement du grand projet de Ghosn, qui aurait eu du mal à faire cohabiter sous le même toit deux monstres sacrés de l'histoire industrielle moderne. Le patron de Renault-Nissan a bon espoir de convaincre l'héritier italien, élevé aux États-Unis et en France – un citoyen du monde, comme lui ! –, que l'Alliance est le bon partenaire pour FCA. Un rendez-vous potentiellement décisif figure déjà dans l'agenda des deux hommes : fin janvier 2019, ils ont rendez-vous pour dîner, à Paris.

Une holding et des constructeurs avec chacun leur patron. Ghosn a déjà choisi ses hommes clés. Chez Renault, Thierry Bolloré, qu'il a fait directeur général adjoint quelques mois plus tôt, sera – enfin – nommé directeur général du Losange dès février 2019. Au niveau de l'Alliance, que lui-même présidera évidemment, Trevor Mann, un ancien de Nissan envoyé chez Mitsubishi comme directeur des opérations, deviendra le directeur général. Mann s'est récemment remarié à une Européenne qui ne souhaite pas quitter le Vieux Continent et vivre à Tokyo ; il est déjà prévu qu'il prenne dès avril 2019 un poste opérationnel de *chief competitive officer* à l'Alliance, aux Pays-Bas. Une sorte de mission de préfiguration. Quant à Nissan, Ghosn n'a qu'une certitude – rapportée par plusieurs de ses proches – : ce ne sera pas Hiroto Saikawa. Le directeur général japonais a accumulé selon son président trop de contre-performances depuis avril 2017 et Ghosn ne croit pas à la promesse qu'il lui a faite d'un redressement au deuxième semestre.

Carlos Ghosn, qui semble n'avoir « viré » lui-même que le seul Carlos Tavares, a-t-il dit à Saikawa qu'il devrait bientôt quitter son poste ? Vraisemblablement pas. Mais il l'a dit à d'autres. « Saikawa ne pouvait ignorer qu'il était sur un siège éjectable », affirme un proche de l'ancien patron de l'Alliance, « Ghosn l'a certainement dit à Jean-Baptiste Duzan, un administrateur de Nissan, qui l'aura répété à Saikawa ». Le directeur général de Nissan a lui-même confié son souvenir de sa dernière rencontre avec Greg Kelly, en septembre 2018. « Il m'a dit : "M. Saikawa, vous dites toujours non, non, non", au sujet de l'évolution de l'Alliance, "on peut trouver quelqu'un qui dit oui pour vous remplacer"[1]. » Selon le dirigeant japonais, cet échange l'aurait convaincu que Greg Kelly pensait davantage à l'avenir de Carlos Ghosn qu'à celui du constructeur.

Le plan de Carlos Ghosn est prêt. Tant et si bien qu'il ne sacrifie aucun de ses moments de plaisir privé. L'Alliance Renault-Nissan est certes son grand œuvre : il prévoit d'en célébrer le vingtième anniversaire, qui sera immortalisé au travers d'un documentaire et d'un livre que les équipes de communication de l'Alliance ont commandés. Mais début octobre 2018, Ghosn fête un autre anniversaire important pour lui : les dix ans d'Ixsir, le domaine viticole libanais dans lequel il a investi avec son ami Étienne Debbané. Le 6 octobre, dans la vallée de la Bekaa, sur l'un des trois sites de vignobles qu'Ixsir possède du nord au sud du Liban, six cents invités de prestige partagent ce moment de fête le long d'immenses tables nappées de blanc adroitement décorées de grappes de raisin. Le ban et

1. *Shukan Bunshun*, février 2019.

l'arrière-ban de la haute société du pays du cèdre se pressent autour de son enfant prodigue.

Quelques jours plus tard, un autre événement est prévu à son agenda. Carlos Ghosn marie sa fille aînée, Caroline, au jeune « startupper » Nicholas Flanders. Le 14 octobre, il convie à dîner une centaine d'invités à l'Automobile Club sur la place de la Concorde à Paris. Les noces des citoyens du monde diffèrent de celles du commun des mortels. Le dîner de la Concorde est la dernière étape d'une valse à trois temps. Le mariage a déjà été célébré en Californie, à Palm Springs et au Japon, où Caroline a passé une bonne partie de son enfance. Début juillet, les deux jeunes gens ont échangé leurs vœux devant une cinquantaine d'amis convoyés par hélicoptère sur l'île de Naoshima. Ils sont les premiers Occidentaux à se marier dans cet endroit de rêve, véritable musée d'art contemporain à ciel ouvert. Caroline ne porte pas de voile, mais une étonnante coiffe végétale qui cascade le long de son dos et lui fait comme une traîne. À Naoshima, ils sacrifient à la tradition shintoïste du *Kagami biraki*, l'ouverture à coups de maillet d'un tonneau de saké. Cela attire, dit-on au Japon, la bonne fortune et l'harmonie. C'est pourtant le mauvais sort qui va frapper leur père et beau-père si fier de marier sa première fille.

Au moment où il régale à l'Automobile Club, l'enquête des procureurs de Tokyo vient de connaître une avancée majeure. Le 13 octobre, Hari Nada signe avec la justice japonaise un accord préliminaire de plaider-coupable[2].

2. *Asahi Shimbun*, 23 avril 2019.

Tout s'accélère. Hiroto Saikawa est officiellement mis au courant de ce qui se trame dans son entreprise depuis plusieurs mois. À moins bien sûr qu'il ne s'agisse là que d'un acte de procédure qui masque le fait que le directeur général était déjà informé. Quoi qu'il en soit, Hari Nada a désormais les mains libres pour finir de rassembler les éléments nécessaires au parquet. L'homme de confiance de Ghosn sait ce qu'il doit chercher et il sait parfaitement où il pourra le trouver. Le 16 octobre, il écrit par e-mail à Eduardo Teixeira Quentel, l'avocat du cabinet brésilien Gouvêa Vieira Advogados en charge des affaires de Nissan au Brésil : « Cher Eduardo, j'ai besoin en urgence d'un dossier contenant tous les documents de l'achat et de l'entretien de la propriété de Rio effectués par Hamsa [la sous-filiale de Nissan qui a acheté l'appartement en 2012]. Y compris ceux de son enregistrement auprès des autorités publiques. Pouvez-vous m'envoyer immédiatement cela, s'il vous plaît ? Pouvez-vous faire deux fichiers, l'un avec les originaux, l'autre avec les copies ? » Hari Nada est pressant. Il est pressé.

Une semaine plus tard, le 23 octobre, il atterrit en personne à Rio de Janeiro pour récupérer les documents. Il vient aussi chercher d'autres papiers dans le bureau local de Carlos Ghosn. Il questionne l'assistante personnelle de ce dernier au Brésil, Vania Rufino. La rencontre laisse à cette dernière un sentiment de malaise. Prétextant une douleur à la main qui l'empêche d'écrire, Nada enregistre leur conversation. Bizarre. Au point que Vania s'en ouvre à son patron. Carlos Ghosn ne tient pas compte de ses inquiétudes.

Quel problème peut lui causer Hari Nada, cet homme dont il a déjà dit « qu'il ne compte pas » ?

Pourtant, Hari Nada poursuit son étrange mission. Après Rio, direction Beyrouth, où il arrive le mercredi 24. Il répète son drôle de manège. Au prétexte d'une enquête de sécurité, il cherche les factures, pose des questions, prend des copies de documents et enregistre ses conversations.

Les 26 et 27 octobre, Carlos Ghosn, lui, est à Marrakech. Le vendredi 26, il a rendez-vous avec le roi Mohammed VI. À l'issue de l'entretien, il annonce la décision de Renault de doubler la capacité de production de l'usine de Casablanca qui fabrique des Sandero et des Logan. Le lendemain, il est sur l'estrade de la World Policy Conference, organisée chaque année par Thierry de Montbrial, le patron de l'Institut français des relations internationales, qui fut son professeur à Polytechnique. Ghosn n'avait jamais réussi à caser l'événement annuel de l'Ifri dans son agenda. Mais cette fois, il a décidé d'honorer l'invitation. Il discourt sur son sujet favori : l'Alliance Renault-Nissan et la mondialisation. « Nous sommes des entreprises différentes dotées de cultures différentes, avec des forces et des faiblesses différentes, ce qui nous permet, d'une certaine façon, d'éviter les angles morts. »

Dans l'angle mort du champ de vision de Carlos Ghosn, Nissan prépare sa chute. L'aveuglement du dirigeant face à ce qui se passe dans son entourage paraît a posteriori incroyable. « En nommant Hiroto Saikawa à la direction générale de Nissan, il s'est coupé de l'information », explique un proche de l'Alliance.

Le vendredi 26 octobre, au moment où Hari Nada quitte le Liban pour revenir au Japon, Hiroto Saikawa traverse la planète dans l'autre sens. À sa demande, il rejoint Carlos Ghosn à Marrakech. Poussé par un ultime élan de loyauté, a-t-il envisagé de le prévenir ? Ou, au contraire, devait-il s'assurer que le président de Nissan ne nourrissait aucun soupçon ? « Rien d'important ne s'est dit ce jour-là, affirme une source, et Carlos Ghosn est sorti de ce rendez-vous en se demandant bien pourquoi Hiroto Saikawa l'avait souhaité et avait fait le voyage depuis Yokohama. »

Alors même que les deux hommes se rencontrent à Marrakech, à Tokyo, un deuxième homme a entamé le 26 octobre les démarches officielles pour conclure lui aussi un plaider-coupable[3]. Il s'agit de Toshiaki Onuma, le responsable du Secrétariat chez Nissan. Un cadre qui en sait très long aussi, en particulier sur le sujet des rémunérations de la direction générale du constructeur.

Le 31 octobre, Toshiaki Onuma signe sa confession et son plaider-coupable. Hari Nada l'a fait la veille. Le premier est censé apporter quatre-vingt-sept éléments de preuve, selon le quotidien *Asahi*. Le second, cinquante-trois. Pour le bureau des procureurs de Tokyo, tout est prêt. L'organisation méticuleuse de l'agenda de Carlos Ghosn leur permet de savoir précisément quand il sera au Japon. Ce ne sera pas le 7 novembre, même si ce jour-là le constructeur réunit son conseil pour valider les – mauvais – comptes du premier semestre. Ghosn y assiste comme souvent

3. *Ibid.*

par visioconférence, depuis la France. Le lendemain en effet, il faut qu'il soit à Maubeuge. L'usine Renault a été choisie comme étape de « l'itinérance mémorielle » du président Emmanuel Macron qui, pendant une semaine, rend hommage aux poilus de la Grande Guerre en même temps qu'à la France industrielle. Dans l'usine du Losange, le patron et le président partagent l'estrade. C'est la première fois depuis l'élection de 2017 que les deux hommes s'affichent ainsi ensemble. L'image signe leur réconciliation, nécessaire à l'aboutissement du projet de Ghosn pour l'Alliance.

Et Ghosn est confiant, aussi, en ce qui concerne le gouvernement japonais. Hitoshi Kawaguchi, le responsable des affaires publiques chez Nissan, avec qui il a une réunion par mois et qui lui organise tous ses rendez-vous avec les officiels, lui a donné des assurances. Ses contacts avec des responsables gouvernementaux, y compris le puissant secrétaire général du Premier ministre Yoshihide Suga, sont bons. Mi-novembre, Carlos Ghosn l'assure par téléphone à Martin Vial : le gouvernement japonais est prêt à accompagner le projet. Et dans quelques jours, après un nouveau crochet par Beyrouth, Carlos Ghosn pourra s'en assurer lui-même. Le 19 novembre, il sera à Tokyo.

DEUXIÈME PARTIE

LA CHUTE

LE TRAQUENARD

Les deux jets long-courriers de Nissan convergent vers Tokyo. Le premier vient de l'Est. Il a décollé de Nashville, dans le Tennessee, à plus de 10 000 kilomètres de la capitale japonaise, avec pour seul passager l'Américain Greg Kelly. C'est la première fois que l'administrateur du groupe a droit à ce traitement de faveur – d'habitude, il a un billet sur un vol commercial.

Le second vient de l'Ouest. C'est le Gulfstream 550 dernier cri acheté par Nissan deux ans plus tôt au prix catalogue de 65 millions de dollars. L'avion vient de Beyrouth. Distance : 9 000 kilomètres. À son bord, Carlos Ghosn. Ce vol, c'est la routine pour lui, pour l'appareil, pour son équipage.

Ghosn a décollé du Liban le dimanche soir, Kelly a quitté le sol américain le lundi matin. Ils atterriront presque en même temps, dans l'après-midi du fuseau horaire japonais, le lundi 19 novembre 2018. Avant de s'envoler, le président de Nissan a envoyé un message sur WhatsApp à ses enfants. Comme tous les dimanches. « En route pour Tokyo. Je vous aime ! »

Leur groupe sur l'application s'appelle « Game of Ghosn », en référence à la célèbre série. Et l'esprit de clan qui les réunit n'est pas feint. « Ses enfants sont vraiment chouettes. Des gamins ouverts, qui lui tombent dans les bras à chaque fois qu'ils se voient. Pas du tout du genre à se sentir étouffés par la personnalité du père », témoigne un ancien de Renault. Ghosn quitte Beyrouth l'esprit d'autant plus léger qu'à Tokyo, son premier rendez-vous est celui avec sa plus jeune fille Maya, qui doit lui présenter son petit ami Patrick.

Greg Kelly, en revanche, est parti de Nashville avec des pieds de plomb, ou plutôt avec les cervicales figées comme dans du béton et les bras engourdis. Il souffre d'une sténose spinale dont il doit se faire opérer à la fin du mois. Il ne lui serait donc jamais venu à l'esprit de lui-même de faire le déplacement à Tokyo, même pour un conseil d'administration de Nissan auquel il peut participer par visioconférence. Mais depuis Yokohama, Hari Nada, son fidèle collaborateur auquel il a cédé son poste, a insisté. « Il faut que vous veniez pour cette réunion. C'est important », lui a-t-on dit au CEO Office. Important au point de lui envoyer, pour la première fois, l'avion du groupe. « Vous serez rentré aux États-Unis pour Thanksgiving », le 22 novembre donc, l'assure-t-on.

Kelly atterrit le premier à Tokyo, à l'aéroport de Narita, et s'engouffre immédiatement dans un taxi pour rejoindre le siège à Yokohama.

Les roues du jet de Carlos Ghosn touchent la piste de Haneda, l'autre grand aéroport de la capitale japonaise, à 15 h 30.

Au moment où les deux hommes mettent le pied sur le sol japonais, une extraordinaire opération de police, coordonnée entre le bureau du procureur de Tokyo et le groupe Nissan, est déclenchée.

Greg Kelly devait être interpellé au siège du constructeur. Mais il a été ralenti par la circulation. Il raconte : « J'ai été arrêté alors que j'étais sur l'autoroute, dans le taxi que j'avais pris vingt minutes plus tôt à l'aéroport. Soudain, un van noir est arrivé à notre hauteur et nous a ordonné : "Arrêtez-vous sur la prochaine aire de parking." J'ai demandé : "Peut-on parler de cela plus tard ?" Mais, bien sûr, ils ont refusé. J'ai été emmené au centre de détention de Tokyo[1]. »

Carlos Ghosn, de son côté, racontera plus tard son arrestation à sa femme, Carole[2]. « Je suis descendu de l'avion et je suis entré dans le terminal. À l'immigration, ils m'ont pris mon passeport et ils m'ont dit : "Vous avez un problème de visa. Venez avec nous dans une autre pièce." Dans cette pièce, il y avait un homme assis. Il s'est présenté : "Je suis procureur de Tokyo. Vous êtes en état d'arrestation. Vous devez me suivre." » Le procureur ne lui pose pas une seule question, ne lui dit rien de plus. Carlos Ghosn n'en saura pas davantage avant 48 heures.

La nouvelle n'est pas immédiatement rendue publique. À Tokyo, dans l'appartement de son père, Maya s'étonne de son retard mais le chauffeur de Carlos Ghosn la rassure. L'avion a dû être retardé. Elle envoie un texto à son père : « Préviens-moi quand

1. *Bungei Shunju*, *op. cit.*
2. *Quotidien*, 27 juin 2019.

tu arrives. » Encore « jetlaguée », elle en profite pour faire une petite sieste. Ils ont le temps. La réservation chez *Jiro*, le restaurant de sushis de Ginza étoilé au Michelin où ils ont prévu de dîner, est à 19 h 30.

À Yokohama, Frédérique Le Grèves, la directrice de cabinet de Ghosn, arrivée comme toujours un peu avant son patron et sur un vol commercial, et Cléa Martinet, qui rédige les discours de Carlos Ghosn, participent à une réunion avec les équipes de communication de Nissan. Soudain, quelques cadres sont appelés en urgence ailleurs, la réunion se poursuit sans eux. Puis ils reviennent, avec un drôle d'air, et allument la télé, comme s'ils attendaient quelque chose.

Et en effet, vers 17 heures, un bandeau apparaît sur l'écran : « *Carlos Ghosn, chairman of Nissan, is said to have been arrested in Tokyo*[3]. » Les deux Françaises blêmissent. Les équipes de Nissan se déploient. Un premier communiqué est prêt et sera bientôt diffusé. « Ils déroulaient un scénario », se souvient une source.

L'arrestation n'est pas encore officielle, mais la rumeur se répand comme une traînée de poudre d'un bout à l'autre de la planète. En déplacement à Manille, Trevor Mann regarde incrédule l'alerte sur l'écran de son mobile. « T'inquiète ! C'est forcément une fake news », commente son collègue japonais. À New York, Carole, dont l'avion vient de se poser, est avertie par son fils. À Paris, la nouvelle s'impose d'un coup sur les écrans des chaînes d'information en continu, jusque-là

3. « Carlos Ghosn, le président de Nissan, aurait été arrêté à Tokyo. »

occupées à faire le bilan de la première grande mobilisation des Gilets jaunes, le samedi précédent. L'Élysée, Matignon, Bercy l'apprennent de la même façon, par la presse. Emmanuel Macron et Bruno Le Maire sont à Bruxelles, en visite d'État, et leurs collaborateurs les tiennent au courant par le biais de leurs smartphones. À Boulogne-Billancourt aussi, ce sont les équipes de la communication qui donnent l'alerte. Thierry Bolloré, qui est en route pour l'aéroport de Roissy où il doit attraper un vol pour Tokyo, demande à son taxi de faire demi-tour. Comme tout le monde, et alors qu'il s'est encore entretenu la veille avec Saikawa, il tombe de l'armoire.

À Tokyo, la nouvelle abasourdit les invités de l'ambassadeur de France Laurent Pic, réunis pour un cocktail dans sa résidence sur les hauteurs de Minami-Azabu. Quelle ironie ! Ce 19 novembre, le gratin de la coopération économique franco-japonaise célèbre le centenaire de la Chambre de commerce et d'industrie française à Tokyo. Le matin, dans le quartier des affaires, il y a du beau monde et beaucoup de discours barbants à la CCIFJ. Il y a aussi beaucoup de vétérans de l'Alliance Renault-Nissan, bien sûr. Louis Schweitzer est là. Hiroto Saikawa aussi. Le patron de Nissan s'entretient une vingtaine de minutes avec Agnès Pannier-Runacher, secrétaire d'État à l'industrie depuis un mois. Il évoque un vague « problème de gouvernance », mais il ne lui dit pas un mot de ce qui va se passer le jour même.

Au domicile de Carlos Ghosn, Patrick réveille Maya dès qu'il voit sur Twitter que son futur beau-père a été arrêté. Juste à temps. Il est 17 heures et déjà on sonne à la porte de l'appartement. Deux hommes en noir tendent à la jeune femme une note en anglais : « Le juge de Tokyo nous a accordé le droit de venir fouiller l'appartement. Nous avons besoin d'un témoin. Merci de votre coopération[4]. » Derrière eux, quinze hommes de plus pénètrent dans l'appartement, après avoir enlevé leurs chaussures. « Ils ont tout fouillé. Les placards, les photos de famille, les lettres personnelles, les papiers concernant le divorce de mes parents », raconte Maya. Les hommes en noir resteront six heures et demie chez l'industriel. Paniqués, Maya et Patrick s'enferment ensuite dans la salle de bains et, comme dans un mauvais film, discutent de la marche à suivre en faisant couler l'eau de la douche pour couvrir le bruit de leurs voix au cas où ils seraient écoutés.

À Yokohama aussi, les hommes en noir du bureau du procureur, tirés à quatre épingles en costume et cravate, ont investi les bureaux de Nissan. Ils procèdent en priorité à la fouille du bureau de Carlos Ghosn. Mais toute une liste de cadres a été établie à l'avance, et ces derniers sont sommés de rester là pour pouvoir être interrogés et que leurs ordinateurs puissent être saisis. De retour à leur hôtel, Frédérique le Grèves et Cléa Martinet sont contactées par Nissan, qui leur demande de revenir au siège. Après un ou deux coups de fil à des conseillers juridiques, les deux femmes sautent dans un taxi. Direction l'aéroport où elles prennent le premier avion pour Paris. Tout juste arrivé à Tokyo, Jonathan Adashek, l'ancien directeur

4. *The New York Times*, 30 décembre 2018.

de la communication de Nissan qui depuis six mois occupe la même fonction mais au niveau de l'Alliance à Amsterdam, fait lui aussi demi-tour et embarque sur un vol retour.

Chez Renault, dans une ambiance fébrile, tout le monde cherche à comprendre ce qui se passe. Hiroto Saikawa et Hari Nada ne répondent pas au téléphone. Après plusieurs heures, le directeur général de Nissan envoie un premier message, très formel, à Philippe Lagayette, l'administrateur référent du Losange, dans lequel il explique rapidement que le groupe japonais a trouvé de multiples preuves des malversations commises par Carlos Ghosn, y compris au sein de leur filiale commune, RNBV. « Cette histoire pue la manipulation », souffle dans la matinée un administrateur de Renault.

Plusieurs heures s'écoulent ainsi sans information officielle précise. Un climat qui favorise l'éclosion de toutes les théories les plus folles. L'hypothèse qui paraît la plus crédible est celle d'une fraude fiscale. Que des accusations de cette nature soient portées contre Carlos Ghosn, notoirement connu pour sa détermination à gagner le plus d'argent possible, n'est pas forcément une surprise. Comme si l'industriel devait tomber par là où il a péché. En coulisses, les anecdotes et témoignages sur la folie des grandeurs du patron de Renault et Nissan circulent à toute allure dans le sillage de la nouvelle de son arrestation. Sur Facebook, c'est son ex-femme, Rita Kordahi, qui l'enfonce : « Tous les narcissiques sont des hypocrites. Ils prétendent avoir une morale et des valeurs, mais ils n'en ont en réalité aucune. Derrière les portes fermées, ils mentent, ils insultent, ils critiquent, ils manquent de respect, ils abusent [...]. Ils ont tout un tas de règles pour les autres, mais ne respectent eux-mêmes aucune des règles qu'ils édictent. »

Ce 19 novembre, ce ne sont pas tant les accusations contre Ghosn qui choquent, c'est que personne, lui le premier, n'ait rien pressenti. « Il faisait une confiance aveugle aux Japonais », rappelle, désemparé, un de ses collaborateurs. « Imaginez le nombre de gens qui devaient être au courant qu'il allait être arrêté. Rien n'a filtré. C'est une preuve de la cohésion de la société japonaise », analyse un bon connaisseur de l'archipel.

Ce qui sidère encore davantage, c'est surtout la brutalité, la violence de l'opération déclenchée contre Carlos Ghosn. Et encore plus quand le bureau des procureurs communique sur les faits qui lui sont reprochés : « Pendant cinq ans jusqu'à l'année fiscale close fin mars 2015, Carlos Ghosn a reçu près de 10 milliards de yens (89 millions de dollars), mais Nissan n'en a déclaré que la moitié. » Le problème n'est donc même pas fiscal. Ghosn est suspecté de violation de la loi sur les instruments financiers[5]. Ce qui lui est reproché, c'est une infraction aux règles de transparence... Déroutant ! L'accusation ne paraît pas du tout à la mesure du déploiement des moyens mis en œuvre dans la journée, et encore moins pouvoir justifier l'arrestation de deux hommes.

Le quotidien *Asahi*, qui a eu la primeur de l'information, met en ligne une vidéo qui ajoute à

5. Loi FIEL, *Financial Instruments and Exchange Act.*

l'intensité dramatique de la journée et fera le tour du monde. Ses caméras ont opportunément capté les images de l'avion de Carlos Ghosn sur le tarmac de l'aéroport de Haneda. La carlingue du luxueux appareil renvoie l'éclat des projecteurs de la piste. L'escalier d'accès du jet est abaissé. Et six hommes en costume-cravate, en file indienne, en montent les marches d'un pas alerte. Quelques secondes plus tard, les stores puis les volets descendent sur les hublots, masquant à la vue l'intérieur d'un avion dans lequel chacun pense que Carlos Ghosn est en train de se faire arrêter. Le monde entier croit qu'il a assisté en direct à l'interpellation du patron. Le monde entier spécule. Les uns affirment que Ghosn a mis plus d'une heure à se rendre ; les autres se lamentent : pourquoi Ghosn n'a-t-il pas refusé de quitter son avion ? Les procureurs ne pouvaient pas le forcer ! La réalité, c'est que ces images nocturnes étaient une mise en scène. Une belle fake news, puisque Carlos Ghosn était déjà arrivé au centre de détention quand elles ont été tournées.

Le dernier acte du drame du lundi 19 novembre se joue à 22 heures. Nissan a convoqué à peine une heure plus tôt cette conférence de presse tardive. Hiroto Saikawa, qui a brièvement pris la parole dans le hall de l'immeuble devant le personnel du siège de Nissan quelques heures plus tôt, est seul devant une forêt de micros et de caméras. Le visage du directeur général du groupe japonais est aussi peu expressif qu'à son habitude, mais ses mots sont personnels et violents. Il évoque sa « colère », sa « déception » et même son « désespoir ». Il dit à peine deux mots de la procédure judiciaire engagée par le bureau du procureur de

Tokyo. Mais il certifie que de sérieux manquements de la part de Carlos Ghosn ont été découverts, et ce au terme d'une enquête interne menée chez Nissan. Le président aurait caché sa rémunération aux marchés financiers, il se serait rendu coupable de tromperie sur la finalité de certains investissements et il aurait fait un usage personnel des actifs de l'entreprise, énumère-t-il. « Nous reconnaissons ces faits. Et ce sont des actes qui ne peuvent être tolérés », assène-t-il en expliquant que Carlos Ghosn et Greg Kelly en étaient les cerveaux. Saikawa dénonce ce « côté obscur du long règne » de Ghosn, marqué par « une concentration excessive des pouvoirs ». Il commence à réécrire le bilan de l'ancienne icône de Nissan, rappelant que le groupe ne doit pas sa résurrection de 1999 à un seul homme mais aux efforts de tous ses salariés, y compris ceux qui ont dû le quitter à l'époque, de ses fournisseurs et des clients.

Alors que le monde entier reste sidéré par ces événements datés de seulement quelques heures, dans la nuit de Yokohama, Hiroto Saikawa en tire déjà les conséquences. Ces faits, dit-il, « justifient la destitution » de Carlos Ghosn de son mandat de président et de mandataire social. « C'est l'avis des spécialistes », ajoute-t-il sans autre précision. Il promet déjà un travail d'introspection profonde chez Nissan concernant sa gouvernance. Et il souligne que la concentration des pouvoirs de Carlos Ghosn était aussi caractérisée par le cumul des présidences de Renault et de Nissan. « Nous allons en discuter avec notre partenaire et revoir la façon dont nous travaillons ensemble. »

« C'est… lunaire ! », s'exclame devant son écran un cadre de Renault. « Je ne crois pas une seconde que Hiroto Saikawa ait écrit lui-même ce discours », commentera quelques jours plus tard un vétéran de l'Alliance. Reste que, sept heures à peine après l'arrestation de Ghosn, son directeur général vient de tirer un trait sur lui et sans avoir réuni son conseil d'administration. Il semble prendre le pouvoir et cela, affirme un bon connaisseur du groupe et du pays, « il ne le fait certainement pas de sa propre initiative ». Et l'expert de préciser : « Hiroto Saikawa est un exécutant. Un tueur, une arme de précision, certes. Mais il n'est pas un leader. »

LE FOSSÉ

Le ciel est bas, gris, chargé d'une humidité prête à se transformer en neige poisseuse. Bienvenue à Paris ! Philippe Klein arrive le 20 novembre de Tokyo, et son humeur est à l'unisson de cette météo maussade. L'ingénieur, entré chez Renault en 1981, est un pur produit de l'Alliance. Il était de l'équipe de 1999 envoyée chez Nissan dans les bagages de Carlos Ghosn et, depuis, il a travaillé successivement pour l'un et l'autre constructeur. Depuis 2014, il dirige le plan produit de Nissan.

Et voilà qu'en fin de carrière, il hérite de la mission la plus difficile qui soit. La veille, dans le chaos créé par l'arrestation de Ghosn, Nissan lui a demandé de partir immédiatement en France. C'est lui qui va devoir expliquer pourquoi l'iconique patron est passé, en quelques heures, du Capitole à la roche Tarpéienne. On l'envoie dans la tranchée ennemie, avec des informations en guise de drapeau blanc.

À Paris en effet, l'état d'esprit de ses interlocuteurs potentiels, chez Renault et au sein des pouvoirs publics, suit un dégradé qui va de la tétanie à la franche hostilité en passant par la circonspection et la méfiance. Le lundi 19 dans la soirée, à son retour de Bruxelles, le ministre de l'Économie Bruno Le Maire a réuni autour de lui son directeur de cabinet Emmanuel Moulin, Martin Vial, Philippe Lagayette – l'administrateur référent de Renault qui devient le chef de file du conseil d'administration en l'absence de son président –, et Thierry Bolloré, le directeur général adjoint du Losange, brutalement propulsé chef de la famille Renault. Les cinq hommes sont d'accord pour ne précipiter aucune décision. L'urgence, c'est l'information. Dans la nuit, Martin Vial parvient à joindre Hiroto Saikawa.

À Bercy, Vial est bien seul sur le dossier. Il subit la plaie de l'administration française en général et de l'Agence des participations de l'État en particulier : la rotation des effectifs. Le poste de directeur adjoint est vacant depuis des mois et ne sera pourvu qu'en mars 2019. Et le directeur des participations dans l'industrie, Jack Azoulay, a quitté le service quinze jours plus tôt pour prendre la direction du cabinet d'Emmanuelle Wargon au ministère de la Transition écologique… Bref, à part Vial, personne d'autre n'a vraiment connaissance du dossier Renault, et encore moins la mémoire de l'Alliance.

Dans ces conditions, on cherche à savoir comme on peut. Les téléphones chauffent. Louis Schweitzer, bien sûr, est sollicité. Une fois par l'Élysée, une fois par Bercy, mais pas plus. Il faut dire que l'ancien patron de Renault a eu, en privé certes, la dent dure contre Emmanuel Macron en 2015 et sa croisade des droits de vote double. Patrick Pélata, en revanche, est très écouté. L'ancien numéro deux a conservé de son éviction comme fusible de l'affaire des faux espions en 2011 une amertume vis-à-vis de Ghosn. Mais il a surtout gardé de très bons contacts chez Nissan. Pour lui, l'affaire ne fait pas un pli. Les faits reprochés par Nissan à Carlos Ghosn sont graves et avérés. Il n'y a pas de complot contre le patron de l'Alliance, mais la mise à nu soudaine de la dégradation de sa relation à Nissan, détérioration qu'en France personne n'avait perçue. « Il faut comprendre une chose. Ghosn ne travaillait plus », aurait-il par exemple affirmé à ses interlocuteurs.

Patrick Pélata convainc davantage à l'Élysée, où il a l'oreille d'Alexis Kohler, qu'à Bercy. Et c'est pareil pour Philippe Klein qui, le 20 novembre, depuis sa base arrière des bureaux de Footprint Consultants près des Champs-Élysées, entame sa tournée parisienne confidentielle. Il a d'une part rendez-vous chez Renault, où il voit les trois administrateurs qui comptent – Philippe Lagayette, Patrick Thomas et Marie-Annick Darmaillac – ainsi que Mouna Sepehri et Thierry Bolloré. « Cela a été un moment très difficile pour lui, raconte un proche, il a été reçu comme un traître. » Au Losange, l'exposé de leur vieux compagnon laisse ses interlocuteurs pantois. « Ils le regardaient la bouche ouverte. “Mais, Philippe, tu es sûr ?” », relate un proche du groupe. Accompagné de Kathryn Carlile, une juriste de haut vol chez Nissan et ancienne du CEO Office, l'émissaire de Nissan a également rendez-vous à Bercy, avec Martin Vial notamment. Là aussi, il suscite beaucoup de perplexité. « Soyons francs… je n'ai rien compris à ce qu'il nous a raconté », lâche un des responsables présents à la réunion. À l'Élysée où l'affaire est suivie par Cédric O et son chef de pôle Alexis Zajdenweber, le ton est un peu différent. « Ceux qui connaissent le groupe disent qu'il y a une rupture entre Carlos Ghosn et Nissan. Nous, on fait plutôt le pari qu'il n'y a pas de plan caché, on ne pense pas qu'il faille être parano. On n'achète pas la théorie du complot », dit-on alors dans l'entourage du président de la République. « Carlos Ghosn était censé être la clé de voûte de l'Alliance. Il s'avère qu'il était devenu un problème. » « Les charges sont précises », ajoute-t-on au Palais. 48 heures après l'arrestation du patron franco-libano-brésilien, l'Élysée n'est pas loin de le passer par pertes et profits.

Le discours officiel est, forcément, sur une ligne de crête. Il faut à la fois respecter la présomption d'innocence et la justice d'un pays ami. Il faut, comme Emmanuel Macron l'a dit depuis Bruxelles dès le 19, « être vigilant sur les intérêts de l'Alliance et de Renault », sans insulter l'avenir ni avec le Japon, ni avec Nissan. La somme des contraintes rend la parole publique aussi creuse qu'en coulisses les débats sont intenses.

Le Losange est précipitamment passé en mode crise. Façon Renault, c'est-à-dire un peu parano. Les administrateurs qui comptent et les conseillers en tout genre convergent vers le siège du groupe. Le criminologue Alain Bauer, la communicante de l'agence des Rois Mages Claudine Pons, les avocats comme l'essayiste Nicolas Baverez du cabinet Gibson Dunn ou Kami Haeri de chez Quinn Emanuel sont tous appelés en renfort. L'ambiance rappelle désagréablement les heures sombres de l'affaire des faux espions.

Un traumatisme qui a marqué les esprits et « qui nous a vaccinés contre les soi-disant enquêtes internes », comme le dit un cadre.

Au lendemain de l'arrestation du puissant industriel, Renault et Nissan ne sont pas du tout sur la même longueur d'onde. Le groupe français dit vouloir de l'information, toute l'information. Nissan lui objecte qu'elle est couverte par le secret de l'instruction judiciaire en cours au Japon. Ce serait, écrit le 20 novembre Hiroto Saikawa, se rendre coupable « d'obstruction à la justice ». D'où la mission confidentielle de Philippe Klein. « On leur disait : "Laissez-nous vous expliquer." C'est ça qu'on voulait. Mais Renault a fermé la porte », raconte a posteriori une source proche de Nissan. À Boulogne-Billancourt, les juristes, Mouna Sepehri et Thierry Bolloré refusent que Nissan briefe hors procédure le conseil d'administration du groupe français sur un sujet dont le japonais dit lui-même qu'il est exposé à une enquête criminelle à Tokyo.

Dans ses bagages, Philippe Klein n'a encore que des informations morcelées. Celles que Hari Nada, Toshiaki Onuma et Hidetoshi Imazu ont rassemblées ces derniers mois. Le résultat des perquisitions lancées par la justice japonaise n'est pas encore connu. Ni celui des investigations complémentaires lancées par Nissan le 19 novembre, au moment de l'arrestation de Carlos Ghosn. Car le constructeur japonais semble être le véritable auxiliaire du bureau des procureurs de Tokyo. Plutôt que d'envisager des commissions rogatoires très aléatoires à l'international, le parquet japonais envoie Nissan faire le boulot d'investigation.

Dès le 19 novembre, Nissan cherche ainsi à accéder à tous les bureaux de Carlos Ghosn et à toutes ses résidences hors du Japon dont le groupe est soit le propriétaire, soit le locataire pour le compte de son président. À Rio de Janeiro, à Beyrouth, à Amsterdam, à Paris…

À Paris, les serrures du triplex de l'avenue Georges-Mandel ont été changées récemment. Il faudra des mois de procédures en justice pour que le sort de l'appartement soit tranché. À Rio, la famille de Carlos Ghosn et Nissan s'affrontent en justice concernant l'accès à l'appartement et à ce qu'il contient. La fille de l'industriel peut finalement, en présence d'huissiers, venir récupérer dans l'appartement quelques effets personnels et des documents sous pochette plastique, ainsi qu'une serviette que les Ghosn diront être vide. Un cadeau, paraît-il…

À Beyrouth, dans un premier temps, Nissan obtient ce qu'il cherche. Le groupe fait changer les serrures de la grande maison rose. Surtout, il récupère beaucoup de dossiers concernant les affaires de Carlos Ghosn. Le patron de l'Alliance, avec cette drôle de vie hors-sol qui est la sienne, a décidé de faire du Liban son camp de base. Amal Abou Jaoude, qui travaillait pour son vieil ami et avocat très récemment décédé Fadi Gebran, devait être son assistante et est embauchée à ce titre par Nissan. En attendant que le bureau de Carlos Ghosn soit opérationnel, elle s'est installée dans les locaux exigus de Nissan Liban. Le groupe japonais n'a donc aucun mal à saisir ses dossiers. Et son ordinateur. Sait-il, à ce moment-là, qu'il a en fait saisi le disque dur de feu Fadi Gebran et, avec lui, une mine d'informations pour les procureurs de Tokyo ?

Le 20 novembre, ces nouvelles investigations ont à peine été lancées et leurs résultats sont loin d'avoir été exploités. Philippe Klein n'a pas encore suffisamment d'éléments pour peindre un tableau complet. Il n'a pas assez de documents. Et officiellement, Carlos Ghosn est tombé devant la justice japonaise pour un défaut de déclaration de ses rémunérations auprès des marchés financiers…

À Paris, personne ne comprend bien ce qui se passe. Il est trop tôt pour céder à la panique et au mot d'ordre guerrier des tenants de la théorie du complot. Mais il est aussi trop tôt pour considérer de parfaite bonne foi la main tendue par Nissan, qui propose à Renault de lancer tout de suite et de concert une enquête sur leur filiale commune RNBV. « Dans les directions convergées de l'Alliance, Nissan a les ressources humaines. Les membres connaissent les rémunérations des deux cents plus hauts cadres de l'Alliance. Si on les laisse faire, ils vont jouer aux dix petits nègres », met en garde dès les premiers jours un proche du Losange. Un autre abonde : « Si Renault participe à cela, il sera comme le commandant Nicholson dans *Le Pont de la rivière Kwaï*. » Sous-entendu : le groupe français risque, au nom de la bonne gouvernance, de donner à Nissan les moyens d'atteindre son véritable but de guerre, qui n'est peut-être pas Ghosn mais le pouvoir dans l'Alliance.

Non, décidément, il y a trop de zones d'ombre dans cette affaire pour se précipiter à prendre des décisions. Le mardi 20 novembre en fin de journée, Renault réunit son conseil d'administration, sans ses membres japonais. Constatant dans un bel euphémisme que

Carlos Ghosn est « empêché » d'exercer ses fonctions, le Losange adopte une gouvernance provisoire. Philippe Lagayette prend à titre intérimaire les fonctions de président du conseil. Thierry Bolloré assume la direction générale et devient mandataire social. Mais Renault se refuse à faire ce que Nissan espérait. Le groupe français ne débarque pas Carlos Ghosn.

Au Japon, le conseil d'administration de Nissan se réunit le jeudi 22, trois jours après l'annonce de Hiroto Saikawa sur la suite des événements. Drôle de conseil en vérité. Si, à Paris, c'est une assemblée pléthorique dont les personnalités les plus fortes sont des fidèles de Carlos Ghosn, à Yokohama, c'est un petit groupe de neuf personnes – sept seulement du fait de l'arrestation de Ghosn et Kelly –, essentiellement formées par des collaborateurs ou ex-collaborateurs de Nissan.

Parmi celles-ci, il y a deux Français. Jean-Baptiste Duzan et Bernard Rey. Deux vétérans de l'Alliance, nommés sur proposition de Renault. Duzan a fait carrière chez Renault, Rey était du commando envoyé chez Nissan en 1999. Officiellement, le premier est administrateur indépendant, pas le second. Mais tous les deux sont libres de leur vote. Les accords entre les deux constructeurs imposent ce fonctionnement étonnant qui prive Renault d'avoir voix au chapitre dans le vote qui va trancher le sort du patron d'une entreprise dont le groupe français détient 43 % du capital.

Ce fonctionnement, jusqu'à ce 19 novembre, confortait les pleins pouvoirs de Carlos Ghosn. « Vous voulez des lâches, vous avez des lâches », dit méchamment un bon connaisseur de l'Alliance. Ghosn ne voulait pas de fortes têtes, or Duzan et Rey ne sont pas des va-t-en-guerre… Chez Renault, on compte cependant sur le premier, qui a la réputation d'être proche de Carlos Ghosn. Il le tutoie, ce qui est tellement rare dans l'entourage professionnel du dirigeant que c'en est presque un titre de gloire dans le groupe. Avant le conseil du 22, un *call*, une réunion téléphonique, a rassemblé les deux administrateurs tricolores et des dirigeants du Losange. La consigne, quoiqu'informelle, est simple : il faut s'abstenir de voter la destitution de Carlos Ghosn. Sauf si bien sûr les éléments portés à la connaissance du conseil sont tels qu'ils ne leur laissent pas le choix.

Le 22 novembre, sans surprise, Nissan démet Carlos Ghosn et Greg Kelly de leurs fonctions. À l'unanimité. Et cela, c'est une surprise. Une très mauvaise surprise, vue de Boulogne-Billancourt. Les deux Français aussi ont voté contre Carlos Ghosn. Ils diront avoir été convaincus par les faits.

Le hasard du calendrier veut que ce même jeudi, Hiroshige Sekō, le ministre japonais de l'Économie, soit en France. Son rendez-vous avec Bruno Le Maire dure une heure et, forcément, les deux hommes parlent de l'affaire Ghosn et de l'Alliance. Mais le ministre japonais ne veut pas l'évoquer publiquement. Bruno Le Maire lui force la main en improvisant un point-presse dans le hall de Bercy durant lequel Sekō et lui affichent leur attachement à l'Alliance. Le Japonais en gardera un mauvais souvenir, ses services seront désormais attentifs à préparer en amont toute la communication de chacune des futures rencontres avec des officiels français. De retour à Tokyo, il déclare le 27 : « Le gouvernement japonais n'est pas actionnaire.

Je ne crois pas qu'il doive parler de ce sujet qui relève d'entreprises privées. » L'épisode démontre une fois de plus l'interventionnisme de l'État français dont Nissan a toujours voulu se prémunir. Le groupe japonais en fait le constat chaque fois que Bruno Le Maire prend position, chaque fois qu'il réclame les éléments de preuves retenues contre Carlos Ghosn. « Bruno Le Maire a peut-être été un peu jusqu'au-boutiste dans ses déclarations. Mais que le METI ne nous dise pas qu'il n'intervient pas, lui aussi ! », commente un familier de Matignon. Le Japon, en tout cas, tient sa ligne. Aux antipodes, à Buenos Aires en Argentine, le Premier ministre Shinzō Abe refuse de s'entretenir plus de quelques minutes sur le sujet de l'Alliance avec Emmanuel Macron quand les deux dirigeants se retrouvent pour le sommet du G20 le 30 novembre.

Nissan ne remplace pas Carlos Ghosn. L'entreprise reste sans président. Mitsubishi renvoie à son tour son président le 26 novembre. Les partenaires de l'Alliance se regardent en chiens de faïence. La tension est extrême mais il faut éviter de commettre l'irréparable.

Alors, le 29 novembre, les réunions mensuelles de l'Alliance programmées à l'agenda se tiennent, comme prévu. « De manière unanime et avec conviction, les conseils d'administration des groupes Renault, Nissan, et Mitsubishi Motors ont réaffirmé ces derniers jours leur attachement à l'Alliance. Nous restons pleinement engagés pour l'Alliance », déclarent les trois constructeurs dans un communiqué commun. Derrière les mots pourtant, la réalité est bien différente. La preuve : ni les principaux dirigeants de Nissan, ni ceux de Renault n'ont fait le déplacement à Amsterdam. Toute la journée, les journalistes qui campaient devant l'austère bâtiment de trois étages en pierres jaunes qui héberge RNBV ont en réalité fait le siège d'un immeuble presque vide. Les réunions se sont tenues par visioconférence. « Au dernier moment, Thierry Bolloré a préféré ne pas y aller, par prudence », explique un proche de Renault. Le directeur général intérimaire de Renault et, à ce titre, directeur général de RNBV où il a récupéré la voix de Carlos Ghosn, évitera de la même façon de se rendre au Japon pendant plusieurs semaines. Il n'a aucune envie de subir le même sort que « le chef ».

LA PRISON

Carlos Ghosn et Greg Kelly, arrêtés, se sont comme volatilisés. La machine judiciaire japonaise les a happés, escamotés. Encore le visage du patron franco-libano-brésilien fait-il la une des médias du monde entier. Celui du cadre américain, second couteau de l'affaire, saisi sur une unique photo austère tirée du site internet de Nissan, est vite oublié.

Pendant 48 heures, ni Ghosn, ni Kelly ne verront quiconque. Ils sont enfermés au même endroit, sans même savoir que l'autre est également là, qu'ils sont deux à avoir été appréhendés pour la même affaire, le même jour.

Ainsi va la procédure criminelle au Japon. Le régime de garde à vue y est l'un des plus rigoureux du monde démocratique. Les suspects sont d'abord retenus deux jours pour interrogatoire, sans aucun contact avec le monde extérieur. Puis les procureurs peuvent demander à un juge deux fois dix jours de plus – jours qui sont le plus souvent accordés. Vingt-deux jours au total. C'est énorme. En France, la garde à vue ne peut excéder 48 heures, sauf pour les dossiers d'antiterrorisme où elle peut durer jusqu'à 96 heures.

Et ce n'est pas tout. Pendant ces vingt-deux jours, les interrogatoires se font hors de la présence d'un avocat. Enfin, chaque nouvelle charge peut justifier d'un nouveau cycle de garde à vue. Carlos Ghosn va ainsi rester cent huit jours derrière les barreaux.

Le 21 novembre, un peu moins de 48 heures après son interpellation à l'aéroport, il reçoit enfin sa première visite. C'est l'ambassadeur Laurent Pic, qui a obtenu le droit, au nom de la protection consulaire, de rencontrer brièvement le ressortissant français – devenu entre-temps le détenu le plus célèbre du Japon. Coupé du monde depuis le lundi 16 heures, Carlos Ghosn lui demande de contacter Nissan, afin que le groupe lui envoie un avocat, une armée d'avocats s'il le faut. C'est à l'ambassadeur qu'il revient d'expliquer à l'industriel que son entreprise non seulement ne l'aidera pas mais qu'elle a activement participé à l'enquête qui a précédé son inculpation.

Quant à l'avocat, la famille et les proches de Ghosn lui ont déjà choisi deux cabinets japonais, avec la recommandation de Renault : celui de Motonari Otsuru, qui pourra commencer à lui rendre visite à partir du lendemain en dehors des séances d'interrogatoire, et celui de Go Kondo. Le cabinet anglo-saxon Paul, Weiss & Rifkind, versé dans le droit des affaires, est également enrôlé.

Otsuru n'est pas n'importe quel avocat, tout comme son client n'est pas n'importe quel prévenu. On l'appelle « le Renard gris », reconnaissable à sa chevelure argentée. Avant de prendre la robe en

2011, il dirigeait le bureau des enquêtes spéciales des procureurs de Tokyo et avait pour adjoint Hiroshi Morimoto, celui-là même qui poursuit maintenant l'industriel. De ce côté-là de la barrière, Otsuru s'est fait un nom. Une réputation à la Eliot Ness. Il a traqué et fait condamner de grands criminels en col blanc. C'est la marque de fabrique de ce bureau des enquêtes spéciales de Tokyo, l'un des trois du pays avec ceux d'Osaka et de Nagoya, que de boucler les affaires retentissantes. Créé en 1947 sous l'impulsion de MacArthur pour lutter contre les trafics favorisés par la démobilisation de l'armée impériale, il devient le symbole de la lutte contre la corruption. Ses policiers mettent au jour de grands scandales, comme celui de la firme Marubeni. Ils accrochent même à leur tableau de chasse un ancien Premier ministre, Kakuei Tanaka, condamné aux travaux forcés en 1976 après l'affaire des pots-de-vin de Lockheed. Morimoto, qui s'est engagé une fois nommé à « débusquer les fraudes et escroqueries », s'illustre notamment en démantelant un cartel au cœur de la construction du train à grande vitesse Maglev, sur la ligne Tokyo-Osaka. Il semble promis à un brillant avenir.

Ce sont donc les super-flics du Japon, la crème de la crème. Un cadre de Nissan, interrogé pour les besoins de l'affaire Ghosn, en témoigne : « Ces gars-là sont vraiment effrayants. Ils vous donnent rendez-vous dans le hall d'un hôtel, ils débarquent dans un van noir aux vitres teintées et vous emmènent dedans sans dire un mot… » Cette équipe redoutée a cependant une réputation mitigée au Japon, confie un journaliste local. « C'est à la fois l'élite et une bande de têtes brûlées. » « Ils ne peuvent pas perdre la face », explique un expert du Japon. On croirait entendre ce que, en France, on dit parfois de certains de nos grands juges d'instruction, autant motivés par le sens de la justice que par le souci de leur propre image…

Otsuru, en tout cas, connaît le système. Il est un homme du système. Et tout porte à croire qu'il a le bon profil pour entamer la discussion avec les procureurs. Pour expliquer aussi à Carlos Ghosn ce qui l'attend.

« Quelqu'un s'y connaît en procédure criminelle japonaise ? » Dans les rédactions du monde entier, dans les bureaux de Renault, dans les couloirs des administrations françaises, tout le monde pose la même question et, en quelques clics et coups de fil, parvient à la même conclusion : ça va être long.

Tous les systèmes judiciaires ont leur manière de faire pression sur les prévenus. Aux États-Unis, on use et on abuse de la détention préventive et on n'hésite pas à immerger les suspects, y compris accusés de délits en col blanc, dans l'univers violent des prisons surpeuplées, au milieu des petites frappes et autres trafiquants. Au Japon, c'est le temps qui est l'arme principale de la justice avec ce système de garde à vue sans fin.

Un épisode avait déjà marqué la communauté étrangère au Japon. En 2015, l'Américaine Julie Hamp, directrice de la communication chez Toyota, avait été arrêtée et entendue pendant près de trois semaines sur des soupçons de détention d'opioïdes, pour avoir amené à Tokyo des médicaments à base d'oxycodone, prescrits aux États-Unis mais interdits dans l'archipel.

La chronique judiciaire japonaise est hantée par ces longues gardes à vue, qui valent aussi bien pour les délinquants ordinaires que pour les affaires retentissantes. Mark Karpelès, le jeune fondateur français de la plateforme de bitcoins Mt. Gox soupçonné d'avoir détourné une somme importante en cryptomonnaie aux investisseurs qui lui avaient fait confiance, passe ainsi dix mois derrière les barreaux. En mars 2019, il est innocenté à l'issue de son procès d'une partie des charges retenues contre lui et ne retourne pas en prison.

Le journaliste Jake Adelstein, pourfendeur du système japonais, en parle en ces termes dans le livre qu'il consacre à Karpelès : « Lorsque la police vous arrête, elle s'attend à ce que vous passiez aux aveux. Si vous n'obtempérez pas, vous êtes arrêté encore et encore. Plus vous attendez, plus la liste des chefs d'inculpation s'allonge et plus la police peut vous garder en détention provisoire pour vous interroger. [...] La police et les procureurs sont prêts à tout pour vous arracher des aveux[1]. » Ce système a pour objectif de faire signer au suspect une confession qui, note Adelstein, « vaut plus que toutes les preuves du monde ».

C'est ce que des associations au Japon dénoncent avec vigueur mais peu d'impact comme la « justice de l'otage ». Cet aspect reflète le pendant peu glorieux d'un pays par ailleurs exceptionnellement sûr. Comme le disait Carlos Ghosn à ses débuts chez Nissan, Tokyo est une ville où on ne s'inquiète pas de ce qui peut arriver à ses enfants. Les rues sont propres,

---

1. *Capital*, *op. cit.*

les vols rarissimes et vous pouvez être certain qu'on s'empressera de vous rendre votre portable si vous l'oubliez quelque part ou votre billet de 10 000 yens si vous le laissez tomber… La sévérité de la justice est l'un des éléments qui contribuent à déconcerter les étrangers au Japon, ce sentiment de désorientation saisi dans le film *Lost in Translation*. Les *gaijins*, quel que soit le temps passé dans l'archipel, ne comprennent jamais complètement ce pays capable du raffinement le plus extrême en même temps que de la vulgarité la plus criarde, de la violence la plus brutale à la quête du zen le plus total. Au Japon, on enferme des gens pendant des semaines, mais les enquêteurs enlèvent leurs chaussures avant de procéder à une perquisition. Au Japon, on coupe les suspects du monde, mais on s'applique à demander au *New York Times* de venir récupérer – ou d'en payer les frais de renvoi – le papier et les enveloppes timbrées que les journalistes avaient adressées à Carlos Ghosn en espérant qu'il puisse répondre à leurs questions.

« *Lost in translation* ». Le Japon ne fait pas de différence entre la criminalité en col blanc et les crimes de sang. La justice sanctionne sans mansuétude les comportements individuels déviant de la norme sociale. Elle sera plus dure envers un cas d'enrichissement personnel, même minime, que contre une faute commise au nom d'un collectif. Ainsi, sept ans après la catastrophe de Fukushima, les dirigeants de TEPCO, la société qui opérait la centrale nucléaire, n'étaient toujours pas poursuivis pour leur défaillance patente.

« *Lost in translation* ». Carlos Ghosn l'est doublement quand il passe brutalement de sa vie hyperactive de PDG tout-puissant à celle de détenu, au Japon qui plus est. Il est incarcéré dès le 19 novembre à la prison de Kosuge, un bâtiment gris en forme de X dans Tokyo, qui accueille 1 600 détenus : des prévenus comme lui, mais aussi des criminels condamnés aux peines les plus lourdes et des condamnés à mort, par pendaison – ces derniers sont les seuls ayant le droit à la télévision dans l'établissement.

Carlos Ghosn est enfermé dans une cellule d'à peine sept mètres carrés. Gardé à vue, il n'est pas contraint à l'uniforme des détenus, mais doit tout de même s'habiller sans ceinture et chausser des claquettes de plastique vert translucide. L'endroit est évidemment spartiate, mais propre. Une étagère, une petite table basse, des toilettes et un lavabo dans le fond, sous une fenêtre opacifiée. Pendant plusieurs semaines, Ghosn devra faire avec le confort japonais, douloureux pour un corps habitué aux coutumes occidentales : s'asseoir en tailleur à même le sol et dormir sur un futon. Plus tard, il aura finalement droit à un lit à sommier. Les nuits sont froides et l'humidité suinte aux murs. Il peut cantiner, mais la liste des articles disponibles est restreinte. Pas de fil dentaire, dont il est un utilisateur compulsif. Pas de papier, pas de stylo. Carole devra attendre le début du mois de février pour recevoir la première lettre du prisonnier de Kosuge. « *I do not pay to much attention to my surrounding. I live internally inside myself*[2] », écrit-il alors.

2. « J'essaie de ne pas prêter attention à mon environnement. Je me concentre sur ma vie intérieure » [trad. des auteurs].

Il faut apprendre à subir le rythme de la prison. Trois repas par jour, japonais et insipides, à 7 h 20, midi et 17 heures. Deux fois quinze minutes de promenade. Deux heures de sieste. Coucher à 21 heures ; les néons baissent d'intensité mais restent allumés toute la nuit. En prison, Ghosn est comme les autres, privé de son nom pour devenir un numéro d'écrou. Il a droit à quelques livres, mais – et c'est peut-être ce qui le perturbe le plus – il ne peut pas porter de montre et dépend entièrement de la routine des gardiens pour, dans ce lieu éclairé 24 heures sur 24, avoir la notion du temps qui passe.

Le temps, contre Carlos Ghosn surtout, est bien l'arme du système. La langue aussi, car malgré ses années passées au Japon, il ne la maîtrise pas ce qui contribue à rendre épuisants, frustrants ses longs interrogatoires, jusqu'à huit heures par jour, avec les équipes du procureur. C'est encore pire quand ils n'ont pas lieu et quand, le week-end, la prison de Kosuge se vide d'une partie de son personnel et, qu'en conséquence, il faut rester dans la cellule, sans même une courte promenade.

« *Lost in translation* ». Dans Kosuge, le temps s'étire alors que, dehors, le rythme de l'affaire Ghosn est trépidant. Dans Kosuge, Ghosn cherche à comprendre les accusations qui pèsent sur lui à partir des indices que lui fournissent ses interrogatoires et les conversations avec son avocat. Tandis que, à l'extérieur, les révélations s'enchaînent.

Dehors, on comprend que l'industriel est en très mauvaise posture. Du système judiciaire japonais, on retient une chose : un taux de condamnation de plus de 99 %. Cela signifie donc que les procureurs doivent avoir des éléments solides pour avoir engagé la procédure contre Carlos Ghosn. « Au Japon, les procureurs n'amènent à la barre que des dossiers dont ils sont absolument certains, pas des allégations. Ils doivent se sentir très sûrs d'eux pour l'avoir inculpé. Sinon ils ne l'auraient même pas arrêté », analyse une source proche de Nissan. « L'immense majorité des avocats japonais n'ont jamais pu obtenir un verdict "non coupable" de toute leur vie. Leur boulot consiste surtout à décrocher une diminution des charges d'accusation et des réductions de peine[3] », confirme Jake Adelstein.

Pourtant, de la prison de Kosuge, six jours après l'arrestation du patron de Renault et de Nissan, un premier écho de Carlos Ghosn parvient à l'extérieur. La chaîne nationale NHK affirme le 26 novembre que le suspect « nie les faits qui lui sont reprochés ».

3. Jake Adelstein, *J'ai vendu mon âme en bitcoins*, Marchialy, 2019.

LE DOSSIER

On dit qu'il fait quatre cents pages. Quatre cents pages qui décriraient par le menu et documents à l'appui – e-mails, photos, notes... – les turpitudes et même les malversations imputées à Carlos Ghosn. C'est ce dossier qui aurait été présenté au conseil d'administration de Nissan le 22 novembre 2018 et sur lequel les administrateurs du groupe, y compris les deux Français, se seraient appuyés pour décider de destituer l'industriel libano-franco-brésilien de ses fonctions de président.

Les administrateurs de Nissan sont en principe les seuls à y avoir eu accès. Le bureau des procureurs a refusé sa communication exhaustive à d'autres parties, sous peine, comme l'a écrit Hiroto Saikawa à Renault, de se rendre coupable « d'obstruction à la justice ». Peu de gens l'ont donc vu en intégralité, mais tout le monde en parle. « Le dossier est abominable », affirme un bon connaisseur de l'Alliance. « Il mérite seulement un classement vertical », confie un autre. Chacun voit midi à sa porte.

« Vous seriez surpris de ce que nous avons découvert », avait dit, dès le 19 novembre dans un message interne à Nissan, Hiroto Saikawa. À défaut de présentation officielle, les fuites de presse se chargent d'informer le public. Dans le contexte d'une affaire retentissante concernant un industriel mondialement connu, chaque révélation se répercute immédiatement d'un bout à l'autre de la planète. La chasse au scoop sur les accusations qui pèsent contre Carlos Ghosn est d'une intensité rare. C'est un marathon qui se court 24 heures sur 24, à mesure que s'éveillent les journalistes de chaque fuseau horaire concerné. Autour de l'affaire Ghosn, la caisse de résonance médiatique produit un incroyable vacarme. C'est un feuilleton. Le meilleur de l'année. Et – c'est la loi du genre – un lynchage.

L'âpreté au gain de Carlos Ghosn étant le secret le moins bien gardé de l'univers des multinationales, c'est une image à la fois cohérente et scandaleuse qui se dessine. Un tableau impressionniste qui se peint peu à peu, au fil des révélations qui chacune ajoute un coup de pinceau. « Un vrai supplice chinois, ce goutte-à-goutte médiatique », soupire un ancien collaborateur de Ghosn.

Les plus fidèles s'interrogent. « On croit connaître un homme », souffle un ex-cadre de l'Alliance. « Au départ, je n'y ai pas cru, dit un autre vétéran, et puis… » Et puis, ce n'est pas fini. Nissan fait savoir qu'il n'est pas au bout de son enquête. Les procureurs non plus n'en ont pas fini avec Carlos Ghosn ; ils iront évidemment au-delà de la première accusation de non-déclaration de revenus qu'ils ont portée contre lui le 19 novembre. « Ce n'est que la partie émergée de l'iceberg », explique-t-on chez Nissan. « Il y aura d'autres choses », confirme très vite une source proche du groupe japonais. « Il y a des millions de documents à examiner. Il faut une armée d'avocats et de comptables pour tout regarder. Des traducteurs aussi. » L'enquête interne à Nissan et l'instruction judiciaire mobiliseront plus d'une centaine de personnes et le clan Ghosn estime qu'une centaine de millions d'euros au bas mot y seront consacrés.

Rio, Beyrouth, Amsterdam, Paris, Tokyo... Dès le lendemain de l'arrestation de Carlos Ghosn, la NHK, la chaîne publique japonaise, révèle que Nissan a acheté en secret plusieurs résidences luxueuses pour l'usage de son patron. Au fil des semaines, ces maisons et appartements vont devenir la preuve de la démesure de l'homme, le symbole le plus évident de sa corruption.

Pour loger Carlos Ghosn, le groupe japonais loue un appartement à Tokyo, dans une tour d'architecture futuriste, pour 12 000 dollars par mois, et un autre à Amsterdam pour 8 000 dollars par mois. Nissan a aussi acheté un duplex en juin 2005, aux troisième et quatrième étages d'un élégant immeuble de l'avenue Georges-Mandel dans le 16e arrondissement de Paris, au moment où son patron devenait aussi celui de Renault. Trois ans plus tard, en juillet 2008, le duplex est devenu triplex avec l'acquisition d'un espace supplémentaire au cinquième étage. Le tout a coûté environ 4,1 millions de dollars à Nissan, auxquels s'ajoute un demi-million supplémentaire de travaux. L'appartement de Rio, devant la plage de Copacabana, a été acheté le 23 janvier 2012 pour 5,8 millions de dollars. Quatre mois et demi plus tard, c'est à Beyrouth que Nissan devient propriétaire d'une immense maison du quartier historique d'Achrafieh, une grande demeure délabrée qui a été refaite de fond en comble. Le groupe japonais l'a payée 9,5 millions de dollars et il faudra y faire 7,2 millions de dollars de travaux et d'aménagement. Le résultat est spectaculaire. Derrière les hauts murs ravalés sous une peinture vieux rose, la nouvelle maison de Carlos Ghosn de 500 mètres carrés sur cinq étages est un cocon, organisé autour d'une cour intérieure au centre de laquelle veille un vieil olivier. Le chantier a mis en valeur les passages voûtés, les vieilles pierres et même les découvertes archéologiques. Trois sarcophages de pierre ont été mis au jour pendant les travaux et resteront exposés sous un pavement de verre dans le vestibule. Un lustre les éclaire. La facture des deux imposants luminaires commandés par Carole fera le tour du monde – payée à l'automne 2017 par Nissan et émise par la décoratrice May Daouk, elle s'élève à 65 000 dollars.

En novembre 2018, les résidences multiples de Carlos Ghosn, les millions d'euros alignés et les petits caprices de madame frappent mieux encore l'opinion que les accusations des procureurs. La démesure, pour ne pas dire l'indécence, du patron déchu semble avérée.

Certes, toutes les grandes entreprises mettent en œuvre des dispositions particulières pour leurs PDG, surtout quand ils sont expatriés et pour assurer leur sécurité. Mais comment Nissan a-t-il pu en faire autant ? Comment justifier qu'un groupe japonais se retrouve propriétaire d'un petit palais au Liban ? « En 2011, Ghosn est venu me voir et m'a dit : “À l'avenir, je voudrais passer au Brésil et au Moyen-Orient pour les affaires. Est-ce que Nissan peut me fournir une maison, un endroit où demeurer quand j'y serai ?"[1] », raconte Greg Kelly. « Pour les affaires » ? Au Brésil, passe encore, mais au Liban, tout le monde rigole. Nissan vend quelques milliers de voitures au pays du cèdre et n'y compte qu'un seul employé. Le lien de Ghosn avec ces deux pays tient plus à ses passeports qu'à son travail. « Beyrouth était une maison de famille, Rio, un appartement de vacances. Point », lâche un proche du dossier.

Vie privée, vie publique. C'est l'éternelle ambiguïté de Carlos Ghosn, si convaincu au fil des années que son entreprise s'incarne en lui, que sa propre vie lui semble y être par définition consacrée à 100 %. « Tout le monde savait qu'il se rendait tous les ans au Brésil pour les fêtes de fin d'année, pour rendre visite à sa famille et en particulier à sa mère. Du coup, tout le monde calait des réunions de travail à ce moment-là pour profiter de sa présence. Dans ces conditions, allez définir si les déplacements de Carlos Ghosn à Rio étaient d'ordre privé ou professionnel », remarque un proche de l'industriel. Même le luxe est considéré par certains comme un outil de travail. « Le pouvoir est associé à la richesse, constate un ancien cadre, pour rencontrer un Lula [l'ex-président brésilien] ou un Macri [le président argentin], pour négocier sur un pied de presque égalité avec un Poutine, il faut ça. »

Ghosn voulait installer son camp de base à Beyrouth pour piloter la région Moyen-Orient. « C'est plus pratique que Dubaï où sont majoritairement installés les

1. *Bungei Shunju*, *op. cit.*

bureaux régionaux des multinationales, y compris Nissan. Le décalage horaire y est plus favorable », justifie un proche de Ghosn. Et, bien sûr, il est chez lui. Ghosn, aussi curieux que cela puisse paraître, avait bel et bien l'intention de travailler depuis Beyrouth. Au printemps 2018, au moment où il s'apprête à emménager dans la maison après six ans de travaux, Carlos Ghosn est aussi en train d'installer son futur bureau où il entend passer vingt-deux jours de travail par an.

Si les dépenses immobilières de Nissan pour Carlos Ghosn font scandale, elles n'ont cependant pas été retenues comme une charge par le bureau des procureurs de Tokyo. « Ils n'ont pas dû y trouver matière à accusation », constate un proche du dossier. Fin 2018, un proche de Nissan voulait croire que c'était « une question de temps ». « C'est compliqué, avec les filiales internationales. C'est long de tout retrouver, de tout passer en revue », disait-on alors à Yokohama. Huit mois après l'arrestation de Ghosn, ses résidences n'ont toutefois toujours pas été versées au dossier d'accusation. Et il semble peu probable qu'elles le soient un jour.

À défaut de constituer un délit pénal, les résidences seraient pour Nissan l'illustration la plus fracassante du contournement de ses règles éthiques par son ancien président, elles ont été un élément déclencheur majeur de l'affaire et un motif central de sa destitution. « L'entreprise a découvert que son ancien président Carlos Ghosn avait détourné des actifs de l'entreprise et engagé des dépenses injustifiées dont l'achat et la rénovation de résidences personnelles à Rio de Janeiro et Beyrouth au travers d'une filiale non consolidée », écrit Nissan dans les corrections à ses documents financiers publiées au printemps 2019.

« Carlos Ghosn et Greg Kelly ont menti ! », s'exclame une source interne chez Nissan. Une série de documents fuite dès l'hiver 2018 et montre comment, selon le groupe, Carlos Ghosn et Greg Kelly ont organisé l'acquisition de l'appartement de Rio et la maison de Beyrouth. Et ça ressemble à un vrai plan d'attaque. Le 21 octobre 2010, Greg Kelly soumet au comité exécutif de Nissan le projet de création d'une société dotée de 73 millions d'euros de capital et notamment destinée à investir dans les technologies prometteuses. L'idée est d'avoir sous la main une structure agile, souple, permettant d'aller vite, alors que la mode de la chasse aux start-up s'empare des multinationales. Ainsi naît Zi-A Capital. La première caractéristique de cette entreprise, c'est d'être enregistrée aux Pays-Bas, quatre étages en dessous de NML – Nissan Motor Company Limited –, la maison mère japonaise. La seconde, c'est de ne pas être consolidée par Nissan qui de fait n'en apparaît pas comme le propriétaire ultime, parce que – et c'est la beauté du droit néerlandais – le groupe japonais n'en détient « que » 99 %. « Ghosn avait enfoncé très profondément ses manipulations dans l'organisation de Nissan. L'argent partait et puis pfft… plus personne n'en entendait parler », résume crûment un bon connaisseur du dossier. Et contrairement à ce que Greg Kelly avait expliqué en comité exécutif, l'argent de Zi-A n'aurait jamais financé une seule start-up. Il aurait en réalité abondé deux sociétés immatriculées dans les îles Vierges britanniques,

Hamsa 1 et Hamsa 2, qui ont respectivement acheté l'appartement de Rio et – via une autre société baptisée Phoinos – la maison de Beyrouth. Hamsa 1 et Phoinos, dont Hari Nada a ouvert les comptes bancaires, régleront ensuite les factures, celles des travaux comme des dépenses courantes de gaz, d'eau ou d'électricité.

À la lecture d'un courriel du 24 septembre 2011, exhumé des archives de Nissan et ayant pour destinataire Greg Kelly, l'intention de dissimulation serait évidente. « Ce mémo décrit les étapes recommandées pour acheter confidentiellement des biens immobiliers à destinations résidentielle et professionnelle au Brésil et au Liban. » Le modus operandi proposé ce jour-là – une fusion de Zi-A avec une autre structure européenne de Nissan – n'a finalement pas été retenu, mais l'idée générale, qui vise « à créer plus de distance avec NML », est écrite noir sur blanc. Zi-A est une microfiliale à l'échelle de Nissan, créée aux marges de l'empire mais dont les administrateurs sont pourtant des personnalités de premier plan : Carlos Ghosn, Greg Kelly, Hari Nada et Toshiaki Onuma.

Plus tard, Greg Kelly justifiera et les acquisitions et le montage. « Il existait un exemple d'une maison achetée en Suisse dans le passé à la demande du management, donc Ghosn n'était pas le premier dans ce cas », explique-t-il. « J'ai donc fait appel à un spécialiste et j'ai avancé sur ce sujet dans le secret. Si vous êtes prudent au regard de l'ordre public et de la sécurité, garder le secret est important[2]. » Le secret en était-il vraiment un ? Selon Greg Kelly à nouveau,

2. *Ibid.*

Hiroto Saikawa, entre autres, savait. « Bien sûr, Hiroto Saikawa a approuvé cela. » En 2018, lorsqu'il s'est agi d'installer le bureau professionnel de Carlos Ghosn à Beyrouth, près d'une vingtaine de personnes chez Nissan – y compris Hari Nada bien sûr mais aussi le directeur financier – ont participé aux échanges préparatoires. Des locaux ont été choisis et aménagés, un équipement de visioconférence d'une valeur de 180 000 euros et du matériel informatique achetés. Une assistante – Amal Abou Jaoude – a été embauchée par une filiale de Nissan aux Pays-Bas en attendant que la société libanaise NHIFM soit constituée, et elle s'est provisoirement installée dans les petits locaux de l'agent local de Nissan... Les discussions étaient aussi en cours pour amender les conditions de travail de Carlos Ghosn, afin d'imputer vingt-deux jours de sa rémunération annuelle sur le compte de NHIFM. Le secret est une condition nécessaire à la commission de malversations, mais il n'est pas suffisant. Et si les propriétés de Rio et Beyrouth étaient effectivement nichées très loin dans l'organisation Nissan, leurs sociétés de contrôle Hamsa 1 et 2 faisaient l'objet d'examens par la firme d'audit Grant Thornton, en liaison avec EY le cabinet principal de Nissan. Un audit complémentaire était prévu pour évaluer la valeur de la maison de Beyrouth à la fin des travaux.

Fin 2018, alors que la presse fait le tour du monde des biens immobiliers de Nissan, les accusateurs de Carlos Ghosn affirment en coulisses que le PDG ne payait rien. Pis, qu'il continuait à bénéficier d'une allocation logement incluse dans sa rémunération comprise, selon les sources, entre 300 000 et 500 000 euros.

Ces affirmations, qui n'ont jamais été officiellement prononcées, semblent en réalité biaisées. Il faut dire que l'opacité des rémunérations japonaises favorise la confusion. Contrairement aux rapports annuels des sociétés cotées occidentales, ceux des groupes japonais ne livrent aucun détail concernant les avantages en nature octroyés à leurs patrons.

Le cas de l'appartement parisien semble cependant symptomatique. Parmi les e-mails manifestement tirés du dossier Nissan et qui ont circulé dans les rédactions quoique largement caviardés, il en existe un daté du 29 juin 2012, écrit par un cadre non identifié de Nissan Europe et adressé au fameux Secrétariat du groupe japonais, avec Kelly en copie. La personne indique avoir reçu de Ghosn des instructions concernant le logement de Paris. « Le paiement d'un loyer ne sera pas demandé au PDG. » Cette seule phrase, décontextualisée, semble indiquer que Carlos Ghosn aurait profité gratuitement du triplex acheté par Nissan. Pourtant, un contrat de location existe. Il a été conclu en 2005 entre NIF, Nissan International Finance, la structure propriétaire, et l'ex-PDG pour un montant d'environ 10 000 euros par mois. Une source proche de Renault certifie l'avoir eu entre les mains. Car si Renault a longtemps entretenu la culture de la note de frais opulente pour compenser la faiblesse des rémunérations propre aux entreprises publiques, les temps ont changé. « Les logements de fonction, nous, on ne faisait pas », explique un ancien cadre du Losange. « On savait que Nissan avait pris quelque chose à Amsterdam. On a laissé faire. Après tout, il y a plein d'appartements Nissan autour de leur usine britannique de Sunderland. Mais pour Paris, cela nous concernait, évidemment. Alors on a vérifié. » Ghosn paye un loyer à Nissan pour le triplex de Paris jusqu'en 2015. Puis, développe un proche du dossier, c'est devenu un avantage en nature dans le cadre de son contrat de travail. Début 2019, quand Nissan demande à Carlos Ghosn de quitter les lieux et de rendre les clefs, le groupe japonais invoque la fin du bail établi depuis 2015 entre NIF et NML – Nissan Motors United, la maison mère japonaise. De janvier au 28 avril 2019, la famille Ghosn a pu continuer à occuper les lieux, moyennant un loyer de 15 000 euros. Nissan n'a jamais argué que son ancien président avait abusivement occupé ce triplex.

À Beyrouth, rien n'était encore en place. Les formalités ont pris du retard alors que la maison devient habitable vers mai 2018. Cependant, se souvient une source proche du dossier, Nissan avait prévu qu'une somme équivalent à un loyer serait soit déduite de la rémunération de Carlos Ghosn, soit incluse dans son package au titre de son contrat de travail et de ce fait déclarée au Japon.

À Rio en revanche, Carlos Ghosn n'aurait en effet rien payé. Selon Greg Kelly et une source proche de Carlos Ghosn, l'appartement de Copacabana ne coûtait pas plus cher que les frais d'hôtel et de sécurité payés par Nissan chaque fois que son patron se rendait au Brésil, entre quinze et vingt jours par an.

Pour Nissan, Carlos Ghosn, le citoyen du monde, était à ce prix.

L'ARGENT

Carlos Ghosn a toujours eu une obsession : sa propre valeur ; et un problème : l'opinion. Un peu comme ces ambitieux ou ces parvenus qui ne sont pas nés dans la bonne famille, lui ne dirigeait pas le bon groupe ! S'il avait été une star du capital-investissement plutôt que de l'automobile, ou s'il avait accepté les offres de Ford ou de General Motors plutôt que de rester chez Renault-Nissan, ou encore s'il avait eu comme premier actionnaire la famille Agnelli qui a couvert d'or Sergio Marchionne – le patron de Fiat-Chrysler gagnait jusqu'à 60 millions de dollars par an – plutôt que l'État français, il aurait gagné beaucoup plus d'argent.

Il en aurait certainement obtenu encore davantage si le Japon n'avait pas décidé en 2009 de convertir ses sociétés cotées à un minimum de transparence concernant les rémunérations de ses dirigeants. Pour ne pas braquer l'opinion japonaise, ni d'ailleurs l'opinion française et par là même l'État français, Carlos Ghosn a dû diviser par deux ou presque son salaire chez Nissan et passer de 1,75 milliard de yens à 891 millions, soit environ 7 millions de dollars. Le genre de sacrifice dont un Carlos Ghosn ne pouvait évidemment pas s'accommoder.

Quand il est arrêté le 19 novembre, c'est le procès de sa cupidité qui commence, de son *greed* disent les Anglo-Saxons. Tout l'enjeu est de savoir jusqu'où Carlos Ghosn a été pour trouver le moyen de gagner plus. La question essentielle est évidemment de savoir s'il a enfreint la loi, et si oui, s'il l'a fait délibérément.

« Pour dire la vérité, confessera Greg Kelly, après que sa rémunération ait été significativement amputée [exercice clos fin mars 2010], Ghosn m'a demandé : "Regardez les méthodes dans le cadre de la loi pour percevoir des rémunérations"[1]. » À partir de 2010, une quête systématique, presque obsessionnelle, est menée, pour verser à Ghosn des compléments de salaires sous toutes les formes possibles. « L'enquête de Nissan a par exemple trouvé un projet de nouveau programme de stock-options. Le montant global aurait été approuvé en assemblée générale pour l'ensemble des cadres dirigeants, mais ensuite l'essentiel aurait été attribué à Carlos Ghosn », raconte une source proche du groupe japonais. Les documents préparatoires à la création de Zi-A, finalement utilisée pour acheter les résidences de Rio et Beyrouth, montrent aussi que Kelly aurait d'abord envisagé d'en faire un véhicule de rémunération.

Dès avril 2010, des échanges de mails entre Greg Kelly et Mouna Sepehri – révélés par Reuters fin 2018 – montrent aussi que l'homme de Nissan aurait pressé son homologue de Renault d'envisager un système

1. *Bungei Shunju*, *op. cit.*

de rémunération chez RNBV assis sur la réalisation des synergies de l'Alliance. Mais si une telle rémunération aurait certes pu être versée à Ghosn sans que cela apparaisse dans les documents financiers japonais, Renault, en France, aurait quant à lui dû la rendre publique. « Kelly a insisté, insisté… Mouna Sepehri s'est appuyée sur le conseil d'un avocat extérieur pour se faire confirmer qu'il faudrait publier », raconte un ancien du Losange. En juillet 2010, le projet est abandonné.

En 2017, le sujet est de nouveau évoqué. Reuters divulgue un document de travail d'Ardea Partners, la petite banque conseil de Ghosn. Le projet, qui s'inscrivait dans le cadre des réflexions sur l'intégration de l'Alliance, envisageait le versement de bonus au niveau de RNBV. Ghosn l'avait brutalement démenti au cours de l'assemblée générale des actionnaires et dénoncé un procédé « lamentable ». « Aucun versement n'est effectué via RNBV aux mandataires sociaux de Renault », avait-il précisé. Ce dernier point est exact, mais ce n'est pas faute d'y avoir réfléchi !

Une partie de la solution viendra en 2018, d'une autre « BV », une autre structure néerlandaise : NMBV, pour Nissan Mitsubishi BV. Sur le modèle de RNBV, les deux constructeurs japonais créent une société commune après le sauvetage de Mitsubishi par Nissan. Une structure encore plus légère que sa grande sœur, apparemment sans salariés et dotée d'un conseil d'administration réduit à trois hommes : Carlos Ghosn qui préside les deux groupes et les deux directeurs généraux Hiroto Saikawa et Osamu Masuko. Créée en juin 2017, NMBV salarie Carlos Ghosn dès début 2018 et lui verse, sous forme d'un bonus d'entrée et d'un traitement annuel 7 822 206 euros en moins d'un an. Ces émoluments n'avaient pas à être publiés au regard des règles japonaises. Nissan et Mitsubishi affirment en revanche aujourd'hui que Carlos Ghosn a enfreint les règles de gouvernance de NMBV. Selon les deux constructeurs, ni Saikawa, ni Masuko n'étaient au courant. Le contrat de *managing director* de NMBV de Carlos Ghosn aurait été rédigé par Toshiaki Onuma au Secrétariat de Nissan, et les fonds auraient été débloqués par Hari Nada. Nissan et Mitsubishi ont affirmé leur intention de réclamer à Carlos Ghosn le remboursement de ces sommes. Fin juin, l'ex-PDG les attaquera à son tour. Dans son camp, on est convaincu que chez Nissan comme chez Mitsubishi, la vocation de rétribution de NMBV ne pouvait être ignorée. Seule certitude, le cas de NMBV n'a pas été inclus dans le champ des inculpations visant Carlos Ghosn et Greg Kelly.

« *Is it legally possible ?* » Dans les échanges de mails révélés depuis novembre 2018 et qui attestent de la chasse aux sources de revenus potentielles lancées par les proches collaborateurs de Carlos Ghosn, cette phrase revient en boucle. Le but était clair, mais l'intention d'enfreindre la loi beaucoup moins. « Kelly était un juriste, un type rigoureux que je n'imagine pas avoir voulu franchir la ligne. Il n'était pas assez con pour se mettre en danger lui-même », estime un ancien de l'Alliance.

Le problème de Carlos Ghosn avec sa rémunération, qu'il jugeait insuffisante au regard de ses pairs et de ses performances, n'était d'ailleurs pas un secret. « Il nous en parlait très directement », témoigne un ancien conseiller français du patron de Renault. « Il nous expliquait que Nissan compensait cela avec des avantages en nature mais que lui aurait souhaité toucher davantage en numéraire. Il voulait que l'on réfléchisse au paiement d'une clause de non-concurrence, après son départ en retraite par exemple. »

Des rémunérations ultérieures comme alternative à un salaire immédiat ? L'enquête interne de Nissan apporte aux procureurs de Tokyo des documents qui fonderont les première et deuxième inculpations de Carlos Ghosn, accusé d'avoir, de 2010 à 2014 et de 2015 à 2017, sciemment dissimulé au marché des rémunérations qui lui seraient dues après sa retraite, soit un montant total de… 80 millions de dollars ! Ce sont ces documents qui envoient Carlos Ghosn ainsi que Greg Kelly à la prison de Kosuge le 19 novembre.

Deux versions, deux visions s'affrontent. Selon la justice japonaise et Nissan, Carlos Ghosn, à partir de 2010, met en quelque sorte de côté la partie de sa rémunération qu'il ne touche plus depuis l'entrée en vigueur des obligations de transparence. Un million pour tout de suite, un million pour plus tard… Et le pactole gonfle, année après année, jusqu'à atteindre 9 milliards de yens. Pour l'exercice clos fin mars 2017 par exemple, le salaire déclaré de Ghosn est de 1,1 milliard de yens, mais avec la promesse d'en toucher 1,245 milliard de plus après son départ. Selon ses accusateurs, ces sommes auraient dû être rendues publiques pour deux raisons juridiques. La première, c'est qu'elles correspondraient à la rétribution d'un travail déjà effectué et non à une allocation retraite par exemple, d'où le terme utilisé par la justice de « rémunérations différées[2] ». La seconde, c'est que la signature de Carlos Ghosn, PDG puis président de Nissan, emporte l'engagement juridique de l'entreprise. « Ça marchait comme ça, aussi simplement que ça, sourit une source proche du dossier, il se signait des rémunérations, de Carlos à Carlos ! »

On comprend qu'à Paris, quand Philippe Klein est venu raconter son histoire chez Renault et à Bercy, ses interlocuteurs en soient restés ébahis. Leur perplexité s'explique par une mauvaise et par une bonne raisons. La mauvaise, c'est que peu d'entre eux devaient connaître l'improbable gouvernance à la sauce Nissan. Comme l'a détaillé le Comité spécial installé par Nissan[3], Carlos Ghosn avait seul, par délégation du conseil d'administration, le pouvoir de déterminer les rémunérations des administrateurs et des principaux dirigeants du groupe. Le Secrétariat payait, « et aucune information concernant les rémunérations individuelles de chacun n'était partagée avec les autres services ». Après la nomination de Hiroto Saikawa comme directeur général, Carlos Ghosn, toujours président, aurait conservé la tutelle des ressources

2. Selon le document de référence de Nissan, publié le 14 mai 2019 : « Si un individu perçoit, après avoir quitté des fonctions exécutives, des prestations pour des services effectivement rendus après son départ (par exemple des prestations de conseil) ou pour des obligations (par exemple de non-concurrence), de telles rémunérations n'ont pas à être rendues publiques. L'entreprise rend publiques les rémunérations ou les prestations payées après le départ des fonctions exécutives quand il s'avère qu'elles constituent en fait un paiement différé de services rendus comme un exécutif. »

3. Rapport du SCIG, *op. cit.*

humaines. Greg Kelly, quand il chapeautait le CEO Office et les fonctions d'audit interne, le département légal, le Secrétariat et les ressources humaines, faisait barrage aux questions indiscrètes, selon Nissan. « Il limitait ses réponses au minimum et refusait les questions supplémentaires en expliquant que cela était déterminé par le CEO. [...] Cela a permis le développement d'une structure qui cantonnait l'information au sein d'un cercle très restreint de personnes[4]. » Un tel fonctionnement en circuit fermé, sans contre-pouvoirs, serait impensable en France. Or, c'est cette organisation très « ghosnienne » qui crédibilise l'accusation. « Il faut comprendre comment fonctionnait le CEO Office », raconte un cadre de Nissan. « On exigeait de ceux qui y travaillaient une totale discrétion et on n'était pas supposé y parler de quoi que ce soit. Personne ne posait de questions. Il ne serait venu à l'idée de personne d'oser le faire. »

Mais il y a une deuxième raison qui, à Paris, fait douter de la version japonaise. À supposer que la signature de Carlos Ghosn suffise à rendre certaine une dépense, y compris en sa faveur, alors la somme en question devrait être provisionnée, mise de côté, dans les comptes du groupe. Cette règle comptable basique est pour le coup valable au Japon comme dans le reste du monde. Nissan, de fait, a rectifié ses comptes a posteriori, en février 2019, les amputant de 9,23 milliards de yens (environ 80 millions d'euros). Mais cela aussi semble étrange. « L'intérêt de l'entreprise était de contester avoir pris un quelconque engagement.

4. *Ibid.*

Or Nissan a préféré dire qu'il était engagé quitte à en subir les conséquences financières. Cela n'a pas de sens. Sauf à vouloir accréditer l'accusation », commente une source française.

« Carlos Ghosn n'est pas idiot, dit un de ses proches, il savait très bien, même dans le système Nissan, qu'il ne pouvait pas décider lui-même de se payer quelque chose après son départ ! » Mais alors, à quoi servaient ces papiers soigneusement enregistrés au Secrétariat de Toshiaki Onuma ? Il s'agirait de « références », « des billes que Carlos Ghosn conservait pour la négociation des conditions financières de son départ quand celui-ci arriverait », précise un proche.

Carlos Ghosn l'a expliqué le 8 janvier 2019 à la barre du tribunal de Tokyo. Ayant décliné les propositions notamment de Ford et de GM, « [il crée] un fichier retraçant les rémunérations en vigueur pour une position comme la [s]ienne ». Les services de Nissan ont certes été mis à contribution pour compiler les informations concernant les rémunérations en vigueur dans le secteur, s'appuyant sur les études réalisées par le cabinet spécialisé Towers Perrin. Mais, souligne Ghosn, c'était un registre personnel qui n'engageait pas l'entreprise. La preuve ? « Le test de la mort : si je meurs aujourd'hui, mes héritiers pourraient-ils réclamer quoique ce soit à Nissan ? La réponse est, sans équivoque, non. »

Il ne fait aucun doute que Carlos Ghosn entendait se faire payer grassement après son départ de Nissan. Selon Greg Kelly, le groupe devait aussi tenter d'éviter qu'il se fasse débaucher par un autre constructeur.

« Hiroto Saikawa et moi avons eu de nombreuses discussions concernant la façon dont nous pourrions minimiser le risque que Carlos Ghosn démissionne[5]. » Le résultat de ces discussions qui ont eu lieu de l'été à l'automne 2011, c'est un projet de contrat, de *severance package*, qui prévoit ce que Nissan est prêt à payer pour la retraite de son patron, de façon à ce qu'il reste dans l'entreprise jusque-là et qu'il en devienne ensuite une sorte de président émérite. Ce document a été amendé à deux reprises en 2013 et 2015, soumis à des conseillers juridiques extérieurs, et chaque fois, selon Kelly, visé par Saikawa. Nissan est généreux : le constructeur prévoit de payer à Ghosn un montant forfaitaire de 40 millions de dollars par la suite porté à 60 millions, ainsi qu'une rémunération annuelle de 4 millions, en échange d'un engagement de non-concurrence et de prestations de conseils, de relations publiques et de négociations avec des gouvernements, ainsi que la jouissance – certaines sources vont jusqu'à parler du transfert des droits de propriété – des résidences de Paris, Rio et Beyrouth. Les sommes en jeu sont colossales. « Mais imaginez que Ford lui propose 30 millions par an. Commc il gagnait 15 millions chcz Renault-Nissan, sur cinq ans cela faisait 75 millions de différence. C'est cela qu'il fallait contrer », explique un expert.

Ce projet de contrat était sans valeur juridique contraignante. Il serait devenu valide après approbation en conseil d'administration et au moment du départ en retraite de Carlos Ghosn. Mais la signature

5. *Bungei Shunju*, *op. cit.*

de Hiroto Saikawa sème le doute. Tout à coup, l'image de la conspiration entre un tout petit nombre de personnes à la tête de Nissan ne semble plus si évidente, le jeu n'est plus aussi manichéen qu'il pouvait le paraître. Une conspiration que Saikawa lui-même évoquait en désignant Ghosn et Kelly comme les « cerveaux ». Le *severance package* de Ghosn et ce qu'il pouvait signifier concernant la politique de Nissan pour retenir ses cadres clés « en intéressait d'autres que Ghosn », raconte un bon connaisseur du groupe. « Hari Nada était très curieux de savoir s'il bénéficierait lui aussi personnellement d'un tel programme. » Quant à Hiroto Saikawa, Greg Kelly a affirmé qu'il l'avait interrogé en 2013 pour savoir s'il était possible que Nissan lui finance l'achat d'un logement à Tokyo.

Que se passait-il réellement au 21e étage du building Nissan de Yokohama, où l'immense bureau d'angle de Carlos Ghosn côtoyait ceux de Kelly et Saikawa, et que fréquentaient Hari Nada et Toshiaki Onuma ? En novembre 2018, deux de ces cinq hommes sont arrêtés et mis en prison durant de longues semaines. Deux autres ont signé un accord de plaider-coupable. Le cinquième, Hiroto Saikawa, n'est pas inquiété. Il prend seul les commandes d'une entreprise dont il est déjà le directeur général, responsable légal depuis avril 2017 de ses actes et de sa communication au marché. Entreprise elle-même inculpée en tant que personne morale dans le volet rémunérations de l'instruction ouverte par la justice de Tokyo.

LA COUR DU ROI

« Il n'y a eu aucun processus itératif à l'intérieur de Nissan », constate un haut fonctionnaire français. « Dans un groupe normal, le responsable de l'audit aurait demandé des comptes et le conseil d'administration lui aurait montré la sortie : "Cher ami, vous partez et on ne fait pas de bruit." Là, l'affaire a été mise dès le départ entre les mains du procureur. Et très certainement délibérément. » « Lui présent physiquement, les administrateurs n'auraient pas osé le démettre », explique un ancien cadre de l'Alliance.

La déchéance de Carlos Ghosn le 19 novembre est immédiate et totale. Il est renversé, détruit, en quelques heures. C'est ainsi que tombent les autocrates et les tyrans. Ils n'abdiquent pas, il faut qu'ils capitulent. Souvent dans la violence et de la main de leurs plus proches. La brutalité de la chute de Carlos Ghosn est à la mesure de l'extraordinaire puissance que cet admirateur des bâtisseurs d'empire avait accumulée.

« La toute-puissance pervertit », rappelle un cacique du capitalisme français. « Dans l'entreprise, si vous êtes entouré de gens qui ne briguent pas votre place mais dépendent entièrement de vous, vous devenez le roi de France. Et vous ne faites plus la différence entre votre argent et celui du pays. » Une intuition confirmée par un autre grand monsieur de l'automobile américaine cette fois, Bob Lutz, 87 ans et une réputation de magicien des plans produits acquise chez Ford, Chrysler et GM. Interrogé sur le cas Ghosn en juin 2019, Lutz affirme qu'il « ne serait pas surpris s'il était innocent ». « Mais ayant observé Carlos pendant beaucoup, beaucoup d'années et connaissant la taille de sa propre importance à ses propres yeux, je ne serais pas non plus surpris qu'il ait fait quelque chose de discutable[1]. » Lutz met Ghosn dans la catégorie des icônes de l'industrie, avec Iacocca et Marchionne. « Sont-ils parfaits ? Non. Ils ont tous d'immenses qualités d'un côté qui s'accompagnent souvent, d'un autre côté, d'un comportement étrange. Certains sont des personnalités tordues [...]. Tant que ce n'est pas illégal, vous apprenez à vivre avec. » Chez Nissan, le comité spécial du SCIG qui a autopsié « la concentration du pouvoir » dans le groupe a souligné que Carlos Ghosn était « déifié[2] ».

Le pouvoir, la personnalité et la réputation de Carlos Ghosn ont créé autour de lui une atmosphère de cour, où le respect se mue en crainte et le dévouement en servilité. Une ancienne collaboratrice se souvient d'un déplacement à l'étranger où l'on ne pouvait pas faire un pas sans tomber sur un bol de cacahuètes,

1. *Autonews*, 28 juin 2019.
2. Rapport du SCIG, *op. cit.*

« parce qu'on avait dit aux gens que Carlos Ghosn aimait les cacahuètes. Il n'en a pas touché une ! ». Dans chacun de ses ports d'attache, une assistante personnelle veille à son agenda et à lui faciliter la vie, se charge de faire remplacer un appareil défectueux à son domicile, fait ses réservations au restaurant, achète, commande, fait livrer, organise… « Il était pris en charge. Une machine tournait autour de lui », relate un ami. Ici, on voit une collaboratrice déposer une sucrette dans son café, là, une autre lui tendre son écharpe. « Je l'ai vu un jour arriver à une conférence et faire tomber son manteau derrière ses épaules. Le manteau a atterri par terre. Parce que cette fois-là, pour une fois, il n'y avait personne derrière lui pour le prendre au moment où lui le quittait… », se souvient un ancien de Renault. Un ami sourit en se souvenant d'un jour où il l'avait invité chez lui au Liban, alors qu'il n'avait pas encore d'assistante. « Il ne pouvait pas venir les mains vides, mais il ne savait pas faire lui-même. Alors il a envoyé son chauffeur dans une boulangerie. Et j'ai vu arriver chez moi Carlos Ghosn avec des pâtisseries qui ne ressemblaient à rien ! » Carlos Ghosn, l'hyper-PDG, ne fait rien de banal lui-même. Jean-Dominique Senard, qui le remplace chez Renault début 2019, a quelques surprises en débarquant au septième étage du siège de Boulogne-Billancourt. Des agents de sécurité placés partout lui y ouvrent toutes les portes… jusqu'à celles des toilettes ! « Ghosn n'ouvrait jamais une porte lui-même », décrit un salarié. La légitime obsession de la sécurité chez Renault après l'assassinat en 1986 de son patron

Georges Besse par un commando d'Action directe s'est transformée en une servilité banalisée.

Jusqu'où les collaborateurs de Carlos Ghosn ont-ils été pour accéder aux demandes de leur chef ? Aux jeunes diplômés des Arts et Métiers, il donne ce conseil : « Cultivez votre unicité. À la base du succès, il faut se rendre indispensable. [...] Ceux qui apportent le plus, ce sont les *problem solvers*[3]. » Autour de lui, chacun se fait fort d'être celui qui résout les problèmes, apporte les solutions. C'est ce que veut Ghosn, un résultat, quel que soit le problème posé. La méthode lui importe moins.

À l'été 2019, aucun témoignage ni aucun écrit n'a été produit ou n'a filtré indiquant que Carlos Ghosn aurait délibérément demandé ou suggéré que l'on enfreigne la loi pour résoudre un de ses petits ou gros problèmes. Mais l'intelligence de l'homme aurait dû l'alerter, le faire réaliser qu'il repoussait trop loin les limites du système jusqu'à se mettre en danger, sinon d'un point de vue légal, du moins en matière de gouvernance. « Quand vous pensez que chez Renault, on n'a pas le droit d'accepter les cadeaux d'une valeur de plus de 150 euros ! », soupire un ancien cadre dirigeant. « Le pire c'est qu'il était super-dur avec nous, y compris sur les événements qu'on organisait ! », s'énerve un autre.

Renault n'est pas Nissan. À Boulogne-Billancourt, plusieurs cadres ou anciens cadres affirment qu'il était possible de dire non à Carlos Ghosn. Contrairement au groupe japonais qui s'est laissé forcer la main et a

3. Conférence à l'ENSAM, 8 décembre 2016.

désigné un ami du PDG comme distributeur en Inde, Renault a refusé. « Ghosn l'a proposé, nous avons dit non, et il est passé à autre chose », raconte un ancien du groupe. « Il demandait parfois des choses auxquelles il n'était pas possible d'accéder. On le lui disait, en expliquant que c'était un problème de gouvernance. Il nous répondait qu'on lui cassait les pieds ! Mais ça n'allait pas plus loin », confirme un autre. « Ça l'a protégé, constate un bon connaisseur du groupe, Mouna Sepehri a joué un rôle important et l'a certainement empêché de faire pas mal de bêtises. » L'avocate était largement détestée chez Renault, à cause de son attitude jugée hautaine et glaciale, de son goût du secret et de la façon dont elle préservait jalousement la relation directe qu'elle était l'une des seules à entretenir avec Ghosn, au risque de l'isoler. Selon plusieurs témoins, Arnaud Debœuf, le directeur du CEO Office de l'Alliance, l'aurait empêchée, après l'arrestation de Carlos Ghosn, d'accéder au coffre-fort de l'Alliance à Boulogne-Billancourt. Pour autant, Sepehri est celle qui aura mis le plus de garde-fous aux dérives aujourd'hui reprochées à son patron.

Car dérive, il semble bien y avoir eu. La machine, enclenchée en 2010 après le départ du groupe de Louis Schweitzer et au moment où la loi japonaise impose la transparence sur les rémunérations, a fini par s'emballer. « Plus le temps a passé, moins il semblait avoir de limites ou de comptes à rendre », observe un de ceux qui ont examiné le dossier. « Sa nouvelle vie, après son remariage avec une femme plus jet-setteuse, a aussi joué un rôle », confie une autre source. « Ensuite, il est tombé dans le faste. Il s'est cru intouchable. Il s'est mis à arroser la terre entière. C'était aussi le moment où l'Alliance devenait numéro un mondial », résume un proche de Renault. « Il me donne l'impression d'avoir disjoncté », regrette un ancien du groupe.

Des dons, des voyages et des événements. Les services « tout compris » de l'Alliance Renault-Nissan au bénéfice de Carlos Ghosn prennent de multiples formes. Chez Nissan, la confusion des genres remonte à loin dans le temps. Le groupe japonais met ainsi en cause son ancien PDG pour avoir rémunéré sa propre sœur aînée, Claudine, qui vit au Brésil. C'est elle qui, en 2012, trouve le futur appartement de son frère, acheté selon Nissan à un de ses amis. Pour cela, Claudine Oliveira empoche une commission. De plus, de 2003 à 2016, elle est également payée pour des prestations de conseil, pour un total de 755 000 dollars en vingt-deux versements, et au nom d'un conseil des donations dont le constructeur japonais dit ne pas avoir trouvé trace d'une grande activité… Cette rémunération ne fait pas partie du dossier judiciaire japonais, mais Nissan en fait l'un des éléments majeurs des manquements éthiques dont il accuse Ghosn.

Nissan met également en cause les dons décidés en son nom par Carlos Ghosn et dont la géographie et les récipiendaires épousent un peu trop la carte des centres d'intérêt du PDG et de sa famille. Le roi Carlos Ghosn distribuait ses faveurs.

De nombreuses institutions libanaises ont ainsi largement bénéficié de la générosité de Nissan, de Renault ou de RNBV. Ainsi l'université Saint-Joseph de Beyrouth a reçu 1 million de dollars entre 2011 et 2015. Sa gratitude est inscrite sur ses murs : le premier étage d'un bâtiment neuf et la bibliothèque ont été baptisés du nom de Carlos Ghosn, et quatre salles ont pris ceux de Nissan, Renault, Dacia et Infiniti. Pendant quatre ans, Nissan a également versé 150 000 dollars par an au collège Notre-Dame de Jamhour, qu'avait fréquenté le jeune Carlos, et RNBV a donné 50 000 dollars par an à l'université américaine de Beyrouth.

L'American School de Paris a également été aidée pour la construction de son nouveau campus, à hauteur de 1,2 million d'euros. Une école où Anthony Ghosn a étudié et qui compte maintenant une « *Ghosn room* ». De la même façon, la prestigieuse université américaine de Stanford a reçu des donations et Nissan a noué un partenariat avec elle en 2005 quand Caroline y était en deuxième année. Un fait révélé en mars 2019 au moment où, aux États-Unis, éclatait un scandale retentissant sur la façon dont les dons des parents semblaient influencer l'admission de leur progéniture dans des institutions réputées hyper-sélectives. Les quatre enfants Ghosn ont fait Stanford aux frais de Nissan, puisque la prise en charge de la scolarité faisait partie des avantages – des *perks* – de son contrat de travail d'expatrié. Le coût total a été estimé par la presse américaine à 600 000 dollars.

Vie privée, vie publique… Carlos Ghosn fait de moins en moins la différence avec le temps. Les zones d'adhérence se multiplient. Quand Renault sponsorise le Women's Forum à Deauville, Caroline Ghosn squatte le stand du constructeur pour faire l'article de sa propre start-up. Lorsque le domaine libanais d'Ixsir, dont Ghosn est actionnaire, participe à un salon des vins à Tokyo, il recourt aux services de la traductrice de Nissan. Etc.

Carlos Ghosn coûtait également, et nécessairement, très cher en frais de déplacement. RNBV assumait les frais de gestion de quatre appareils : deux long-courriers et deux moyen-courriers, dont un refacturé à Renault, les trois autres à Nissan. Le Gulfstream 550, capable de voler 12 000 kilomètres sans escale, aménagé avec chambre à coucher et fauteuils de cuir crème, était dédié au seul Carlos Ghosn. Il était rarissime que des collaborateurs du groupe l'y accompagnent, même quand ils faisaient le même trajet, même s'agissant de Frédérique Le Grèves qui le suivait partout ou presque. « Ce n'était pas que son exigence à lui. C'est un bel avion, mais pas un 747. Personne n'avait envie de se mettre en pyjama à bord avec Ghosn à côté ! », s'amuse un ancien cadre.

Le cabinet Mazars, qui réalise en 2019 l'audit des dépenses de RNBV, identifiera jusqu'à 5 millions d'euros environ de frais de voyage non justifiés. Une addition qui paraît cependant surévaluée et qui a été estimée avant que Carlos Ghosn ait pu se justifier. « On a l'impression qu'ils ont pris en compte toutes les destinations où Nissan et Renault n'ont pas de bureau. Même Washington », s'énerve un proche du dossier. « Si Carlos Ghosn fait un Paris-Beyrouth-Tokyo, avec une escale libanaise pour raisons personnelles, l'audit juge litigieux le coût du vol Paris-Beyrouth », explique un expert. « Mais l'avion serait tout de même venu le chercher pour l'emmener à Tokyo. S'il y a un surcoût, ce n'est pas le vol entier, c'est seulement la différence éventuelle de coût de stationnement entre Paris et Larnaca, à Chypre. » Quand le PDG était au Liban en effet, son avion et son équipage trouvaient asile à Chypre. Une exigence des assurances.

Chez RNBV, on trouve aussi des frais divers, catalogués comme injustifiés, dont le temps dira s'ils avaient oui ou non un rapport avec l'objet social de l'entreprise, s'ils étaient destinés à être des cadeaux remis à l'occasion de visites officielles ou s'ils ont uniquement bénéficié à Ghosn. Les factures d'Ermenegildo Zegna ou de Louis Vuitton ont été mises de côté. Un ticket de 29 700 euros chez Cartier aussi, réglé avec la carte bancaire professionnelle de Carlos Ghosn, sans que l'on sache s'il a lui-même utilisé cette carte, ni si c'est une montre ou encore un stylo qui a été acheté.

La société commune à Renault et Nissan créée en 2002, cette boîte noire si peu et si mal contrôlée, a aussi payé de nombreux cabinets d'avocats et autres banquiers conseil et consultants. En 2019, sous l'effet du scandale, tout devient suspect. Là encore, il faudra du temps pour évaluer si tous les versements correspondent à un travail effectif et, si oui, s'il était destiné à l'Alliance – ce qui justifierait que RNBV ait réglé les factures –, à un seul des deux constructeurs… ou à leur patron. C'est au niveau de la société hollandaise qu'ont ainsi été facturés les services d'Ardea Partners, la banque de Chris Cole qui travaillait sur les projets d'intégration, mais aussi ceux des consultants en communication Claudine Pons et en sécurité Alain Bauer – d'environ 1 million d'euros –, engagés chez Renault dans la foulée de l'affaire des faux espions. Tout comme les factures de Rachida Dati, l'ancienne garde des Sceaux devenue avocate – 600 000 euros environ au total. Autant de conseillers dont le rôle consistait aussi à entretenir de bonnes relations avec les réseaux qui comptent, du monde politique à celui de la franc-maçonnerie, très jalouse de son influence chez Renault. Deux avocats libanais ont également été rémunérés par RNBV. D'une part Fadi Gebran – 50 000 euros par an –, décédé en 2017, dont Nissan affirme qu'il était un avocat personnel de Carlos Ghosn. D'autre part, Carlos Abou Jaoude – 890 000 euros –, qui a notamment travaillé pour Nissan, au point d'avancer des frais pour le compte du constructeur pendant le processus d'installation du bureau libanais de Ghosn. Abou Jaoude a rejoint l'équipe de défense de Ghosn après son arrestation. Côté consultants, Patrick Pélata, le numéro deux de Renault que Ghosn avait sacrifié sans état d'âme après l'affaire des faux espions et qui a créé son cabinet, Meta Consulting, a également travaillé pour RNBV entre 2015 et 2018 – pour 1 million d'euros environ.

Et puis, bien sûr, il y a les frais de réception. Le festival de Cannes et ses invités, le Carnaval de Rio et son programme de divertissements… Ces événements toujours organisés au millimètre, notamment par Claude Hugot, le maître des cérémonies chez Renault, et auxquels Carlos Ghosn semble inviter plus d'amis que de clients. Deux soirées à Versailles vont tout particulièrement charger la barque de Carlos Ghosn. L'une se déroule le 8 octobre 2016 au Grand Trianon. C'est un événement privé, avec une cinquantaine d'invités que l'on dira réunis pour célébrer le mariage de Carlos et Carole – conclu un an plus tôt à la mairie du 16e arrondissement de Paris –, mais qui sont là en réalité pour son anniversaire à elle. La fête est fastueuse, animée par des figurants en costume d'époque et égayée par un repas somptueux. Les Ghosn ont tout payé. Tout, sauf la location du lieu, qui vaut 50 000 euros. Cadeau ! Sur la facture du couple, il est écrit « gratuit ». En réalité, la location a été portée au débit du contrat de mécénat de Renault pour le château de Versailles, qui donne droit au constructeur à un certain nombre de prestations qu'il n'utilise d'ailleurs pas en totalité. « Ghosn avait vu Catherine Pégard, la présidente du château de Versailles, qui lui avait dit que si un jour il avait une soirée à organiser, elle serait très heureuse de faire ça pour lui. Quand Carole lui a parlé de son anniversaire, Carlos s'est souvenu de cette conversation… », témoigne un proche. « Ce n'est pas nous qui avons réservé la salle, c'est quelqu'un qui travaillait pour mon mari, se justifie Carole Ghosn, mon mari n'a pas appelé pour réserver la salle – il ne faisait pas ces choses. Et nous, on nous a dit que la salle était offerte. On l'aurait payée ! C'est ridicule de penser qu'on n'aurait pas payé alors qu'on a payé tout le reste[4]. » Les Ghosn ont proposé de rembourser la somme. La justice française tranchera : Renault signale début février 2019 ce dossier au parquet de Nanterre, qui ouvre officiellement une enquête en mars.

Et puis, il y a l'autre Versailles. La fête donnée dans le château même le 9 mars 2014 dont les images sont irrémédiablement associées à la dérive de Carlos Ghosn. Ce soir-là, c'est l'Alliance, née le 27 mars 1999, qui régale pour fêter ses quinze ans. La date du 9 mars

4. *Quotidien*, *op. cit.*

est aussi celle des 60 ans de Carlos Ghosn. Dans la galerie des Batailles, une immense table a été dressée pour accueillir les deux cents invités de « Mr Ghosn », comme l'indique le carton. Musique, figurants, dîner de roi et feu d'artifice... l'ambiance fait écho au *Marie-Antoinette* de Sofia Coppola, dont le père Francis Ford est inscrit sur la liste des invités. Encore une fois, ceux-ci paraissent être plus souvent des amis ou des people que des interlocuteurs clés pour l'Alliance Renault-Nissan qui a réglé la facture de 630 000 euros. Selon les proches de Carlos Ghosn, le discours qu'il prononce ce jour-là est bien « *corporate* » ; il aurait conté l'Alliance sans mention aucune, ni même un clin d'œil, à son propre anniversaire. Mais quand bien même.

Cette fête de Versailles a fait des dégâts considérables. Les vétérans de l'Alliance ont mal accepté, à l'époque, de ne pas faire partie d'un événement célébrant une aventure à laquelle ils ont participé. « J'avoue que j'étais révulsé. C'était humiliant », reconnaît l'un d'eux. « Mais après coup je suis content de ne pas avoir été invité », rigole-t-il en 2019. Car, en 2019, la fête de mars 2014 à Versailles est devenue une tache. « Pour moi, ça a été la goutte d'eau qui a fait déborder le vase », avoue un cadre de Renault qui était resté fidèle au boss après son arrestation.

Diffusé le 9 mai 2019, le film souvenir de l'événement fait plus de mal à la défense de Carlos Ghosn que toutes les accusations portées jusque-là contre lui par les autorités japonaises et Nissan. C'est la puissance des images. Et celles de Versailles et de son luxe tapageur ont définitivement figé le portrait d'un Ghosn jouisseur de privilèges. Privilèges qui, depuis la monarchie absolue jusqu'à la nouvelle aristocratie du capitalisme moderne, semblent faire preuve d'une insupportable résilience.

TROISIÈME PARTIE

DOUBLES JEUX

LA DISPARITION

La chute d'un despote est souvent synonyme de chaos. Sans Carlos Ghosn, l'Alliance est un canard sans tête, aux mouvements désordonnés voire paniqués. « Cette crise a révélé une faille béante dans l'Alliance. Renault et Nissan ne se connaissent plus. S'il reste quelques cadres chez Nissan qui sont passés par Renault, l'inverse n'est plus vrai », commente un expert après l'arrestation de Ghosn. Le Losange, quand il tourne le regard vers le Japon, est comme aveugle.

En réalité, Renault est très vite écartelé entre deux courants. L'un est légitimiste. L'autre est légaliste. Le premier est convaincu que Ghosn a été victime d'une machination de la part de Nissan ou, à tout le moins, que le groupe japonais a un autre but de guerre que la simple chute de son ancien patron. Le second, s'il n'est pas entièrement convaincu par les arguments venus du Japon, veut en tout cas faire les choses dans les règles, prendre un maximum de distance avec les agissements reprochés à Carlos Ghosn et, au passage, se couvrir. D'un côté, Mouna Sepehri, Thierry

Bolloré et Claudine Pons, notamment, refusent d'entrer dans le jeu de Nissan. De l'autre, au conseil d'administration, Philippe Lagayette et Marie-Annick Darmaillac ouvrent le parapluie. Dès le 23 novembre, le conseil d'administration de Renault décide, et c'est logique, d'ouvrir une enquête interne sous la responsabilité de Claude Baland et Éric Le Grand pour examiner les éléments de rémunération de Carlos Ghosn puis de l'ensemble du comité exécutif, sur dix ans. Cette saisine dite « éthique et conformité » est évidemment applaudie des deux mains par l'État ; elle a été mise en œuvre « pour vérifier qu'il n'y a rien eu de difficile, de délicat, que nous puissions trouver », explique alors avec des mots choisis Bruno Le Maire. Ce travail ne révélera aucune irrégularité.

Chez Nissan aussi, l'unité n'est que de façade. « Il existe une frange nationaliste, maximaliste, à l'intérieur de l'entreprise », commente à l'époque une source française bien en peine de compter les troupes de ces jusqu'au-boutistes. Au siège de Yokohama, certains s'arrêtent à l'affaire Ghosn, d'autres en font une guerre contre Renault.

Pendant des semaines, Renault et Nissan ne se parleront pas, ou si peu, ou si mal. Il faudra attendre un mois pour que Thierry Bolloré et Hiroto Saikawa aient un vrai tête-à-tête. Dans les semaines qui suivent l'arrestation de Ghosn, les deux groupes frères de cette alliance décapitée se déchirent. La désunion s'étale officiellement sur le sujet de la gouvernance. Et en coulisses, la bataille fait rage sur l'affaire Ghosn.

Qui remplacera Ghosn ? Nissan a averti Renault avant même d'avoir destitué son président le

22 novembre, ce n'est pas le Losange qui décidera. Le groupe japonais confie à un groupe de trois administrateurs le soin de réfléchir à la question ; on y trouve Jean-Baptiste Duzan, l'ancien de Renault mais aussi proche de Hiroto Saikawa, Masakazu Toyoda, ex-haut fonctionnaire du METI, et Keiko Ihara, ancienne pilote de course et administratrice indépendante de Nissan. Une chose est sûre, puisque Saikawa a désigné, dès le 19 novembre, « la concentration des pouvoirs » comme la racine du mal qui a permis le scandale Ghosn, le futur président de Nissan ne sera pas un Renault. La direction unique, même symbolique, des deux constructeurs de l'Alliance, c'est terminé. Nissan hésite sur la suite des événements. Le 4 décembre, le conseil d'administration du constructeur japonais se réunit, mais ne nomme toujours pas de président.

Renault essaie de limiter les dégâts. Revendiquer la présidence de Nissan dans ces circonstances est inenvisageable. Le groupe français, dont les plus radicaux ne voient dans le comportement de leur partenaire qu'une stratégie hostile, cherche à contrer ses tentatives indépendantistes. Il lance une double contre-offensive. D'une part, Thierry Bolloré prend la plume et écrit mi-décembre à Hiroto Saikawa pour réclamer la tenue d'une assemblée générale extraordinaire. Puisque Nissan a décidé de se débarrasser de Ghosn, autant mettre tout de suite fin à son mandat d'administrateur – ce qui n'est pas encore le cas – et le remplacer. Ce sera l'occasion pour Renault de placer un de ses hommes au conseil. Car, et c'est le deuxième volet, le Losange n'a certes plus beaucoup de droits sur la gouvernance de Nissan mais il a tout de même quelques leviers. À Boulogne-Billancourt, le Rama, le fameux accord entre les deux groupes, a de nouveau été décortiqué. Renault ne peut pas exiger la tenue d'une assemblée générale – ce qui, pour un actionnaire à 43 %, est une vraie incongruité. Mais il a droit à trois, voire quatre administrateurs chez Nissan. Et il peut nommer soit le président, soit le directeur général, soit le numéro deux opérationnel.

Quoi qu'il arrive, « la présidence de l'Alliance restera à un Français », assure Bruno Le Maire le 25 novembre. Il se réfère à la voix prépondérante dont le directeur général de Renault bénéficie chez RNBV. C'est factuellement exact. Mais que pèse RNBV dans une Alliance vide de sens ? Quasiment rien. Sans Carlos Ghosn pour se claironner président de l'Alliance, la petite société néerlandaise est ramenée à ce qu'elle est : une coquille. La déclaration du ministre contribue à radicaliser Nissan, où l'on se dit que, décidément, les Français ne changeront jamais et ne veulent rien comprendre à l'équilibre des forces et au fonctionnement par consensus que les Japonais défendent. Ils continuent à raisonner en termes juridiques et en s'appuyant sur la puissance que leur confèrent les 43 % détenus par Renault dans le capital de Nissan.

Le 17 décembre, Nissan renvoie Renault dans ses buts. Officiellement. Vertement. « Nous écouterons l'opinion de notre partenaire Renault. Mais in fine, c'est nous qui sommes responsables de la gouvernance de Nissan », décrète Hiroto Saikawa en conférence de presse après un conseil d'administration. Le groupe japonais ne s'est pas choisi de président, ni sur proposition de Renault, ni sur celle du premier comité d'administrateurs qu'il a constitué le 22 novembre. Il élargit la problématique. Un nouveau comité, de sept membres cette fois, le *Special Committee for Improving Governance*, est formé pour revoir de fond en comble la gouvernance de Nissan. Et le temps qu'il travaille, il n'y aura ni nomination, ni assemblée générale. Le système reste verrouillé.

« Nous n'allons pas nous précipiter », assure Hiroto Saikawa. Le groupe japonais y met certes un peu de formes, mais il fait un bras d'honneur à son actionnaire de référence, Renault, rendu impuissant par les dispositions du Rama revisité en 2015. À Boulogne-Billancourt, l'affront est reçu comme tel. Un dirigeant du Losange dénonce à l'époque un « manque d'information et de dialogue » et une forme de déni chez Nissan, où aucune urgence ne semble ressentie alors qu'« il y a quatre incidents majeurs de qualité [notamment le scandale des certifications], des avertissements sur résultats et une situation économique qui se dégrade ! ».

Ces passes d'armes publiques se déroulent tandis que, confidentiellement, les deux groupes s'envoient du papier bleu. Après l'échec de la mission de Philippe Klein, le 20 novembre, Nissan demande à plusieurs reprises à présenter ses trouvailles et ses charges contre Carlos Ghosn. « Les faits parlaient d'eux-mêmes ! Les manquements à l'éthique ! Le paiement de sa sœur ! », se désole une source proche du constructeur japonais. « Dans un monde idéal, Renault et Nissan auraient travaillé ensemble là-dessus. » Dans le vrai monde, c'est tout l'inverse. Renault se méfie de cette investigation, de la façon dont elle est menée, de l'étrange collaboration entre Nissan et le procureur de Tokyo qui fait du groupe nippon une sorte de détective privé pour le compte de la justice. Mouna Sepehri et Thierry Bolloré refusent donc tout contact direct sur le sujet avec Nissan, et Philippe Lagayette, quand il est sollicité, renvoie la patate chaude au directeur général. Bercy est à peine plus réceptif. Bruno Le Maire conserve un ton perçu comme martial de l'autre côté de la planète. « Comme actionnaire principal de référence de Renault, l'État a demandé à disposer des preuves », assène-t-il fin novembre. « Eh bien je renouvelle cette demande. »

Si l'enjeu n'était pas aussi grave, la situation prêterait à sourire. C'est un de ces pieds de nez dont l'histoire a le secret. En quelques jours, en quelques heures, l'arrestation de Carlos Ghosn a fait de l'État le rempart le plus solide derrière lequel les éléments les plus radicaux de Renault peuvent s'abriter contre ce qu'ils pensent être une attaque caractérisée de Nissan. Et l'État entre dans ce jeu. Prouver, dans cette situation de crise, les vertus de l'État actionnaire est la meilleure façon de justifier a posteriori et par l'exemple ce qui s'est passé en 2015. Pour le gouvernement de 2019, nommé par un certain Emmanuel Macron, il est impératif de démontrer que le contrôle acquis par la puissance publique en 2015 prouve dans la crise son utilité. Que la manœuvre du ministre de l'Économie de l'époque est une solution, et donc évidemment pas une racine du problème. La politique, c'est aussi l'art de réécrire l'histoire…

Dans cette ambiance de plomb, il faut attendre trois semaines pour que, enfin, le dossier de Nissan arrive en France. Le lundi 10 décembre, les avocats du groupe japonais débarquent à Paris. Ils ne verront pas les équipes de Renault, mais ses avocats. Les Latham & Watkins briefent les Quinn Emanuel. Et ce dernier cabinet restitue les informations devant le conseil d'administration de Renault le 13 décembre. La réunion dure plus de quatre heures. Quand ils se séparent vers 14 h 45, les administrateurs sont tenus au silence en vertu de l'obligation de confidentialité que leur rappelle un courrier du bureau des procureurs japonais. Les convictions personnelles n'ont pas beaucoup évolué après cette présentation dont beaucoup d'éléments étaient déjà dans la presse. Chez Renault, l'opération « mains propres » lancée par Nissan ne prend pas. Le conseil n'en tire aucune conséquence et souligne qu'« à ce stade, il ne dispose pas d'informations sur les éléments de défense de Carlos Ghosn ». Le groupe français continue de traîner des pieds pour déclencher l'enquête au niveau de RNBV. Et, laissant Nissan ahuri, il refuse toujours de débarquer Carlos Ghosn, encore officiellement « temporairement empêché » comme s'il s'était absenté pour une intervention chirurgicale !

L'horizon ne cesse pourtant de s'assombrir pour le PDG empêché de Renault et président déchu de Nissan et Mitsubishi. La machine judiciaire japonaise a commencé à broyer son célèbre prévenu. Le 10 décembre, la première garde à vue prend fin. Carlos Ghosn et Greg Kelly sont officiellement inculpés pour avoir minimisé la rémunération de Ghosn à hauteur de 5 milliards de yens entre 2010 et 2015. « Ce type de déclaration mensongère constitue une des fautes les plus graves au regard de la législation imposée aux entreprises », déclare le procureur adjoint Shin Kukimoto. Ghosn et Kelly risquent à ce titre une peine de dix ans de prison assortie d'une amende. Mais le pire reste à venir. Ce même 10 décembre, Carlos Ghosn et Greg Kelly sont de nouveau arrêtés sans avoir pu faire un pas en dehors de leur cellule de Kosuge. Les procureurs lancent un second cycle de arde à vue pouvant durer jusqu'à vingt jours, sur le même chef d'accusation mais portant cette fois sur la période 2015-2017. Ce « saucissonnage » procédural est autorisé par la loi japonaise et fait partie de l'arsenal qui permet à la justice de l'archipel d'obtenir des « confessions » de ses suspects.

Pour les proches de Carlos Ghosn, la pression devient insupportable. Le cauchemar paraît sans fin et il est d'autant plus douloureux que toute communication entre l'intérieur et l'extérieur de la prison reste impossible, sauf par l'intermédiaire des ambassadeurs, essentiellement Laurent Pic et des avocats. Les quatre enfants de l'industriel, jusque-là restés officiellement muets, crient leur colère. Mi-décembre, ils publient un premier communiqué, sur un ton très personnel. « Depuis aussi longtemps que nous pouvons nous en souvenir, nous avons entendu la voix de notre père tous les dimanches. [...] Cela fait maintenant quatre dimanches que nous ne pouvons lui parler. Il nous manque tellement. » En coulisses, les « Game of Ghosn » se démènent. C'est le réflexe du clan. « Nous venons toujours au secours des uns et des autres », disait Carlos Ghosn en racontant ce jour où sa fille Nadine, à 7 ans, avait sauté à l'eau pour repêcher son père et son frère tombés d'un Jet-Ski. « Vous imaginez ça[1] ? » En décembre 2018, les quatre se jettent à l'eau. Et surtout Anthony qui remue ciel et terre, s'agite, interpelle de façon un peu désordonnée quand la stratégie de défense de son père exigerait de la rigueur et de la coordination. Le jeune Ghosn parvient à mobiliser Nicolas Sarkozy. Entre l'ancien président de la République et l'industriel, le passif de la délocalisation de la Clio en 2010 est oublié. Les grands fauves se reconnaissent entre eux et les deux hommes se sont même mutuellement rendu hommage sur leurs rôles respectifs pendant la crise 2008. « Nicolas Sarkozy n'est pas du genre à se défiler. Carlos Ghosn est un ressortissant français en difficulté et a droit à ce titre au soutien de son pays », dit-on dans son entourage.

À Paris cependant, l'ex-chef de l'État est assez seul. Le monde patronal réagit peu à la détention du PDG de Renault. L'Afep écrit une lettre à son équivalent japonais, le Keidanren, pour lui rappeler les principes de présomption d'innocence et de l'habeas corpus. Un courrier resté sans réponse et sans suite. Le PDG d'Orange Stéphane Richard, qui attend à l'époque le procès Tapie dont il est l'un des prévenus et dont il sortira blanchi[2], est l'un des très rares à sortir du bois. Il décrit Ghosn comme « un ovni dans le paysage français ». « Parce qu'il a cette rémunération hors norme,

1. *Nikkei*, *op. cit.*

2. Jugement du tribunal correctionnel de Paris, 9 juillet 2019.

parce qu'il a ce parcours professionnel qui l'a conduit à cumuler plusieurs présidences, parce qu'il n'a jamais particulièrement cherché à s'attirer la sympathie de ses pairs, c'est un dirigeant certes admiré mais auquel les autres patrons ne s'identifient pas vraiment. Cela ne justifie pas, parce qu'il a un genou à terre, de participer à la curée[3]. » Un autre patron ne peut croire à la culpabilité de son client et ami. C'est Maurice Lévy, le dirigeant historique de Publicis, qui se serait chargé notamment, selon un proche, de raisonner Rita, l'ex-femme de Carlos, prête à s'épancher. La diaspora libanaise est la plus active pour susciter du soutien. En France, les Saadé activent leur réseau. Au pays du cèdre, une affiche est placardée en plein Beyrouth avec la photo géante du patron et le slogan « *We are all Carlos Ghosn* ». Un groupe de soutien est créé sur Facebook. Et, lyrique, le ministre de l'Intérieur déclare : « Le soleil du Japon ne brûlera pas le phénix libanais. »

Mi-décembre, les entourages de Ghosn et Kelly haussent le ton. Ils disent officiellement ce qu'ils suggéraient jusque-là en coulisses : cette affaire, affirment-ils, est un complot. La famille de Carlos Ghosn prononce le mot pour la première fois dans le cadre de la procédure civile qui les oppose à Nissan au Brésil, concernant l'accès à l'appartement de Rio et à ce qu'il contient. « La vérité est que l'arrestation de Carlos Ghosn est le résultat d'un différend entre Renault d'un côté, Nissan et Mitsubishi de l'autre. L'arrestation surprise de M. Ghosn fait partie d'une

3. *Le Figaro*, 27 novembre 2018.

stratégie sordide de la part de Nissan pour fragiliser l'Alliance avec Renault », écrivent les avocats de la famille dans une pièce versée au dossier.

Mais la sortie la plus spectaculaire est celle de Donna « Dee » Kelly, l'épouse de Greg, qui diffuse le 19 décembre une vidéo dans laquelle elle demande la libération de son mari. Elle y explique les circonstances dans lesquelles il a été arrêté, comment Nissan l'a attiré sur le sol japonais, sa maladie qui « exige une intervention ». Et elle cogne, elle aussi : « Greg a été accusé à tort dans le cadre d'une prise de pouvoir par plusieurs dirigeants de Nissan menés par l'actuel directeur général Saikawa. »

Le 20 décembre, comme dans les mauvais feuilletons américains qui fleurissent sur les écrans à cette époque de l'année, le happy end semble soudainement possible. Pendant quelques heures, les deux familles et les deux détenus vont croire à leur réunion pour les fêtes de Noël. Contre toute attente et de façon totalement exceptionnelle dans les annales judiciaires japonaises, un juge de première instance, immédiatement confirmé en appel, refuse au bureau des procureurs la prolongation pour dix jours de plus de la garde à vue des deux hommes. Le désaveu des procureurs est cinglant. « Le système bouge », se disent les partisans de Carlos Ghosn. Enfin. À Tokyo, un membre du gouvernement pousse un soupir de soulagement devant des journalistes. Pour certains officiels japonais aussi, cette affaire a déjà été trop loin.

Seul Greg Kelly, cependant, sera libéré, le 25 décembre. Pas Carlos Ghosn. Tout était pourtant prêt pour organiser sa sortie de prison. La somme d'une caution putative avait été réunie – Renault aurait même envisagé de la verser avant de convenir que ce n'était pas forcément une bonne idée. L'avion était prêt au cas où l'ex-patron aurait été autorisé à quitter le territoire. La France, avait fait savoir l'ambassadeur, consentait à se porter garante de sa résidence dans l'Hexagone et de son retour au Japon pour sa comparution au procès. À Boulogne-Billancourt, relate un proche du Losange, « ils ont vraiment cru qu'ils allaient récupérer le chef ».

Mais « le chef » ne reviendra pas. Pas de sitôt. Le 21 décembre, Hiroshi Morimoto montre sa détermination. Il donne corps à cette théorie selon laquelle l'accusation de dissimulation de revenus – et pour laquelle Ghosn et Kelly sont inculpés une deuxième fois, sur la période 2015-2017 – n'est en fait qu'un amuse-bouche, un prétexte pour se donner du temps. Le temps de réunir des éléments plus convaincants sur des charges plus lourdes contre Carlos Ghosn. Le 21 décembre, l'ex-patron de Nissan est accusé d'abus de confiance aggravé. La justice japonaise lui déclare pour de bon la guerre. Une guerre qui par un étrange phénomène de mimétisme est aussi déclenchée dans l'Alliance Renault-Nissan.

LES ROUTES DU MOYEN-ORIENT

Cette fois, c'est grave. Vraiment très grave. L'accusation portée le 21 décembre par le bureau des procureurs de Tokyo fait prendre un virage à l'affaire Carlos Ghosn. Après un mois consacré à interroger l'ex-PDG sur un défaut de déclaration de sa rémunération, presque sur une carence administrative, la procédure judiciaire rejoint enfin le procès instruit depuis le 19 novembre dans les médias et dans le dossier de Nissan. Les juristes parlent d'abus de confiance aggravé. Le vulgum pecus dit détournement de fonds et enrichissement personnel.

Deux documents saisis lors de la perquisition chez Carlos Ghosn le 19 novembre auraient, selon la presse japonaise, mis les enquêteurs sur la piste. Une lettre de garantie datée du 30 janvier 2009, dans laquelle le Saoudien Khaled Al-Juffali se porte caution pour Carlos Ghosn jusqu'à 30 millions de dollars. Et un contrat de crédit, de 30 millions de dollars également, signé dix jours plus tôt et dont le prêteur est Suhail Bahwan, un Omanais. Ces deux documents financiers personnels de Carlos Ghosn, conclus avec deux hommes d'affaires également partenaires de Nissan, vont orienter les procureurs vers le Moyen-Orient, sur ce que la presse japonaise appellera joliment la « route saoudienne » et la « route d'Oman ».

Le 21 décembre, la justice n'ouvre que le volet saoudien. Quand il avait été révélé quelques semaines plus tôt dans un quotidien nippon, il n'avait pas semblé crédible tant il paraissait extravagant. Et pourtant…

Pour comprendre le sujet, il faut se remettre dans le contexte de la fin d'année 2008. Mi-septembre, la banque Lehman Brothers fait faillite. L'événement précipite le monde entier dans une crise financière sans précédent. Sur les marchés, les parités de change font du yo-yo et les actions, y compris des constructeurs automobiles, tombent comme des pierres. Interrogé dix ans plus tard sur ses souvenirs de cette crise qui, disait-il, « vous prenait aux tripes, au cœur, aux nerfs », Carlos Ghosn avait eu ces mots : « Ceux qui étaient à des niveaux de responsabilité importants ont pris un choc financier énorme. Parce que la plupart avaient leur épargne investie en actions de l'entreprise ou en stock-options. […] Je plains ceux qui sont partis à la retraite à ce moment-là. Il y a eu des cas assez dramatiques. » Ghosn semblait parler des autres mais, en réalité, il devait se souvenir de sa propre expérience.

Carlos Ghosn était payé en yens par Nissan mais sa vie, avec des enfants aux États-Unis et des attaches au Liban où la monnaie est arrimée au dollar, était plutôt en billets verts. Dans cette situation, il contracte dès 2002 des swaps avec la Shinsei Bank. Ce sont des contrats qui le couvrent contre le risque de change et pour lesquels il apporte ses actions Nissan en garantie. Quand il signe un contrat de ce type en 2006, le taux de change est de 118 yens pour 1 dollar, et le prix de l'action Nissan est à 1 500 yens. En octobre 2008, le taux de change est tombé à 80, et l'action à 400 yens. La banque réclame des gages supplémentaires que Carlos Ghosn n'a pas. Il se tourne donc... vers Nissan. La banque acceptera de maintenir les contrats si elle a le puissant groupe japonais comme contrepartie plutôt qu'un individu, fût-il Carlos Ghosn. Mais elle exige aussi que le sujet soit validé en conseil d'administration du groupe japonais. Afin, dit-il, de ne pas attirer l'attention sur sa situation personnelle dans le contexte ambiant de crise, Carlos Ghosn fait donc voter une disposition générale par son conseil, qui autorise Nissan à conclure des swaps pour prémunir ses cadres expatriés contre le risque de change. Il est évidemment le premier à en bénéficier. Le 31 octobre 2008, Nissan signe le contrat et se tient prêt à endosser la perte potentielle de 1,84 milliard de yens. Comme toujours, c'est le secrétariat, chez Nissan, qui fait le nécessaire. Le tour de passe-passe entre le portefeuille du PDG et le bilan du constructeur paraît insensé, même si deux éléments atténuent la gravité des faits. D'une part, il n'est pas aberrant que les multinationales assurent le risque de change de leurs expatriés. D'autre part, la résolution votée en conseil stipule expressément que Nissan ne doit pas perdre d'argent dans l'affaire. Il s'agit pour le groupe de se porter temporairement garant pour éviter à Carlos Ghosn de devoir apporter des garanties pendant la durée du contrat, mais pas d'essuyer les pertes au terme de celui-ci. Il est cependant permis de se demander ce qui serait arrivé si, pendant cette période, Carlos Ghosn avait personnellement fait faillite… « C'est complètement déconnant ! Il aurait demandé ça chez Renault, on aurait juste dit non ! », commente un cadre du Losange.

Mais l'affaire ne s'arrête pas là. Le 30 janvier 2009, à l'échéance du contrat qui, effectivement, n'aura rien coûté à Nissan, Ghosn fournit une autre garantie à son banquier : celle de Khaled Al-Juffali. Le cœur de l'accusation des procureurs est là. Selon eux, Carlos Ghosn aurait ensuite renvoyé l'ascenseur à son ami saoudien qui, de 2009 à 2012, en quatre versements, encaisse 14,7 millions de dollars de commissions pour « frais de promotion » payés par Nissan. Leur thèse repose sur un faisceau d'indices. Le premier, c'est la proximité entre Ghosn et Al-Juffali, unis par leurs souvenirs d'enfance au Liban, et qui se connaissent depuis la période Michelin de Ghosn, dont le puissant conglomérat est le distributeur. Le deuxième, c'est la source des commissions versées au groupe de Khaled Al-Juffali : la « CEO Reserve », la « réserve PDG ».

La coïncidence des dates apporte de l'eau au moulin de l'accusation. La CEO Reserve a été créée « autour de 2009 », selon le SCIG. Il s'agit d'une ligne budgétaire qui échappe aux procédures classiques de validations successives par les différents départements du groupe. On part du postulat que les dépenses « ont été approuvées » par le PDG, explique le SCIG. « Ce n'est pas censé être une caisse à la discrétion du patron, soutient un proche de Nissan, c'est plutôt fait pour couvrir des dépenses exceptionnelles, des frais non budgétés comme par exemple après un tremblement de terre. » Carlos Ghosn l'utilise pour des dépenses spécifiques, y compris, selon les comptes épluchés par Nissan, des paquets de chips ! Mais c'est surtout à partir de ce budget que Ghosn règle certains distributeurs au Moyen-Orient, une région où, à cause de ses origines et de son parcours, c'est lui qui a la relation directe. Pour l'accusation, l'opacité de la CEO Reserve aurait permis des versements constitutifs de l'accusation d'abus de confiance.

« Dans un groupe tel que Nissan, ces dépenses sont des confettis. C'est aussi cela qui justifie qu'elles passent par la CEO Reserve plutôt que par le compte de la région », note une source proche du dossier. Les avocats de Carlos Ghosn ont affûté leurs arguments. Selon eux, les paiements à Khaled Al-Juffali n'ont rien à voir avec les relations personnelles des deux hommes, ni avec les contrats de swaps qui mettaient Ghosn en danger en 2008-2009. Le groupe Khaled Juffali Company a nié toute malversation et affirmé que les commissions de 14,7 millions de dollars qu'il a encaissées correspondaient bien à un travail au bénéfice de Nissan. Le groupe aurait notamment aidé à résoudre un conflit entre le groupe japonais et son distributeur saoudien Alhamrani, et à obtenir l'accord du royaume pour installer une coentreprise sur place et y construire une usine[1].

Le puissant groupe saoudien ne semble en tout cas pas intimidé par la justice japonaise. À la mi-2019, il

1. Communiqué de presse de Khaled Juffali Company, 8 janvier 2019.

avait rassemblé, de sources concordantes, l'équivalent de 11,5 millions de dollars de factures justifiant ses frais engagés pour le compte de Nissan en regard des 14,7 millions versés par le constructeur. Et en mai 2019, il intente une action à Dubaï contre Nissan. Il lui réclame plus de 380 millions de dollars. C'est plus précisément la société Al-Dahana – détenue à 60 % par le groupe de Khaled Al-Juffali et à 40 % par son partenaire Nasser Watar – qui poursuit Nissan, avec qui Al-Dahana a créé en 2008 la société commune Nissan Gulf FZ Co, intermédiaire entre Nissan et ses distributeurs dans la région. Al-Dahana affirme que Nissan a rompu l'exclusivité et a fourni en direct des véhicules à certains revendeurs. Par ailleurs, le contrat liant le groupe saoudien et le groupe japonais dans une autre joint-venture, Nissan Kingdom of Saudi Arabia, créée en 2013 pour relancer le marché jusque-là mal couvert par la société Alhamrani, venait à échéance fin juin 2019. Le constructeur japonais n'aurait proposé qu'un renouvellement d'un an plutôt que les cinq ans habituels.

Les commissions versées depuis la CEO Reserve ont aussi emmené les enquêteurs sur la « route d'Oman », qui fera en avril 2019 l'objet de la quatrième inculpation de Carlos Ghosn, la plus dangereuse pour lui. Le point de départ ressemble à celui de la route saoudienne : un document qui atteste de relations financières personnelles, des liens amicaux, un business lucratif noué avec Nissan et payé sur le compte de la CEO Reserve… Mais ce dossier est bien plus nébuleux que le saoudien, d'autant que l'accusation comme la défense sont loin d'avoir abattu toutes leurs cartes. Le document de crédit trouvé par les enquêteurs chez Carlos Ghosn reste mystérieux. Selon plusieurs sources, il concernerait Rita, l'ex-femme de l'industriel. Et rien ne prouve que le prêt ait été effectivement consenti.

De 2012 à 2018, le conglomérat omanais Suhail Bahwan Automobiles (SBA) détenu par Suhail Bahwan, le signataire du document de prêt, touche 32 millions de dollars de « bonus » de la part de Nissan, payés depuis la CEO Reserve. Les procureurs ont circonscrit leur inculpation pour abus de confiance aggravé à un détournement de 5 millions de dollars sur un total de 10 millions versés en 2017 et 2018. « On peut supposer qu'ils ont limité leur accusation aux versements au sujet desquels ils ont accumulé le plus de preuves », avance un expert. La justice japonaise soupçonne que cet argent sorti des caisses de Nissan a fini, au bout de la sinueuse route d'Oman formée de multiples sociétés, dans les poches de Carlos Ghosn lui-même…

Quel chemin l'argent aurait-il suivi ? La première étape est relativement simple. Nissan rémunère son distributeur, actif à Oman et dans plusieurs pays de la région dont l'Irak et la Libye. Au procès, l'accusation devra démontrer que le montant de ces commissions n'était pas justifié, tandis que la défense tentera de prouver le contraire. SBA n'était en tout cas pas quantité négligeable. Depuis le début de sa collaboration avec Nissan en 2004 – et dans une moindre mesure avec Renault après 2010 –, il a écoulé 486 273 véhicules et enregistré un chiffre d'affaires qui atteint jusqu'à 1,3 milliard de dollars annuel. L'Alliance a réalisé 9,4 milliards de dollars de chiffre d'affaires au total avec ce groupe auquel elle a décerné cinquante-cinq récompenses pour son travail de distribution.

Les fameux bonus décidés par Carlos Ghosn avaient vocation, soutient un proche du dossier, à motiver les ventes. « Ghosn voulait plus de volumes, y compris au Moyen-Orient », rappelle-t-il. « Il a aussi fallu inciter à écouler des véhicules initialement destinés au marché iranien qui s'est refermé avec l'embargo », ajoute une autre source. SBA fait en tout cas le travail, et ses ventes passent d'environ 20 000 unités en 2012 à 67 000 pour sa meilleure année, en 2017. De plus, les bonus, s'ils sont tirés de la CEO Reserve, suivent malgré tout un parcours administratif au sein de Nissan. Le comble, c'est qu'en 2018, la CEO Reserve ne dépendait plus de Carlos Ghosn mais de Hiroto Saikawa. Il a donc validé les derniers versements à SBA. Selon un proche du dossier, il y a « au moins dix-sept personnes qui ont contresigné les bonus, à trois niveaux dans l'organigramme du groupe : la direction générale à Yokohama, la région Afrique – Inde – Moyen-Orient, et la sous-région Moyen-Orient ». Ces bonus faisaient l'objet chaque année d'un contrat, un *Memorandum of Understanding*, qui fixait les objectifs détaillés, semestre par semestre. Par exemple, pour l'exercice 2014-2015, ce MOU conclu entre Suhail Bahwan et le patron de l'époque de Nissan Middle-East dans le cadre de la politique commerciale du constructeur mettait la barre à 43 500 voitures vendues et 9 % de part de marché à atteindre sur la catégorie de véhicules visée.

Ces explications ne semblent convaincre ni les procureurs, ni Nissan, qui soupçonnent une deuxième étape sur la route d'Oman : la société Good Faith Investments (GFI). GFI a été créée en 2015 et son propriétaire officiel et investisseur est Divyendu Kumar, le directeur général de nationalité indienne de SBA. Quel rapport avec Carlos Ghosn ? Plusieurs indices.

Le premier, c'est que GFI a été enregistré au Liban dans les bureaux de Fadi Gebran – avocat qui fut également rémunéré par RNBV, ami d'enfance de Carlos Ghosn et que l'on vit lors de festivités organisées par l'Alliance, comme au Carnaval de Rio de 2017. Fadi Gebran, dont une salariée, Amal Abou Jaoude, figure au conseil d'administration de GFI mais aussi de Phoinos, la société de Nissan possédant la maison de Beyrouth ; elle sera choisie en 2018 pour être l'assistante personnelle de Carlos Ghosn au Liban et sera à ce titre embauchée par Nissan. Fadi Gebran, chez qui cinq sociétés ayant Carlos Ghosn pour administrateur sont enregistrées. Comme le promoteur immobilier CGI qui porte le projet de résidences touristiques haut de gamme Cedrar dans lequel Ghosn a investi. « Le Liban est un petit pays. Tous ceux qui y font des affaires font appel à une poignée d'avocats réputés, dont était Fadi Gebran », avance un proche du dossier.

Le deuxième indice, ce sont les investissements réalisés par GFI, initialement doté de 25 millions de dollars par Divyendu Kumar. La société a à treize reprises abondé la société d'investissement californienne Shogun, dont le fils de Carlos Ghosn, Anthony, est un fondateur. Elle a aussi assuré, sous forme de prêt d'actionnaire, le financement de Beauty Yachts, une société inscrite depuis 2015 dans les îles Vierges britanniques et qui a passé commande cette année-là d'un splendide bateau au constructeur italien Ferretti : le *Shashou*, un modèle Custom Line Navetta de 37 mètres de long et d'une valeur de 12 millions d'euros. Ghosn, a priori un des associés de Beauty Yachts au même titre que Kumar, en serait aussi l'actionnaire. Le nom de Carole Ghosn est également apparu dans le dossier, Beauty Yachts aurait même été inscrite pour un temps à son nom, selon la presse japonaise. « Fadi Gebran a mis à un moment la société à son nom pour que celui de Carlos Ghosn n'apparaisse pas, ce qui était un peu stupide », explique un proche du dossier. « Mais en réalité Carole n'avait rien à voir avec cela, elle s'est simplement occupée de la décoration intérieure du bateau. »

Le troisième indice, ce sont les courriers électroniques retrouvés par Nissan. Les procureurs semblent estimer que le hasard n'a rien à voir dans la chronologie des versements des bonus à SBA et des virements de Divyendu Kumar à GFI. Surtout, ils auraient en leur possession des e-mails indiquant que Carlos Ghosn aurait été au courant et aurait transmis les coordonnées bancaires de Shogun – par exemple – à Fadi Gebran pour les besoins des virements. Était-il, comme semble le penser l'accusation, le décideur réel des investissements de GFI ?

Abus de confiance aggravé. Pour ces accusations-là, qui ne concernent pas Greg Kelly, Carlos Ghosn risque jusqu'à quinze ans de prison si le bureau des procureurs de Tokyo parvient à convaincre le tribunal.

La route d'Oman passera aussi peut-être par Paris. SBA était également le distributeur de Renault qui lui a versé en tout une dizaine de millions d'euros de commissions. Il n'y a officiellement pas de CEO Reserve chez Renault, mais une ligne budgétaire consacrée aux projets transversaux et qui dépendait directement du PDG Carlos Ghosn. Chez Renault, beaucoup l'appellent spontanément le « compte CEO ». C'est sur cette ligne qu'ont été versés les bonus à SBA, « qui est à ma connaissance le seul distributeur du Losange à être payé de cette façon-là », évalue un bon connaisseur du Losange. « Chez nous, c'était clean. Le processus de paiement était parfaitement respecté », affirme un ancien du groupe. Peu avant l'arrestation de Ghosn, la direction de l'audit avait, selon une source proche du dossier, émis des doutes sur le circuit comptable des bonus du distributeur omanais. « Ça ne veut pas dire qu'ils n'étaient pas justifiés, juste qu'ils ne sortaient pas de la bonne poche. » Le 1er avril 2019, Renault effectue un signalement au parquet de Nanterre et lui transmet le résultat de ses enquêtes internes sur sa propre route d'Oman.

Chez Nissan, les relations avec d'autres distributeurs et d'autres partenaires sont passées au peigne fin. Aucune autre n'a fait l'objet d'une action judiciaire. Mais le constructeur japonais se pose beaucoup de questions sur sa relation avec son intermédiaire au Liban. Il déterre aussi un dossier concernant une mésaventure en Inde. En 2008, Nissan avait choisi pour partenaire sur ce marché géant en plein développement la société Hover, dirigée par Moez Mangalji. « Le processus de sélection avait amené Nissan à choisir un autre distributeur. Mais deux jours avant la décision finale, Carlos Ghosn a imposé Mangalji. Il se trouve que c'est un de ses amis. La fille de Moez Mangalji était d'ailleurs copine avec Caroline Ghosn. On les voit ensemble au Bal des débutantes, en 2006 », remarque un proche du groupe japonais. Hover accumule les contre-performances, provoquant la colère des concessionnaires indiens du groupe. Mais il faut attendre 2013 pour que Ghosn se résolve à couper les ponts. Selon une source proche du dossier, l'ex-PDG aurait plaidé pour une séparation à l'amiable et un chèque de 60 millions de dollars au profit de son ami. Le divorce a finalement suivi les voies légales et Hover a touché 12 millions de dollars au terme d'un arbitrage. Chez Renault, un ancien cadre se souvient que Carlos Ghosn y avait aussi défendu la cause de Moez Mangalji, mais le Losange avait choisi un autre distributeur. « Mettez ça sur le compte de la vieille culture de la rébellion de la Régie ! », rigole cette source.

Des routes du Moyen-Orient aux réceptions de Versailles et de Cannes, les amis de Carlos Ghosn semblent avoir pris beaucoup de place dans la vie de Nissan et de Renault. « C'est une caractéristique constante s'agissant de Ghosn. On peut trouver des raisons semi-légitimes pour justifier chacun de ses actes, pour n'y voir qu'un mélange des genres et pas des faits répréhensibles. Mais il a amené des amis personnels et des connaissances dans des circonstances impliquant l'entreprise et souvent avec des dépenses importantes à la clé. Il l'a fait, encore et encore », commente une source proche du groupe japonais.

Même ceux qui ne croient pas à l'intention malhonnête de Carlos Ghosn en conviennent : l'ex-PDG s'est mis dans des situations de conflit d'intérêts intolérables au regard des standards exigés dans les multinationales occidentales cotées. Le cas de Beauty Yachts est éloquent. Selon un proche du dossier, la société n'est rien d'autre qu'une entreprise, dont l'activité est de louer le *Shashou*, notamment pour des rencontres d'affaires. Carlos Ghosn, qui a aussi investi dans le vignoble d'Ixsir, dans le promoteur immobilier libanais CGI et son projet de résidences touristiques haut de gamme Cedrar, ou encore dans la banque libanaise Saradar, faisait du business ! Et parfois avec des amis qui se trouvaient être des partenaires des groupes qu'il dirigeait… Dans d'autres groupes, les équipes de *compliance* et les instances de gouvernance auraient agité de grands drapeaux rouges. Chez Nissan, un sentiment manifeste d'impunité régnait.

Le groupe japonais, avec les trouvailles de son enquête, avait certainement de quoi mettre en difficulté Carlos Ghosn devant le conseil d'administration et le démettre. Il s'est déchargé sur la justice, qui a provoqué la chute du puissant patron. Mais cette alliance objective entre l'entreprise et les procureurs risque aussi de fragiliser leur dossier. Car elle a conduit à de curieuses méthodes d'investigation que la défense de Carlos Ghosn ne manquera pas de souligner. Le bureau des procureurs de Tokyo a en effet utilisé Nissan pour conduire des recherches hors des frontières de l'archipel. « Ce n'est pas le FBI ! Ils n'ont pas de moyens suffisants pour aller rechercher les informations dans certains pays étrangers, en particulier au Moyen-Orient », pointe un bon connaisseur du dossier. « De fait, les chances de succès de commissions rogatoires émises auprès de pays comme l'Arabie saoudite sont assez faibles », sourit un expert. Mais de ce fait, certaines pièces pourraient avoir été obtenues de façon litigieuse. Et notamment celles qui étaient contenues dans le disque dur de l'ordinateur saisi par Nissan auprès d'Amal Abou Jaoude à Beyrouth, qui appartenait non au constructeur mais à Fadi Gebran. « Ils n'avaient pas le droit de le prendre et de le rapporter au Japon », affirme un expert. « En plus, les personnes qui sont venues du Japon après l'arrestation de Carlos Ghosn, qui étaient envoyées par Nissan depuis Dubaï, sont entrées au Liban avec un simple visa touristique, comme l'avait d'ailleurs fait Hari Nada quand il était passé à Beyrouth. » La saisie d'autres documents considérés comme personnels – et notamment des documents bancaires – par l'entreprise pose également problème. Enfin, si Nissan a réalisé des interrogatoires ou au moins des auditions de ses salariés, il a aussi cherché à aller plus loin en questionnant également ceux de chez Renault.

LE GROUPE ORANGE

Les habitants des villes assiégées sont parfois pris de folie obsidionale. Et c'est bien ce syndrome qui guette l'état-major de Renault fin 2018. Au septième étage du siège de Boulogne-Billancourt, il y a trop de stress qui s'accumule depuis le 19 novembre, et pas assez de sommeil. Le poids de la responsabilité d'une entreprise de 183 000 salariés aussi brutalement décapitée est écrasant. Les défiances, les haines personnelles sédimentées depuis des années entre Renault et Nissan libèrent désormais des effluves corrosifs. L'incertitude sur les intentions réelles du « partenaire » japonais vire à la peur. Et toutes les initiatives venues de Yokohama font trembler le Losange comme le feraient des coups de bélier.

Car Nissan insiste, et insiste, et insiste encore. Le groupe japonais veut faire un grand ménage chez lui, chez RNBV, et peut-être même chez Renault. Pour les besoins de son enquête, mais aussi pour celle des procureurs de Tokyo qui ne peuvent questionner les personnes impliquées ne vivant pas au Japon, Nissan veut procéder à des interrogatoires de salariés de l'Alliance dont certains Renault qui ont travaillé chez Nissan par le passé. L'équipe d'investigation de Yokohama cherche à recueillir les témoignages de cadres supérieurs du Losange, sans passer par la direction de Renault.

« Je travaille sous la responsabilité du directeur général [Hiroto Saikawa] et du conseil d'administration de Nissan dans le cadre de l'enquête interne sur la faute présumée de Carlos Ghosn. Je suis également chargé d'assurer la liaison avec le procureur de Tokyo qui a arrêté et inculpé Carlos Ghosn [...]. Au cours des investigations du procureur, votre nom est apparu comme celui de quelqu'un susceptible de les aider dans leurs recherches. Ils seraient très intéressés de pouvoir parler avec vous et ont demandé à l'entreprise de vous solliciter. Nous vous serions très reconnaissants si vous pouviez coopérer avec eux en acceptant d'être interrogé. Malheureusement, ils ne peuvent faire ces interrogatoires qu'en face-à-face. Il conviendrait que vous fassiez le déplacement à Tokyo. Bien sûr, nous prendrons en charge vos frais de voyage et d'hôtel[1]. » On imagine la tête – et l'inquiétude – du cadre de Renault qui reçoit ce message mi-décembre ! « Pour cette enquête, plusieurs personnes sont déjà venues et sont rentrées chez elles », ajoute le même représentant de Nissan quelques jours plus tard, pour tenter de fléchir son interlocuteur. Ce dernier refuse les sollicitations du groupe japonais et se retranche derrière « la voie judiciaire officielle, c'est-à-dire le traité de coopération entre le Japon et la France ». Il n'accepte pas

1. *Le Journal du dimanche*, 10 février 2019.

davantage d'être interrogé dans le seul cadre de l'enquête interne Nissan et par visioconférence depuis le bureau parisien du cabinet Latham & Watkins qui travaille pour le groupe japonais. « Le procureur est au courant de cette visioconférence et vous n'avez pas à vous inquiéter de l'interférence dans leur enquête », insiste pourtant l'homme de Nissan.

Le groupe japonais a ainsi sollicité plusieurs cadres qui ont eu connaissance des activités du CEO Office ou de la CEO Reserve chez Nissan ou encore qui ont travaillé pour Nissan au Moyen-Orient. L'un d'eux choisit une autre voie de réponse et envoie une déclaration sous serment, copie jointe de son passeport, aux fins de la procédure judiciaire. Cette déclaration, anonymisée, est produite le 8 janvier 2019 par les avocats de Carlos Ghosn. Elle concerne la route saoudienne ; cet ancien responsable des ventes en Afrique, Moyen-Orient et Inde « a déclaré que pendant la période pendant laquelle les paiements [à la société de Khaled Al-Juffali] ont été effectués, [cette société] apportait son soutien à la reconstruction d'un réseau de distribution [de Nissan] en Arabie saoudite qui souffrait de faibles ventes – ce soutien a valu à Nissan de bons résultats dans son projet ».

Le zèle de Nissan est évidemment perçu comme intrusif chez Renault. Le groupe français se sent cerné, et certains cadres affirment avoir été suivis. On constate aussi que dans l'organigramme du groupe japonais, une purge a commencé. Le directeur des ressources humaines Arun Bajaj est en congés. Trevor Mann a claqué la porte. José Munoz, l'ancien patron des activités américaines, quitte aussi l'entreprise après avoir, dit-on, refusé de collaborer à l'enquête interne. Nissan demande expressément à Renault à ce « qu'aucun salarié ou dirigeant de Renault n'entre en contact avec lui pour échanger sur Nissan ou sur l'Alliance ».

Renault s'inquiète des intentions réelles du groupe japonais quand les fuites commencent à concerner des cadres de Renault – et surtout Mouna Sepehri, quand est révélée sa rémunération par RNBV. La directrice générale déléguée à la présidence de Renault est alors le premier point de contact entre les deux groupes, c'est elle qui s'applique à faire barrage aux demandes de Nissan. Le 10 janvier, le Losange dénonce « une campagne de déstabilisation délibérément orchestrée ». En coulisses, les noms d'oiseaux fusent aussi concernant Thierry Bolloré, que « les Japonais considèrent comme le fils spirituel de Ghosn », explique un bon connaisseur du dossier.

Les avocats du Losange contre-attaquent. Si Nissan remet manifestement en cause la légitimité de Mouna Sepehri à rester son premier interlocuteur, Renault de son côté s'étrangle en constatant que Hari Nada, réputé avoir conclu un accord de plaider-coupable, est toujours le sien. Dans une lettre du cabinet Quinn Emanuel adressée au groupe japonais mi-janvier, les avocats de Renault mettent donc en cause « un comportement [qui] jette un doute sur les motivations et l'objectivité de l'enquête de Nissan et la fait davantage apparaître comme une campagne politique que comme un exercice neutre de rassemblement des faits ». « L'incapacité de Nissan à dévoiler son enquête en temps utile, et ses propos unilatéraux et vagues sur des manquements chez RNBV sont en contradiction avec l'esprit du Rama et de la longue collaboration entre Nissan et Renault », ajoutent-ils.

L'atmosphère est décidément délétère entre les deux membres de l'Alliance. Par facilité, par cliché, beaucoup à Paris comparent la violence de l'offensive menée contre Carlos Ghosn au Japon à un Pearl Harbor. Le parallèle prouve que ce que Renault redoute à ce moment-là, c'est une attaque, soit pour faire exploser l'Alliance, soit contre Renault.

Le 13 décembre, quand Nissan rapatrie de sa société chinoise 1,1 milliard de dollars de cash, sans raison apparente et au prix d'une *exit tax*, tout le marché et surtout Renault se demande pourquoi le groupe japonais agit ainsi. Certains le soupçonnent d'amasser des munitions. « Si Nissan achète des actions Renault et passe les 25 % du capital, cela gèle les droits de vote du groupe français chez Nissan », rappelle une source proche du dossier. « Nous avons travaillé tous les contre-feux possibles », convient une source gouvernementale.

La meilleure défense reste l'attaque, comme le dit l'adage. Alors fin décembre, quand il est acquis que Carlos Ghosn ne sera pas libéré de sitôt, Thierry Bolloré envisage la contre-offensive. Il rassemble sa petite armée : le groupe Orange. Orange, c'est-à-dire le mélange de la couleur jaune du logo de Renault et du rouge de Nissan. Orange, c'est la fusion des deux constructeurs. À la fin 2018, chez Renault, on se dit qu'il vaut mieux renverser la table et prendre l'initiative. La période des fêtes sera studieuse car ce qu'il faut trouver, c'est le moyen de forcer Nissan à une opération dont il n'a jamais voulu.

Au septième étage de l'immeuble de Boulogne-Billancourt, de part et d'autre des ascenseurs, on trouve d'un côté, protégés par une porte automatique dont l'ouverture est ultra-sécurisée, les bureaux de Carlos Ghosn et de la direction générale, et de l'autre, les salles de réunion et du conseil d'administration. C'est dans l'une de ces pièces que le groupe Orange installe son quartier général. Les participants sont pour la plupart les mêmes que ceux que Ghosn avait fait plancher depuis 2016 sur les schémas d'intégration de l'Alliance. Le petit groupe, qui travaille dans le plus grand secret, comprend Thierry Bolloré, Mouna Sepehri, la directrice financière Clotilde Delbos, le directeur juridique et des affaires publiques Jean-Benoit Devauges, les banquiers d'Ardea Partners Chris Cole et James del Favero, les avocats de Sullivan & Cromwell et Claudine Pons, pour Les Rois Mages. L'agence américaine de communication Gladstone est également brièvement recrutée.

Il faut dire que la communication pourrait être le nerf de cette drôle de guerre. Le projet Orange suppose de mettre la pression à la fois sur Nissan et sur son directeur général Hiroto Saikawa. Les investisseurs du groupe japonais, dont la valeur des actions dégringole du fait de la baisse des ventes et de la rentabilité et avec la crise ouverte par la chute de Carlos Ghosn, pourraient être des alliés de circonstance et inciter Nissan à accepter une opération qui créerait des économies d'échelle. Quant à Hiroto Saikawa, sa capacité à diriger Nissan est doublement questionnée.

Beaucoup se demandent si l'homme a les épaules pour piloter Nissan, surtout dans de telles conditions. La question de son degré d'implication dans les manquements reprochés à Carlos Ghosn est posée. « Soit il était au courant, et c'est un problème. Soit il n'a rien vu, et c'est aussi un problème parce que cela veut dire qu'il n'a pas la fermeté de caractère que l'on est en droit d'attendre d'un directeur général de multinationale de l'automobile », résume un expert. Enfin, Hiroto Saikawa est fragilisé par les rumeurs selon lesquelles il aurait lui aussi conclu un accord avec la justice japonaise. Rumeurs a priori infondées. Mais il est en première ligne pour répondre au nom de Nissan qui est inculpé par la justice japonaise dans l'affaire des rémunérations différées de Carlos Ghosn, et qui fait en janvier l'objet d'une enquête de la SEC, la puissante autorité des marchés financiers aux États-Unis.

La contre-offensive n'aura pas lieu. En janvier, les conditions ne sont pas réunies pour déclencher les hostilités. Au contraire, chacun va s'attacher, avec plus ou moins de sincérité, à faire baisser la température. L'État français, qui a été mis au courant des scénarios belliqueux envisagés chez Renault, « agit en températeur », explique une source du côté des pouvoirs publics. « Chez Renault, ils étaient un peu dans leur monde ! », dit en souriant un autre acteur du dossier. « Notre priorité a été que rien d'irréversible ne soit commis », certifie-t-on encore de source gouvernementale.

Au Losange, la tension baisse effectivement d'un cran. « On a mis quelques semaines à comprendre ce qui se passait », relate un cadre de l'entreprise. « Est-ce que c'est une attaque ? Oui, on se l'est demandé et pas qu'un peu ! Mais je crois qu'en réalité les Japonais étaient vraiment dans leur trip focalisé sur Carlos Ghosn, ils étaient complètement phagocytés par cet aspect-là des choses. » Une autre source proche du Losange affirme que « briser le Rama pour pousser Nissan dans ses derniers retranchements aurait été trop dangereux. Le Rama, c'est l'ultime ciment de l'Alliance. Il ne vaut mieux pas prendre le risque de le faire tomber ».

À la mi-janvier, alors que les avocats continuent de s'écharper et que ceux de Renault envoient un questionnaire de quatre-vingt-deux pages à Nissan pour lui demander des comptes sur ses méthodes d'enquête, le groupe japonais essaie de calmer le jeu. Hiroto Saikawa réfute tout complot contre Carlos Ghosn : « Comment peut-on imaginer cela ? C'est absurde et je ne peux pas comprendre que l'on puisse croire une seconde à un tel scénario ! », lance-t-il dans un entretien aux *Échos*, dans lequel il ajoute : « Je veux redire ici que je tiens plus que tout à l'Alliance avec Renault. » Gage ultime de bonne volonté : il va même jusqu'à se dire « très reconnaissant envers Carlos Ghosn pour ce qui a été fait[2] » chez Nissan.

« Le système japonais a fait passer le message début janvier qu'il fallait mettre un terme aux idées guerrières », soutient un bon connaisseur de l'affaire. Le 17 janvier, deux hommes, deux Français, atterrissent à Tokyo pour contribuer à ramener le calme : Emmanuel Moulin, le directeur de cabinet de Bruno

2. *Les Échos*, 14 janvier 2019.

Le Maire, et Martin Vial, le patron de l'APE, ont rendez-vous au METI. Le lendemain, Hiroto Saikawa, à sa demande, les rencontre également. Ils repartent convaincus que les Japonais sont tout aussi attachés qu'eux au bon fonctionnement de l'Alliance et à sa pérennité. Cette affaire, en ce qui concerne les entreprises en tout cas, va pouvoir s'arranger, pensent-ils. Et d'autant plus que dans quelques jours, comme ils l'ont confirmé à leurs interlocuteurs japonais impatients d'entendre cette nouvelle, Renault aura un nouveau patron.

LA « DÉMISSION »

La salle du tribunal est petite, l'ameublement minimaliste, l'éclairage sinistre. L'audience est restreinte. Outre la Cour, les représentants du parquet et les avocats, dix journalistes sont présents, tirés au sort parmi les centaines qui suivent l'affaire. Pas de caméra, pas d'appareil photo. Seulement des dessinateurs de presse. Et Carlos Ghosn n'a que dix minutes. Mais c'est un événement. Pour la première fois depuis cinquante jours, ce 8 janvier 2019, l'ex-président de Nissan parle publiquement. Pour la première fois depuis cinquante jours, il est vu par d'autres que ses avocats, ambassadeurs, gardiens et interrogateurs. Sa déchéance n'est plus une abstraction quand il entre dans la salle du tribunal de district de Tokyo. Carlos Ghosn a maigri, ses traits sont tirés, la racine de ses cheveux a blanchi. Il porte certes une tenue de ville assez classique, veste de costume sur chemise blanche, sans cravate. Mais il est amené une corde autour de la taille, qui lui fait comme une laisse, et ses gardiens ne le détachent qu'une fois installé à la barre. Aux pieds, il a dû conserver les sandales de plastique vert de la prison.

« Je suis innocent. » L'essentiel de son message tient dans ces trois mots. « J'ai été accusé à tort et injustement détenu sur la base d'accusations infondées », affirme-t-il. Il conteste les charges de dissimulation de revenus différés. Il dément avoir fait porter par Nissan le risque de pertes de son portefeuille financier personnel. Il soutient que Al-Juffali a fourni un travail effectif justifiant sa rémunération par Nissan. Et il joue sur la corde sensible. Il déclare son « amour » de Nissan auquel il a consacré « deux décennies de sa vie ».

Carlos Ghosn sait que, dans trois jours, il va de nouveau être inculpé, pour la troisième fois, concernant la route saoudienne. Avant cela, il profite d'une possibilité offerte par le droit japonais mais rarement utilisée, qui permet à un prévenu de réclamer une comparution publique et des explications sur les motifs de sa détention. Ce qu'il veut, c'est sortir de prison, obtenir une libération sous caution. Son avocat Motonari Otsuru n'est pas très optimiste. « De manière générale, dans les cas de déni des accusations, la libération sous caution n'est le plus souvent pas accordée jusqu'à la tenue du procès », dit-il le 8 janvier. Carlos Ghosn risque de rester enfermé pendant des mois au titre de la détention préventive.

Sa famille supporte mal la situation. Anthony n'hésite pas à noircir le tableau en racontant que son père « a perdu une dizaine de kilos en ne mangeant que trois bols de riz par jour[1] » et que la justice japonaise exige qu'il signe une confession « écrite exclusivement

1. *Le Journal du dimanche*, 6 janvier 2019.

en japonais », que Ghosn ne parle pas. Otsuru, le Renard gris, doit corriger son propos pour éviter de braquer le système judiciaire. Il évoque un « malentendu » et précise que, bien évidemment, tous les documents présentés à Ghosn lui sont traduits mot à mot pendant ses interrogatoires intégralement enregistrés et auxquels participent des inspecteurs anglophones.

Il n'empêche. Ghosn veut sortir. Ses avocats déposent une première requête le 9 janvier. Refusée. Puis une autre le 11, une fois son inculpation prononcée. Refusée. Ses conditions de détention ne sont pas immédiatement assouplies malgré la fin de la garde à vue. Carole s'inquiète, quand elle apprend que son mari a eu un accès de fièvre en prison. Elle enrage, écrit à Emmanuel Macron, saisit l'organisation Human Rights Watch. « Ce qu'il subit est violent », dénonce-t-elle. « Comment une démocratie peut-elle maintenir un présumé innocent aussi longtemps en détention et dans de telles conditions ? [...] La vie en isolement est une camisole de pressions destinée à le faire craquer[2]. »

Le système japonais, lui, ne craque pas. En France en revanche, l'évidence s'impose : il est plus que temps de remplacer Carlos Ghosn à la tête de Renault. Le gouvernement français et l'entreprise en ont en réalité conscience depuis des semaines. La ré-arrestation du PDG le 21 décembre a achevé de convaincre les derniers naïfs qui croyaient encore possible le retour de Ghosn aux commandes, façon patron prodigue. Ghosn, c'est certain, va quitter son poste. Reste à savoir quand et comment.

2. *Paris Match*, 20 janvier 2019.

Le « qui », en revanche, est une question déjà réglée. Le vendredi 14 décembre, Bruno Le Maire a reçu dans son bureau du sixième étage de Bercy Jean-Dominique Senard, le patron de Michelin. L'industriel de 65 ans quittera au printemps la direction du groupe de pneumatiques. Il est – presque – disponible, et il a terriblement envie de ce dernier job. Il n'a plus de doutes le dimanche 16 quand Alexis Kohler, le secrétaire général de l'Élysée, lui confirme par téléphone qu'il sera en effet vraisemblablement le prochain patron du Losange. Senard fait partie de ces grands patrons pour lesquels la réussite professionnelle ne suffit pas tout à fait ; il leur faut aussi la reconnaissance de la nation pour se sentir réellement accompli. Renault, ce ne sera pas une fonction pour Senard, ce sera une mission. L'industriel, prompt à s'exalter, a déjà des étoiles dans les yeux.

Reste à convaincre Renault et à se séparer de Ghosn. La direction du groupe et son conseil d'administration n'auront guère le choix. Bien sûr, l'État n'a que 15 % du capital et n'est pas censé faire la pluie et le beau temps dans l'entreprise. Mais dans ces circonstances, les décisions se prennent autant entre l'Élysée, Matignon et Bercy qu'à Boulogne-Billancourt. Le conseil d'administration de Renault peut bien faire mine de solliciter des chasseurs de têtes – Korn Ferry et Emeric Lepoutre – et son président intérimaire Philippe Lagayette rappeler que « c'est la gouvernance de Renault qui décide, pas l'État[3] » – ils se feront une raison.

3. *Le Figaro*, 18 janvier 2019.

Avec Carlos Ghosn, la situation est évidemment plus complexe et pas seulement parce que les contacts sont rendus difficiles par son incarcération. Pour l'industriel, le fait que Renault ne l'ait pas encore lâché, que l'entreprise le dise seulement « empêché » et que la France campe sur la présomption de son innocence est un élément de défense. Au fond de la prison de Kosuge, Ghosn n'est pas seulement un justiciable, il est encore le PDG d'une multinationale française.

Justement. Dans le courant du mois de janvier, « les Japonais nous ont fait comprendre qu'il serait plus facile pour Carlos Ghosn d'obtenir une libération sous caution s'il n'était plus le patron de Renault », affirme une source proche du dossier, côté français. « Il fallait qu'il ne soit plus ni puissant, ni influent », confirme une autre. Dans ce contexte, les intérêts de tous s'alignent. Renault a besoin d'une gouvernance pérenne. Ghosn veut sortir de prison. La justice japonaise obtiendrait une première victoire. Et Nissan aussi, bien sûr. En janvier 2019, les échanges s'intensifient pour organiser le départ de Carlos Ghosn. Le sujet est au menu du rendez-vous que Claudine Pons parvient à avoir au parloir de Kosuge avec le célèbre détenu. Il fait aussi partie des discussions que Martin Vial et Emmanuel Moulin ont, pendant leur séjour à Tokyo les 17 et 18 janvier, avec des responsables du gouvernement japonais et Hiroto Saikawa chez Nissan. Les avocats du Losange et ceux du patron négocient les conditions.

La tête de Ghosn va tomber, pour le bien de tous. Renault, l'État et le patron entendent faire les choses proprement, « avec élégance » disent même plusieurs sources. Mais pour ne pas faire de remous, il faut trouver le moyen de ne pas parler du sujet qui fâche : l'argent, forcément.

C'est un casse-tête. D'ordinaire, quand une entreprise veut se débarrasser de son patron sans faire de vagues, elle dit qu'il part en raison de « divergences stratégiques ». C'est l'euphémisme auquel on recourt pour virer un PDG, mais en lui payant ce qui lui est dû. Dans le cas de Carlos Ghosn chez Renault, ce serait peut-être possible d'appliquer la même méthode, mais pour cause « d'empêchement ». Sauf que le sujet des indemnités de départ, inflammable dans l'opinion française, est explosif dans ce cas-ci. Pour le gouvernement français, il est hors de question de faire dans le contexte actuel un chèque à sept zéros à Carlos Ghosn. Mais ni l'État, ni Renault ne veulent non plus le démettre. Cela serait contraire au principe de présomption d'innocence défendu depuis le début. Ce serait aussi mettre Renault en situation de faiblesse vis-à-vis de Nissan. Reste la démission. Mais s'il démissionne, Ghosn abandonne ses droits à une partie des actions de performance qui lui ont été attribuées ces dernières années. Et, même dans ces circonstances, même derrière les barreaux de Kosuge, « Ghosn n'est pas du genre à abandonner ses droits », dit un de ses proches. Entre ses actions de performance, sa clause de non-concurrence et son allocation retraite, il y a plus de 30 millions d'euros en jeu.

Le 24 janvier à 8 h 10 du matin, le suspense prend fin. « Philippe Lagayette a reçu hier soir la lettre de démission de Carlos Ghosn », annonce à l'AFP Bruno Le Maire depuis le Forum de Davos où, pour la première fois depuis près de vingt ans, Ghosn n'est pas présent.

Plus tard dans la journée, le conseil d'administration de Renault est réuni pour décider ce qui est déjà connu : Carlos Ghosn ne sera plus PDG ; il va être remplacé par le tandem Jean-Dominique Senard-Thierry Bolloré. Le premier est nommé président du conseil, le second est promu directeur général. L'instant est solennel pour ce conseil d'administration qui a été l'un des remparts les plus solides de la forteresse du pouvoir de Carlos Ghosn. Lagayette fait la lecture de la lettre de Carlos Ghosn, dont chaque administrateur a une copie sous les yeux. Puis il récupère tous les exemplaires. La lettre ne sera pas rendue publique. A-t-il démissionné ? « Euh… oui », répond, embarrassé, un administrateur dans la soirée. « Pas vraiment, affirme un autre, le moins qu'on puisse dire, c'est que sa lettre n'était pas franchement grand seigneur. » Le communiqué de presse publié dans la soirée par le Losange est en tout cas sans ambiguïté : « Le conseil a pris acte de la démission de son actuel président directeur général. Il salue le parcours de l'Alliance qui lui a permis de se hisser au premier rang des constructeurs automobiles mondiaux. »

« En raison du prolongement de mon empêchement d'exercer mes fonctions, je soussigné Carlos Ghosn, ai l'honneur de vous faire part de ma décision de mettre un terme à mes mandats de Directeur général et de Président du conseil d'administration de Renault […] avec effet immédiat. Je décide également de mettre un terme, avec effet immédiat, à l'ensemble des mandats que j'exerce au sein des sociétés du groupe Renault, à l'exception de mes mandats d'administrateur. Ma décision est dictée par un empêchement indépendant de ma volonté et par mon souci de permettre à Renault de mettre à jour sa gouvernance et d'assurer la bonne marche de l'entreprise. Il va sans dire, sans pour autant que ceci constitue une condition de la fin de mes mandats, que l'intégralité de mes droits tels que reconnus dans les documents sociaux et par la loi sera préservée et je demande à faire valoir, à ce titre, mes droits à l'attribution d'actions de performance, à la part de la rémunération variable différée ainsi que tout autre droit qui me revient en raison de l'exercice de mes fonctions, et à terme mes droits à la retraite. Mon engagement de non-concurrence au profit de Renault prendra effet dans le cadre de la reconnaissance de mes droits. » La lettre, paraphée de la grande signature de Carlos Ghosn Bichara à Tokyo le 23 janvier, tient en une page. Et dans l'esprit de Carlos Ghosn, ce n'est manifestement pas une démission, et encore moins un désistement de ses droits. « Le gouvernement préfère prendre le risque juridique d'un procès ultérieur entre Renault et Carlos Ghosn, plutôt que de payer le prix politique immédiat de lui faire un gros chèque », analyse un proche du dossier.

Le 13 février, le conseil d'administration décide de ne verser aucune clause de non-concurrence à son ancien PDG, et considère qu'il perd ses droits aux actions de performance attribuées de 2015 à 2018 et à la part différée de sa rémunération variable pour 2014 à 2017. Dans les deux cas, l'attribution définitive de ces éléments de rémunération est soumise à une condition de présence dans l'entreprise. Le 3 avril, il enfonce le clou. Il réduit au maximum la rémunération de Carlos Ghosn pour l'année 2018 et recommande – le cas est inédit ! – aux actionnaires de voter contre la résolution que le conseil est juridiquement contraint de présenter pour attribuer une rémunération variable de 224 000 euros à l'ex-PDG.

Carlos Ghosn semble s'être fait rouler. Et un jour, très probablement, Renault et lui se retrouveront au tribunal. Mais le 24 janvier, pour le désormais ex-PDG du Losange, l'important n'est pas là. Ce qui compte, c'est qu'il espère maintenant pouvoir sortir de sa cellule de Kosuge. Mais si on lui a laissé penser, ainsi qu'aux autorités françaises, que la fin de son mandat chez Renault permettrait de débloquer sa situation judiciaire, là aussi, rien ne s'est passé comme prévu.

Il a pourtant donné de nombreuses garanties pour obtenir une libération sous caution. Il promet de rester au Japon, il propose d'être équipé d'un bracelet électronique, d'être surveillé à ses frais par des agents de sécurité. Ça ne marche pas. Il reste en prison. Et pour la première fois, Emmanuel Macron hausse légèrement le ton. En déplacement au Caire le 28 janvier, le président de la République dit avoir téléphoné au Premier ministre Shinzō Abe le 25 au soir. « Je me suis préoccupé que le sort d'un compatriote français respecte le minimum de décence qu'on est en droit d'attendre. J'ai considéré que la détention préventive était très longue et que les conditions de sa détention étaient dures. »

Ghosn n'obtient pas sa liberté. Il bénéficie seulement d'un régime de détention légèrement assoupli. Fin janvier 2019, il a droit à du papier, à un stylo, et peut enfin envoyer du courrier à l'extérieur. Et il peut maintenant recevoir plus de visites. Il va en profiter pour faire du bruit. Le 30 janvier, il accorde au quotidien japonais *Nikkei* sa première interview où il se dit victime « d'un complot et d'une trahison ». Le lendemain, il répète l'exercice. Les journalistes des *Échos* et de l'AFP décrochent un autre entretien, de quinze minutes chrono derrière une vitre du parloir, en anglais et sous la surveillance d'un gardien – le PDG déchu dénonce « une distorsion des faits pour détruire [sa] réputation ». Ghosn cogne contre Nissan, contre Hiroto Saikawa.

Mais il continue de se heurter au mur de la justice japonaise. Le 4 février, deux de ses filles, Nadine et Maya, débarquent à Tokyo. Elles sont là pour profiter de ce petit quart d'heure quotidien de parloir auquel leur père a désormais droit. Chaque jour, un van noir de l'ambassade de France les conduit derrière les grilles de la prison de Kosuge. Carole ne vient pas au Japon, pas encore. Carlos a peur de ce que les procureurs pourraient entreprendre contre elle pour, pensent-ils tous les deux, mettre plus de pression sur lui. Le clan Ghosn réfléchit à la façon de sortir l'ex-patron de cette nasse. Toutes les tentatives du mois de janvier ayant échoué, Carlos Ghosn décide de changer de tactique. Il fait appel à Anne Méaux, fondatrice de la puissante agence de communication Image 7. La papesse des relations publiques en France se retrouve dans une situation inédite, travaillant pour un client qu'elle ne connaît pas et auquel elle ne peut pas parler. Et Carlos Ghosn change d'avocat. Exit Motonari Otsuru, désormais jugé par son client trop proche du système, trop conciliant avec ce dernier. Le Renard gris est bon pour négocier des confessions sans trop de conséquence, il n'est pas formaté pour défendre un client qui se dit totalement innocent. Ghosn recrute deux nouvelles pointures du barreau japonais : Junichiro Hironaka et Takashi Takano. Il veut contre-attaquer.

LE DIPLOMATE

Alexis Kohler n'a rien oublié. Ni des conseils d'administration de Renault, où Carlos Ghosn l'ignorait ou le toisait, laissant ses amis autour de la table se charger de renvoyer dans ses buts l'État actionnaire que Kohler représentait. Ni de la bataille des droits de vote double qu'il a menée au quotidien en 2015, comme directeur de cabinet d'Emmanuel Macron à Bercy.

Alexis Kohler n'apprécie pas Carlos Ghosn, et ne l'a jamais apprécié. À Bercy, il ne supportait pas l'insulte permanente à la puissance publique que représentait ce PDG protégé par son conseil, qui refusait de répondre de sa stratégie et de sa gouvernance. Aujourd'hui, Kohler est à l'Élysée. Il occupe le plus puissant des postes de l'ombre de la République : secrétaire général de la présidence. À 46 ans, son visage peut encore prendre une expression étonnamment juvénile et malicieuse quand quelque chose l'amuse. Mais le poids des responsabilités qui sont maintenant les siennes se lit sur ses mains aux ongles rongés presque au sang, et le rythme de travail qu'il s'inflige se mesure au tressautement de sa jambe en réunion. Dès lors qu'il s'agit de défendre le droit de l'État à être actionnaire, Kohler n'a pas changé : il est toujours raide comme la justice sur ce sujet, surtout s'agissant de Renault.

Quand Jean-Dominique Senard en est nommé président le 24 janvier 2019, la feuille de route que lui donne « le Château » tient donc en deux priorités et une note de bas de page. Un, il faut consolider, enraciner l'Alliance Renault-Nissan. Deux, il faut nettoyer la gouvernance et la direction de Renault, une entreprise traversée de réseaux et d'influences diverses et variées. Le post-scriptum, c'est qu'il faut se souvenir qu'Emmanuel Macron s'est toujours opposé à Carlos Ghosn parce qu'il avait bien senti les potentielles dérives de la mégalomanie de l'homme. Pas faux. Mais cette affirmation contient un sous-entendu : l'épisode de 2015 ne saurait en aucun cas être tenu pour responsable, même partiellement, de la crise actuelle. Bien au contraire, les assiégés de Renault, si tant est qu'ils le soient, ne peuvent que se féliciter d'avoir un actionnaire de référence, le plus puissant qui soit : l'État français, avec entre les mains une minorité de blocage dans le capital du Losange acquise de haute lutte en 2015.

Jean-Dominique Senard s'attache surtout au premier point : l'Alliance. Chez Renault et avec Nissan, ses premiers pas sont un sans-faute. Comme si, dans ces entreprises déboussolées, le seul fait de voir arriver un nouveau capitaine suffisait à ramener la sérénité. Au Losange, tout va bien. Le 24 au soir, Jean-Dominique Senard et Thierry Bolloré tiennent un court point-presse en commun, tout sourire. En réalité, il faut quelques jours pour que les deux hommes prennent leurs marques. Bolloré, c'est naturel, se serait bien vu seul maître à bord. Il doit faire avec un nouveau président, et de plus, contrairement à l'usage dans les situations de gouvernance dissociée, il n'est même pas administrateur. Le message est clair : celui qui porte la marque de Carlos Ghosn est encore sous surveillance.

Nommé le jeudi 24, Senard passe son vendredi après-midi avec… le groupe Orange. Il prend une première mesure de l'état de défiance entre Renault et Nissan. Mais il pense pouvoir surmonter cette situation.

Après tout, on l'appelle « le Diplomate », notamment parce que son père l'était. La presse est toujours prompte à créer des hommes providentiels et, dans le contexte, elle tresse les louanges et prédit un avenir de faiseur de miracles à Jean-Dominique Senard, qui arrive chez Renault flanqué d'un seul conseiller très récemment enrôlé, Clément Léonarduzzi, le patron de Publicis Consultants – qui, quinze ans plus tôt, travaillait avec Marie-France Lavarini quand celle-ci s'était vu confier la mission de réussir le retour de Ghosn en France.

Le patron de Michelin coche toutes les cases pour la mission à haut risque qui l'attend. Il connaît le secteur, même si diriger un équipementier n'est pas tout à fait comme diriger un constructeur. Il a la confiance d'Emmanuel Macron, qui a envisagé d'en faire un de ses ministres en 2017. Il a celle de Bruno Le Maire, lequel lui avait commandé un rapport sur l'objet social de l'entreprise qui, rédigé avec l'ancienne patronne de la CFDT Nicole Notat, sera à la base de sa loi Pacte, examinée au Parlement au printemps 2019. Et puis surtout, Senard est un « anti-Ghosn ». Un dirigeant à la réputation de patron social, emblématique d'un capitalisme un peu paternaliste et provincial façon Michelin et très éloigné de l'image « bling-bling Davos » de Carlos Ghosn. Son éthique et son engagement sont ses lettres de crédit. Au point que tout le monde, l'État le premier, jette un voile pudique sur la situation de conflit d'intérêts dans laquelle, jusqu'en mai, Senard va se trouver : il reste en effet jusqu'à cette date patron de Michelin, un fournisseur de Renault. Le groupe auvergnat étant régi par la structure juridique quelque peu particulière qu'est la commandite, démissionner avant le terme de son mandat lui ferait perdre les droits au capital qu'il y a accumulés… Or, si Senard se sent investi d'une mission, il ne va pour autant pas tout y sacrifier !

Il prend la présidence du Losange pour un salaire très inférieur à celui de son prédécesseur et à celui du directeur général : pour lui ce sera 450 000 euros par an, ce qui correspond aussi à la rémunération maximale dans les entreprises publiques comme EDF ou la SNCF.

Quand il arrive chez Renault, les traces du culte de la personnalité qui a marqué l'entreprise sont encore là. Dans le hall d'entrée, le visage de Ghosn apparaît encore dans de nombreux plans du film promotionnel qui tourne en boucle sur un grand écran. Senard ne s'installe pas dans le bureau de Ghosn, qui est transformé en salle de réunion. Il ne s'émeut pas d'accéder à ses nouveaux quartiers en empruntant un couloir encore tapissé des photos de l'ancien PDG, serrant la main ici de Tony Blair, là de Vladimir Poutine.

Mieux : il marque les esprits en ouvrant aux autres salariés du siège les portes de l'ascenseur jusque-là réservé au président. Quelle ironie ! Vingt ans plus tôt à Tokyo, Carlos Ghosn avait été choqué à son arrivée chez Nissan de constater qu'aucun Japonais n'osait sortir de l'ascenseur avant lui...

Nissan, justement, réserve le meilleur accueil à Jean-Dominique Senard. À peine est-il nommé que Hiroto Saikawa tient une conférence de presse. Le directeur général du constructeur japonais se félicite que la page Ghosn soit tournée. « Nous entamons un nouveau chapitre. Depuis que l'affaire a éclaté en novembre, la communication entre les deux entreprises a été difficile. Je pressens que nos relations vont s'améliorer. »

Chacun fait un geste. Nissan tend un rameau d'olivier à Renault : il accepte de réunir l'assemblée générale extraordinaire qu'il avait refusée à Thierry Bolloré en décembre. Le 8 avril, promet le groupe japonais, il cooptera Senard à son conseil d'administration. En retour, Renault accepte de lancer enfin un audit conjoint sur les dépenses de RNBV. L'audit est piloté par le cabinet d'avocats néerlandais Van Doorne, et mené par les experts de chez Mazars. « Senard a fait savoir chez Renault que Carlos Ghosn ne serait pas "protégé". Et Renault a accepté l'audit, mené sous l'autorité d'Éric Le Grand qui rapportera ses résultats directement à Senard et non pas à Mouna Sepehri », se félicite une source proche de Nissan.

Le 31 janvier, tout le monde prend la direction d'Amsterdam. Pour la première fois depuis deux mois, les réunions de l'Alliance Renault-Nissan au siège de

RNBV vont se tenir au complet, avec des participants physiquement présents. « Senard va voir le fonctionnement de l'Alliance in vivo », dit un proche de Renault. L'Alliance n'en est pas encore à célébrer ses réussites, alors que la veille les chiffres ont confirmé son rang de numéro un mondial des ventes de voitures (10,8 millions) pour l'année 2018. À défaut d'être bonne, l'ambiance s'est nettement détendue. Le nouveau président de Renault n'assiste aux réunions que comme observateur, puisque c'est le directeur général, Thierry Bolloré, qui a le siège de Carlos Ghosn. Mais cela importe peu. Aux Pays-Bas, Senard rencontre de visu Hiroto Saikawa. Les deux hommes ont deux tête-à-tête dont un dîner. Le nouveau président de Renault juge ces premiers échanges très encourageants.

Le 14 février, Senard débarque à Tokyo. À l'aéroport Haneda, cette fois comme toutes les suivantes, des caméras et des photographes japonais sont là pour saisir son arrivée – et la longue silhouette de Senard, qui flotte toujours un peu dans ses vestons croisés, s'affiche à la une des médias de l'archipel. Nissan le prend en charge. Renault est en effet paradoxalement sourd et aveugle à Tokyo. Sa direction des affaires publiques ne s'est jamais mêlée des affaires japonaises, qui étaient de facto le domaine réservé de Carlos Ghosn. Depuis son arrestation, c'est Claudine Pons, pourtant estampillée chez Nissan comme étant de la garde rapprochée de l'ancien PDG, qui s'attelle à prendre des contacts dans l'archipel, à évaluer les rapports de force et à chercher les portes auxquelles frapper.

Nissan accueille on ne peut mieux son nouvel interlocuteur, et déploie pour lui cette incomparable courtoisie japonaise qui fait se sentir prince tout Occidental qui en est l'objet. Depuis le 24 janvier, le groupe nippon ne tarit pas d'éloges sur le diplomate de Renault. « Nous l'apprécions vraiment beaucoup », dit un représentant du constructeur. « Les gens sont vraiment très heureux de voir arriver cet homme intelligent, calme, pas flashy », confirme un autre.

Senard s'attache plus à ces gages multiples de bonne volonté qu'aux signes d'une défiance persistante entre les groupes. L'atmosphère reste à couper au couteau comme en témoignent les fuites récurrentes qui fusent dans la presse comme autant de torpilles pour l'Alliance. Juste avant que le nouveau patron de Renault arrive à Tokyo, les échanges fielleux de décembre et janvier entre avocats sont révélés – alors qu'ils sont désormais sans objet, avec le lancement de l'audit RNBV. « Certains se sentent menacés », confie une source proche du dossier. Ils peuvent ! Car, de la même façon que cela n'a pas suffi à la justice japonaise pour lui accorder une libération sous caution, la tête de Carlos Ghosn ne suffit pas à Nissan. À Jean-Dominique Senard, le groupe japonais demande aussi celles de Mouna Sepehri bien sûr, mais aussi de Claudine Pons, de Frédérique Le Grèves, voire de Thierry Bolloré. De son côté, le constructeur promet que lui aussi mettra de l'ordre dans son organigramme. Plus tard, bientôt... Hari Nada ? Oui, dit-on à Tokyo, il est encore dans les murs du siège à Yokohama, mais c'est pour le temps de l'enquête ; ensuite il est probable qu'il quitte Nissan... Saikawa ? Il ne va pas s'accrocher au pouvoir, promet-on, il partira quand il aura fini sa mission et qu'une nouvelle gouvernance sera en place…

Senard ne mesure pas immédiatement l'intensité de la haine qui mine l'Alliance qu'il est censé remettre sur les rails. Pour lui, les soubresauts qui l'agitent sont les dernières répliques du séisme Ghosn. Il pense que le poisson pourrit par la tête, alors à quoi bon accabler les seconds couteaux, ou faire d'emblée le ménage que Nissan espère et que l'État français souhaite aussi. Au conseil d'administration de Renault, les mandats de Cherie Blair, la femme de l'ancien Premier ministre britannique et avocate, et de Philippe Lagayette viennent à échéance en juin 2019. Cela suffit à Senard selon qui, comme il le confie en privé, « on ne peut pas juger un groupe de gens sans intégrer la façon dont il a été animé ». La responsabilité du conseil d'administration de Renault est pourtant écrasante. C'est là, et seulement là, que Carlos Ghosn aurait pu, aurait dû, être challengé. « Chez Nissan, la gouvernance était trop faible. Ghosn l'avait voulu ainsi. Mais Renault a fermé les yeux. Le conseil a regardé ailleurs. Parce que c'était finalement le meilleur moyen d'assurer, à travers le pouvoir de Ghosn, le contrôle de Renault sur Nissan », analyse un proche du dossier. Mais chez Renault, autour de la grande table en U du conseil d'administration, Carlos Ghosn s'asseyait au centre, face à la direction du Losange qui rendait compte de ses travaux. Il menait les débats plutôt qu'il ne répondait de sa stratégie.

À la table du conseil de Nissan, où Jean-Dominique Senard s'assiéra-t-il ? C'est l'une des questions qu'il veut aborder quand il arrive mi-février au Japon. Puisqu'il a remplacé Carlos Ghosn à la présidence de Renault, il pense logiquement hériter de celle de l'Alliance. Mais qu'est-ce que l'Alliance ? RNBV ? Certainement pas. « RNBV est une filiale, pas une holding de tête. Ce n'est pas le haut, c'est le bas ! », juge-t-il rapidement. Et Nissan applaudit des deux mains cette position vis-à-vis de la société néerlandaise que les Japonais considèrent comme viciée, à la fois pour ce qu'elle est comme structure et pour ce qu'elle représente des vicissitudes de l'ère Ghosn.

Pour Senard, la présidence de l'Alliance n'existe pas, sinon au travers de la présidence des constructeurs. Il faut donc qu'il soit président de Nissan. Et là, ça coince. Le constructeur japonais refuse. Il n'est prêt à proposer que sa vice-présidence au nouveau patron de Renault. Et Nissan a un bon argument à faire valoir : le comité qu'il a créé pour revoir de fond en comble sa gouvernance est encore au travail, il faut le laisser finir avant de prendre des décisions. Senard le diplomate accepte de ne rien brusquer. Il pense que sa nomination à la présidence de Nissan finira par apparaître naturelle puisqu'elle va, dit-il en privé, dans le sens de l'histoire.

En février, Renault temporise d'autant plus volontiers sur le front de l'Alliance qu'il convient que Nissan a d'autres chats à fouetter. Le 13, le groupe japonais publie des résultats qui sont mauvais. Saikawa charge la barque de Carlos Ghosn dont l'obsession pour la course aux volumes aurait provoqué un effondrement de la rentabilité. La situation du marché américain, où les stocks gonflent tandis que la part de marché recule, devient franchement préoccupante. Et pour Renault, cette situation constitue un vrai danger. Nissan risque de tailler dans son dividende, ce qui signifie que le Losange ne va pas pouvoir compter sur sa « rente Schweitzer », cette part des bénéfices de Nissan qui tombe dans ses caisses depuis 1999 avec une régularité de métronome.

Les jours passent et Senard prend la mesure de la paralysie du système de l'Alliance. Il décide de contourner l'obstacle, de changer les structures plutôt que de s'y faire, de force, une place. Il s'appuie pour cela sur Mitsubishi, le troisième larron de l'Alliance, qui est à la fois beaucoup plus petit que Renault et Nissan, mais toujours puissant dans le système japonais avec le soutien tacite de son *keiretsu* d'origine. Le 12 mars, Senard reprend l'avion pour Tokyo, accompagné cette fois de Thierry Bolloré. Le 13 mars, pour la première fois depuis l'arrestation de Carlos Ghosn, les quatre hommes forts de l'Alliance vont tenir une conférence de presse commune. Senard, Bolloré, Saikawa et Masuko annoncent la création d'un Conseil de l'Alliance, une instance légère où ils siégeront tous les quatre et que présidera Senard. Les décisions stratégiques et opérationnelles, promettent les trois constructeurs, seront ainsi plus rapides, plus fluides.

C'est une sortie par le haut, en apparence. En moins de deux mois, Senard a réussi à redonner une dynamique à l'Alliance. Il en est officiellement le président. Et le 11 avril, les Japonais, y compris les administrateurs de Nissan et Mitsubishi, seront à Paris pour une réunion de ce nouveau Conseil.

Mais le gagnant n'est pas celui qu'on croit. Ce nouveau Conseil est surtout une victoire pour Nissan. Car le constructeur japonais a obtenu la mise en sommeil de RNBV, c'est-à-dire de la seule structure où Renault a une voix prépondérante, où existe son fameux *casting vote*. Au Conseil de l'Alliance, la seule règle qui vaudra est celle du consensus. C'est en quelque sorte un retour aux origines, à la formule de 1999. « Nous avons accepté de retirer du système tout ce qui, pour les Japonais, portait la marque de Monsieur Ghosn », dit alors un Renault. Nissan a aussi gagné une autre bataille : comme le répète Hiroto Saikawa en conférence de presse, Senard a accepté de renoncer à la présidence du groupe japonais. Enfin, un communiqué de Renault publié le jour même confirme que Nissan a marqué un troisième but. Le Losange renouvelle son comité exécutif. Thierry Bolloré compose son équipe, ce qui est logique. Quand il avait été nommé numéro deux début 2018, beaucoup de responsables, parfois des rivaux, avaient quitté le Losange. Plusieurs d'entre eux, comme Thierry Koskas et Alain Raposo, ont rejoint Carlos Tavares chez PSA. Cette fois, le nouvel organigramme se caractérise par une absence, celle de Mouna Sepehri, écartée, placardisée dans une fonction de conseillère spéciale du directeur général.

Le 12 mars, Renault et Nissan semblent réconciliés, prêts, comme le dit Jean-Dominique Senard, pour un « nouveau départ ». Mais c'est déjà une autre bataille qui commence. Le nouveau Conseil n'est pour le Losange qu'une version dégradée de l'Alliance et le point de départ d'une nouvelle négociation plus structurelle, tandis qu'il est pour le constructeur japonais un point d'arrivée.

LE BRAS DE FER

Le monde entier se souvient de DSK, du puissant patron du FMI Dominique Strauss-Kahn, visage hagard et poignets menottés, sortant du commissariat de Harlem, exhibé devant les caméras par la police de New York pour une *perp walk*[1]. Dans les grandes affaires judiciaires médiatiques, l'image compte. Et Carlos Ghosn ne veut pas que les premières images de lui à l'air libre depuis son arrestation le 19 novembre, après 108 jours en cellule, le montrent en situation de faiblesse, en position de présumé coupable – pas comme Greg Kelly en somme, menotté le jour de sa libération sous caution le 25 décembre.

Ghosn et ses avocats imaginent donc une ruse. C'est un fiasco. Le 6 mars, les centaines de caméras massées devant les grilles de la prison de Kosuge pour un long direct saisissent un étrange manège. D'abord Carole et Caroline Ghosn passent la porte et s'engouffrent dans une berline sombre. Un van noir,

1. *Perpetrator walk*, ou mise en scène de la sortie publique d'un criminel à destination des médias.

coffre ouvert et plein des effets personnels – oreillers, couvertures… – accumulés pendant la détention, semble attendre Ghosn. Une camionnette de chantier Suzuki grise est là aussi. Quelques minutes plus tard, une dizaine de gardiens vêtus de leur uniforme sombre, casquette vissée sur le crâne et masque sanitaire sur le visage, sortent à leur tour, encadrant un homme en tenue d'ouvrier, portant une combinaison avec des bandes réfléchissantes, une casquette, des lunettes de protection et un masque – tous se dirigent vers cette fourgonnette. Carlos Ghosn vient d'être exfiltré de la prison, mais pour la sortie incognito, c'est raté. Il ne faut que quelques secondes aux journalistes pour comprendre qu'ils ont été dupés. Très vite, les plans resserrés sur les yeux de Carlos Ghosn derrière son déguisement passent en boucle sur les écrans du monde entier. C'est grotesque, ridicule.

Takashi Takano, l'un des nouveaux avocats de Carlos Ghosn, s'excusera d'avoir eu cette idée. « S'il était sorti sans déguisement, il aurait été pris en chasse par d'innombrables cameramen à moto, en voiture, en hélicoptère… » De fait, les premiers jours de liberté de Carlos Ghosn sont un enfer médiatique. Sa voiture est cernée par les objectifs. Carole et lui doivent fendre une foule de journalistes chaque fois qu'ils rentrent ou sortent de chez eux.

Mais l'essentiel n'est pas là. L'important, c'est que ses avocats ont enfin obtenu, contre l'avis du bureau des procureurs, sa libération. La caution a été fixée à près de 9 millions de dollars. Les conditions sont drastiques. L'ancien patron de Nissan est évidemment assigné à résidence à Tokyo. Des caméras filment les accès à l'appartement d'une cinquantaine de mètres carrés qu'une Française a accepté de lui louer. Il ne peut accéder à Internet, sauf depuis les bureaux de ses avocats qui consignent ses communications dans un registre consultable par les procureurs. Carlos Ghosn n'a donc droit qu'à un téléphone « antique », dit-il, un mobile à clapet de deuxième génération.

Mais il est dehors. L'armée de ses communicants et avocats a réussi à le faire sortir. Les hommes de loi Hironaka et Takano à Tokyo, Jean-Yves Le Borgne et François Zimeray à Paris, Carlos Abou Jaoude à Beyrouth et les communicantes Devon Spurgeon chez Sheridan Strategies et Anne Méaux chez Image 7 ont réussi leur pari. Ils y ont travaillé nuit et jour, par boucles WhatsApp et réunions en ligne organisées sur Zoom, hésitant sur la méthode. Il fallait faire du bruit, suffisamment pour que la détention prolongée du célèbre patron devienne un problème pour le système japonais, sans franchir la ligne au-delà de laquelle ils faisaient prendre le risque de représailles à leur client. Carole Ghosn a fait le tour du monde au mois de février pour alerter les décideurs, créer un réseau de soutien, donner des interviews. François Zimeray, ancien ambassadeur des droits de l'Homme, instruit publiquement le procès d'un système judiciaire japonais qui, affirme-t-il, viole les droits fondamentaux et contredit les engagements internationaux et chartes onusiennes signés par l'archipel.

Carlos Ghosn est dehors. Mais il n'est pas sorti d'affaire. Il se requinque au côté de Carole avec qui il peut « fêter » ses 65 ans le 9 mars. Il commence à préparer sa défense, à l'aveugle, car il n'a pas encore accès à son dossier d'accusation. Il tente des coups, pour reprendre l'initiative. Le 11 mars, il demande à participer au conseil d'administration prévu le 13 chez Nissan, dont il est encore théoriquement membre jusqu'à l'assemblée générale du 8 avril. La justice refuse. La pression reste forte. Carlos Ghosn le sait, le sent. Hiroshi Morimoto et son équipe n'en ont pas fini avec lui. L'affaire de la route d'Oman dont des bribes continuent de filtrer dans la presse, pèse comme une épée de Damoclès. Il n'est pas anodin qu'Anthony, le benjamin de la famille dont la société d'investissement Shogun a été en partie financée par Good Faith, la holding au nom de Divyendu Kumar, n'a pas mis le pied au Japon depuis le 19 novembre et même maintenant qu'il pourrait voir son père.

D'ailleurs, le lundi 1er avril, à 9 000 kilomètres du quartier de Shibuya où habite désormais Carlos Ghosn, le dossier omanais rebondit à Boulogne-Billancourt, où le comité de l'audit et des risques – « le Caré » comme on l'appelle chez Renault – s'est réuni tout l'après-midi. C'est un point d'étape, en présence de Jean-Dominique Senard qui, selon un proche, en ressort « livide ». Tout a en réalité déjà été transmis à la justice. Clotilde Delbos a apporté en personne le dossier à Nanterre le vendredi précédent. Et en particulier les documents concernant la dizaine de millions d'euros de commissions que Renault a versée au groupe omanais SBA. Ce signalement du Losange auprès de la justice enfonce un peu plus Carlos Ghosn. Il illustre la stratégie désormais assumée par le constructeur : il fait le ménage. « C'est du *damage control*, analyse un proche du dossier, partant du constat que Carlos Ghosn est désormais fini, les autres se protègent. » Dans le cas de la route d'Oman, Renault ne dispose d'aucun élément sur la destination finale des fonds au-delà de SBA, s'il y en a une, en dehors des pièces que lui a fournies Nissan. Et, affirme un proche du dossier, « Renault est incapable, même des mois après, de s'assurer de leur authenticité. C'est aussi pour cela qu'il met le sujet dans les mains de la justice ».

Le 3 avril, Renault explique que son audit interne n'a relevé aucun problème concernant la rémunération de Carlos Ghosn et du comité exécutif depuis 2010. Mais il pointe des « dépenses engagées par l'ancien PDG [qui] sont source de questionnements, en raison des pratiques contestables et dissimulées dont elles procèdent ». Le groupe français récapitule les motifs qui ont fait l'objet de signalements spécifiques : les 50 000 euros de la soirée à Versailles imputés sur le contrat de mécénat de l'entreprise, le paiement de l'avocat Fadi Gebran et « des éléments d'alerte relatifs à des versements effectués au profit de l'un des distributeurs de Renault au Moyen-Orient ».

Depuis le 11 mars, la soirée de Versailles fait l'objet d'une enquête officielle. Le parquet de Nanterre et les policiers de l'Office central de lutte contre la corruption et les infractions financières et fiscales, ou OCLCIFF, n'accéléreront leurs investigations qu'à l'été. D'abord avec la perquisition de la maison de Carlos Ghosn à L'Étang-la-Ville mi-juin. Puis avec celle du siège de Renault. Le 3 juillet à 8 heures du matin, une trentaine de policiers reconnaissables à leur brassard rouge investit le bâtiment de Boulogne-Billancourt. Chez Renault, on s'y attendait mais c'est tout de même un choc. Les bureaux de Carlos Ghosn, Thierry Bolloré, Mouna Sepehri, Claude Hugot, Clotilde Delbos, Anne-Marie Adroit, Frédérique Le Grèves et Jean-Benoit Devauges sont fouillés. Les coffres des bureaux de Ghosn, Bolloré, Sepehri, Anja Wernersbach, l'assistante de Carlos Ghosn, et Arnaud Deboeuf sont ouverts. Les documents de l'étage de la comptabilité sont copiés. Et une semaine plus tard, le 11 juillet, l'OCLCIFF est de retour pour saisir le matériel informatique et les équipements de communication hyper-sécurisés de l'ex-PDG, confiés à un informaticien dédié et qui avaient curieusement échappé à la première descente des policiers.

Début avril, ces investigations de la justice française ne sont encore que des probabilités. Mais les accusations contre Carlos Ghosn sont déjà une réalité dans la presse, dans les inculpations japonaises, dans les communiqués des entreprises. Ses avocats affirment qu'« aucune somme versée par Renault aux distributeurs d'Oman n'a été détournée de ses objectifs commerciaux et [qu']en aucun cas tout ou partie de cette somme n'a profité à Carlos Ghosn ou à sa famille ». Mais ce genre de déclaration ne suffit pas. Le 3 avril, Ghosn crée son compte Twitter et publie un unique message, en anglais et en japonais : « Je suis prêt à dire la vérité sur ce qui se passe. Conférence de presse, jeudi 11 avril. »

Est-ce une provocation ? En bas des bureaux des avocats de Ghosn et au pied de son immeuble, les journalistes sont chaque heure plus nombreux. La presse japonaise annonce une nouvelle inculpation concernant Oman et, pire, une nouvelle arrestation. Carlos Ghosn est aux abois, Carole déjà presque anéantie à cette idée. Le jeudi 4 avril, à 5 h 50 du matin, les policiers japonais sont à la porte de Carlos Ghosn. « Ils étaient vingt. Nous avons sauté du lit, nous étions encore en pyjama. Ils ont emmené Carlos immédiatement. Moi, je suis restée seule dans un appartement de cinquante mètres carrés avec vingt personnes qui fouillaient partout. J'ai demandé à prendre une douche. Une femme m'a accompagnée, m'a palpée comme on le fait à l'aéroport. Elle est restée dans la salle de bains, même quand j'étais aux toilettes. Elle était là pour me tendre la serviette quand je suis sortie de la douche[2]. » Carole Ghosn a eu peur. Les enquêteurs ont saisi son téléphone, son ordinateur, sa tablette, son passeport libanais. Ils passent pourtant à côté de son passeport américain, glissé dans une poche de côté de son sac à main. Le lendemain de la ré-arrestation de son mari, après une nuit passée sur le canapé chez un couple d'amis, elle quitte Tokyo, accompagnée à l'aéroport par l'ambassadeur de France, direction Paris. Cela ressemble à une fuite.

La nouvelle interpellation de Carlos Ghosn a une dimension d'autant plus dramatiquc qu'cllc était attendue. Et qu'il l'avait préparée, quoique dans l'urgence. Le 4 février au matin, alors qu'il est de nouveau entre les mains des procureurs, son équipe publie un communiqué à la première personne du

2. *Quotidien*, *op. cit.*

singulier : « Mon arrestation est révoltante et arbitraire. Elle fait partie d'une nouvelle manœuvre de certains individus chez Nissan qui vise à m'empêcher de me défendre en manipulant les procureurs. Pourquoi venir m'arrêter alors que je n'entravais en rien la procédure en cours sinon pour me briser. Je suis innocent. » Dans la soirée, heure française, la chaîne LCI diffuse une longue interview de l'industriel réalisée par Skype la veille. Ghosn avait également prévu un entretien sur Fox News qu'il n'a pas eu le temps d'accorder. Et une autre vidéo, tournée le 3 avril dans les bureaux de l'avocat de Carlos Ghosn, est annoncée. L'équipe de l'homme d'affaires prévient : Ghosn va donner des noms.

« Si vous m'entendez aujourd'hui à travers cette vidéo, cela veut dire que je n'ai pas été en mesure de tenir la conférence de presse que j'avais prévue le 11 avril. » Sur un fond blanc et nu, assis à une table de bureau de bois blond, les mains croisées devant lui, le teint pâle et le cheveu désormais clairement gris, Carlos Ghosn semble parler depuis sa cellule dans cette vidéo de 7 minutes et 35 secondes diffusée le 8 avril sur YouTube. L'effet est saisissant. L'industriel martèle son innocence et son amour du Japon et de Nissan. Il se dit très inquiet pour l'avenir du constructeur désormais entre les mains d'une direction « laxiste » et de l'Alliance, qui n'a « plus de vision ». Il dénonce le portrait de dictateur cupide qui a été fait de lui, et se dit victime d'une « conspiration » de la part de quelques dirigeants qui ont « joué un jeu très sale ». Mais il ne balance finalement aucun nom. Les avocats ont reculé, renoncé à faire monter encore d'un cran la pression. La vidéo a été coupée. Carlos Ghosn a perdu le bras de fer.

Le 10 avril, Carole Ghosn reprend un avion pour le Japon. Le 11, elle est interrogée quelques heures par les procureurs devant un juge, et sort libre, sans être davantage inquiétée. L'épisode de sa « fuite » est clos. Reste Ghosn, de nouveau embarqué dans le cycle de la garde à vue. Le calendrier terrifie les proches de l'industriel. Dix jours, et encore dix jours... cela signifie que Ghosn sera encore derrière les barreaux quand commencera la Golden Week, un tunnel de jours fériés pendant lequel tout s'arrête dans l'archipel, y compris la justice. Pendant cette période, la vie en prison est un enfer. Les effectifs pénitentiaires sont réduits au strict minimum, les sorties, les visites, les douches aussi. Et cette année, la Golden Week sera particulièrement longue car elle inclut les jours de festivités qui vont marquer l'entrée du Japon le 1er mai dans l'ère Reiwa – celle du nouvel empereur Naruhito, succédant à son père Akihito qui a choisi d'abdiquer.

Pour cette garde à vue-là, Carlos Ghosn fait valoir son droit au silence et ne répond pas aux enquêteurs. Pour cette garde à vue-là, la Cour fera preuve d'un peu de clémence : elle y met fin au bout de dix-huit jours, avant le début de la Golden Week. Le 22 avril, Ghosn ressort de prison, inculpé une quatrième fois sur le volet omanais. Cette nouvelle séquence derrière les barreaux l'a profondément affecté. Et la sortie est plus difficile que la fois précédente. D'abord parce que la perspective de son procès, jusque-là annoncé pour l'automne 2019, s'éloigne. On lui parle maintenant de 2020, au mieux... Ensuite et surtout, les conditions de sa liberté sous caution sont encore plus restrictives que le mois précédent. Cette fois, il n'aura pas le droit de vivre avec sa femme. Il ne peut plus voir Carole.

LE CARNAGE

Dans l'agenda de Carlos Ghosn, le 27 mars 2019 était souligné en rouge. Vingt ans ! Un bel âge pour l'Alliance Renault-Nissan, et les festivités promettaient d'être à la hauteur. Le 27 mars 2019, l'Alliance aurait eu une couronne – celle de numéro un mondial en nombres de voitures vendues – et un projet – son schéma de holding. Et lui, Carlos Ghosn, aurait été le héros de la fête, celui qui aurait à la fois rendu possible ce bilan et assuré la promesse d'un avenir radieux.

Rien de tout cela n'a évidemment lieu. La date du 27 mars passe inaperçue. Pour marquer le coup, tout de même, les vingt ans de l'Alliance seront célébrés un peu plus tard, le 11 avril. Senard a invité à Paris tous les administrateurs de Renault, Nissan et Mitsubishi pour un dîner, à la veille de la première réunion formelle de son nouveau Conseil de l'Alliance. L'humeur de cette époque post-Ghosn n'est évidemment pas au faste. La blague du moment chez Renault, qui n'y fait pourtant rire personne, c'est de proposer d'organiser quelque chose à Versailles !

On se contentera d'une réception à l'Atelier Renault sur les Champs-Élysées. Le symbole d'un nouveau départ pourrait être joli. Pourtant, ce 11 avril, les uns et les autres déambulent sans joie au milieu des modèles iconiques de la marque. On fait une photo pour la forme, mais ça s'arrête là. Les noces de porcelaine entre Renault et Nissan portent bien leur nom. L'union reste très fragile.

Pourtant, il faut bien que l'Alliance avance. Dès le 12 avril, Jean-Dominique Senard pousse ses idées devant Hiroto Saikawa et Osamu Masuko. Il n'y a pas de mystère quant à ses intentions. D'ailleurs, Isao Iijima, un conseiller spécial de Shinzō Abe, les a couchées noir sur blanc dans sa chronique publiée par le *Shukan Bunshun* le 4 avril. « L'idée de Renault est d'établir le Conseil de l'Alliance pour discuter de la stratégie de l'Alliance sur un pied d'égalité avec Nissan. Puis de faire de ce Conseil une holding commune [...] dont les actionnaires de Renault et de Nissan recevraient des actions à parts égales. Et bien sûr, la structure exécutive entre les deux groupes serait parfaitement équilibrée. »

Tout est dit. C'est exactement ce que Jean-Dominique Senard a décidé de proposer à Nissan. Le président de Renault mandate une banque japonaise, SMBC Nikko, pour engager la discussion avec son partenaire. « C'est l'étape évidente après le Conseil de l'Alliance. Celle qui donne, par la fusion des bilans comptables, de la puissance financière à l'Alliance », précise une source proche du Losange. Senard ne s'attendait évidemment pas à ce que son projet soit applaudi des deux mains, mais il ne se doutait pas qu'il provoquerait une telle levée de boucliers. Hiroto Saikawa ne veut même pas recevoir les émissaires de SMBC Nikko. Même chose au METI, où ils trouvent porte close.

Surtout, dès la mi-avril, une déferlante médiatique s'abat sur le sujet du Conseil de l'Alliance. C'est dans les colonnes de la presse que la mauvaise humeur de Nissan, officiellement muet pendant plusieurs jours, s'étale contre le nouveau projet de « fusion » de Renault. Le *Nikkei*, le *Japan Times* et d'autres journaux multiplient les articles sur cette initiative de la direction « post-Ghosn » du Losange. Pour l'agence de presse Kyodo, « ce geste pourrait déclencher une dispute au sein de l'Alliance ». Devant des journalistes qui, comme souvent au Japon, campent devant son domicile, Hiroto Saikawa déclare que « ce n'est pas le moment de penser à de telles choses ». Sa priorité est de s'attacher « à améliorer les résultats de Nissan ».

Senard tente de rattraper le coup. Il a dû être mal compris : il n'a jamais parlé de « fusion », bien sûr, mais d'un rapprochement d'égaux. Il laisse à son tour filtrer des informations, sur la holding à 50-50, la double cotation, la direction équilibrée… L'hostilité au Japon redouble. Ce projet, vu de Yokohama, est le même que celui que portait Ghosn. Senard s'en défend : à ses yeux, c'est justement parce que Ghosn faisait partie de l'équation que la holding était considérée comme un outil de domination de Nissan. Sans lui, cela change tout ; la parité peut être une réalité. La parité ? « Mais Nissan est beaucoup plus gros ! », s'exclame un proche du groupe japonais.

Jean-Dominique Senard lui-même est pris pour cible. Le crédit qu'il avait initialement accumulé chez

Nissan est d'un coup ruiné. « Vous avez d'un côté un Senard très doux, très diplomate, qui explique qu'il va remettre les choses sur les rails, dans le consensus, et d'un autre côté le même homme qui veut forcer en coulisses un nouveau schéma capitalistique », pointe une source proche de Nissan. « Comment faut-il le dire ? Hiroto Saikawa a bien fait valoir le 11 et le 12 avril qu'il ne voulait pas parler de ce sujet maintenant ! Pourquoi forcer ? » Au Japon, on a la réponse, toujours la même : c'est l'État français qui, au travers du nouveau président de Renault et de Thierry Bolloré, continue de faire pression. L'épouvantail est toujours aussi efficace. Le 24 avril, alors que la tournée européenne de Shinzō Abe fait étape à Paris, ce dernier et Emmanuel Macron se bornent, dans cette ambiance glaciale, à réaffirmer leur « attachement » à l'Alliance. Et Renault est contraint de remiser son projet. Encore une fois, Senard revient à la case départ.

Et il n'y a pas qu'à Yokohama qu'il y laisse des plumes. « Tout a été relayé en France par des esprits très malintentionnés et quelques cadres pleins de rancœur, qui se répandent dans Paris en dénigrant », constate un proche du dirigeant de Renault. « Il y a une campagne qui a été orchestrée… » Senard n'en peut plus de l'ambiance délétère dans laquelle il évolue. Ce qui se passe au conseil d'administration de Renault paraît parfois sur les fils des dépêches d'agence avant même la fin des réunions. Les décisions de Nissan sont aussi dans la presse avant qu'il ait été informé. Nissan est au courant de ce qui se dit au comité exécutif de Renault, dont le réseau des anciens semble avoir un accès illimité à l'information interne la plus confidentielle. Son parcours au siège de Boulogne-Billancourt est semé de chausse-trappes. Lui qui n'avait pas voulu y débarquer avec ses troupes ne sait pas à qui il peut faire confiance. « Cette boîte est détruite de l'intérieur », constate un habitué du siège. « Renault, c'est un jeu de guerre, décrit un ancien, on y passe son temps à se demander d'où viendra la prochaine balle. » Le diplomate aux manières exquises et à la parfaite éducation perd parfois son calme, désormais. Certains l'ont même entendu jurer ! « Merde ! » Chez Senard, le mot claque, bute sur ses mâchoires qui restent serrées comme dans une ultime tentative de refréner ce rare accès de vulgarité. « Merde ! Ils sont en train de me faire passer pour un con ! »

Le président de Renault est furieux. En mai, Hiroto Saikawa acte « les différences d'opinions » avec Renault. Il affirme que le point sur lequel Jean-Dominique Senard et lui sont d'accord, « c'est que ce n'est pas le moment de discuter ». Tu parles ! Ils ne sont d'accord sur rien et surtout pas sur le fait que le conseil d'administration de Nissan ne se soit même pas saisi, pour examen, du sujet de l'intégration avec Renault. C'est après tout le devoir fiduciaire, inhérent à leur fonction, des administrateurs. Entre Senard et Saikawa, un point de non-retour est franchi. Chacun reproche tacitement à l'autre de s'être livré à un coup tordu. La communication entre les deux hommes est de plus en plus pénible. Leurs échanges téléphoniques sont stériles. Hiroto Saikawa paraît insaisissable à son interlocuteur français qui a le sentiment que le Japonais lui dit un jour une chose, le lendemain son contraire. À Boulogne-Billancourt, une idée s'impose : il faut que Saikawa s'en aille.

Et pas seulement parce que le dialogue stratégique semble impossible avec lui. Mais aussi et surtout, comme certains le disent crûment chez Renault, parce que « Nissan va dans le mur ». L'affaire de la « fusion » ressemble furieusement à une manœuvre de diversion. Le 24 avril, le constructeur japonais annonce qu'il ne tiendra pas ses objectifs pour l'exercice clos le 31 mars 2019. Le 14 mai, il publie ses résultats annuels : ce sont les pires depuis la crise de 2009. Nissan est dans une situation très difficile aux États-Unis et en Europe. Conséquence : sa marge opérationnelle est presque revenue à zéro, quand elle dépassait allègrement 6 % deux ans plus tôt. Longtemps meilleur élève de l'Alliance, Nissan fait désormais grise mine. « Dans cette industrie de cycles longs, nous payons les décisions prises en 2015-2016 », argumente-t-on à Yokohama, où l'on pense donc faire les frais de la politique de Carlos Ghosn. José Munoz et lui sont accusés d'avoir plongé Nissan dans les difficultés sur le marché américain. Et Ghosn serait aussi responsable des surcapacités de production du constructeur au Brésil ou encore en Inde, où la fabrication de la Micra transférée à Flins, « pour faire plaisir à Renault et à l'État français », n'a jamais été remplacée.

Les performances de Renault sont désormais meilleures. Et même Mitsubishi, qui s'est redressé rapidement depuis sa reprise deux ans plus tôt, fait maintenant mieux que son actionnaire.

Chez Renault, on a longtemps cru, à l'hiver et au printemps, que le cas Saikawa se réglerait de lui-même.

Que l'inculpation de l'entreprise dans l'affaire Ghosn et la révélation des différents documents signés de la main de Saikawa – dont le projet de *package* de départ de Carlos Ghosn à 60 millions d'euros – auraient raison de sa position de directeur général. Mais Saikawa tient. « Il travaille comme un damné », le défend un de ses proches. Il n'a vraisemblablement pas conclu d'accord de plaider-coupable avec la justice japonaise, comme Hari Nada et Toshiaki Onuma, sans quoi Nissan n'aurait pu le cacher. Mais fin avril, une demande de poursuites contre lui a été rejetée. Contrairement à l'intuition de Renault et au grand dam de l'équipe de défense de Carlos Ghosn, Hiroto Saikawa ne devrait pas être inquiété par la justice japonaise. Et en dépit de ses promesses initiales, il ne paraît pas encore prêt à passer le témoin.

Le directeur général de Nissan a cependant toujours dit que sa première mission était de rénover la gouvernance du groupe, pour tirer un trait sur les errements de la période Ghosn. Fin mars, le comité spécial, le SCIG, nommé pour faire des propositions sur cette réforme, remet son rapport. Le document tire à boulets rouges sur Carlos Ghosn et sur le système de pouvoir personnel qu'il a mis en place et lui a permis d'agir en toute impunité dans une entreprise où personne n'osait lui dire non. Le comité formule donc des recommandations pour que Nissan se mette aux meilleurs standards des sociétés cotées. Exit les *statutory auditors*. À la place, au sein du conseil d'administration seront mis en place trois comités – des nominations, des rémunérations et de l'audit. Et les administrateurs seront pour une majorité d'entre eux indépendants. Nissan fait le ménage, et c'est bien naturel.

Mais le rapport du SCIG est aussi important dans ce qu'il ne dit pas. Les trente-quatre pages du document évoquent à peine Renault. Nissan est en train de revoir de fond en comble sa gouvernance sans tenir compte ou presque du fait qu'il a un actionnaire de référence à 43 % ! Il préconise notamment – ce que Senard a déjà dû accepter – que le président du conseil soit indépendant et ne soit pas choisi par Renault. C'est Yasushi Kimura, un vétéran du monde japonais des affaires et vice-président du Keidanren jusqu'en mai 2018, qui est choisi fin juin. Mais il y a plus grave pour Renault. D'abord concernant le nombre d'administrateurs. Le Losange en avait trois – Carlos Ghosn, Jean-Baptiste Duzan et Bernard Rey – sur neuf. Il n'en aura plus que deux sur onze. La perte d'influence est patente ! Et Nissan va plus loin : sur les deux représentants de Renault, il accepte évidemment Senard, incontournable, mais il refuse que Thierry Bolloré soit le deuxième homme. Le Breton est considéré comme un opposant du côté du constructeur japonais, où on lui reproche d'avoir trop longtemps soutenu Carlos Ghosn après son arrestation. « Thierry Bolloré occupe un poste exécutif. Il sera en conflit d'intérêts s'il entre au conseil », se désole une source proche de Nissan. « Il serait censé agir dans l'intérêt de Nissan, alors qu'il penserait à celui de Renault et, vraisemblablement, de l'État français. » Sur ce point, et sur ce point seulement, Renault obtiendra gain de cause.

Pour le reste, il est condamné à assister à la réforme de Nissan en spectateur. C'est à ce moment-là que

Senard prend pleinement conscience de la situation « invraisemblable » qui est celle de Renault depuis 2015, en incapacité de lever le petit doigt devant les événements qui concernent une entreprise dont il est le premier actionnaire. À titre personnel, le président du Losange le vit mal. Il n'aime pas cette situation où, dit un proche, « il assume une responsabilité qu'il n'a pas les moyens d'exercer ». Chaque conseil d'administration de Nissan, durant lequel il découvre le jour même les décisions, est un affront. « Si vous saviez comment ils me traitent », lâche-t-il un jour devant des proches. Le 24 avril, le groupe japonais remanie son comité exécutif. Renault n'a pas voix au chapitre. Il ne désigne aucun titulaire pour l'un des trois plus hauts postes comme le Rama le stipule pourtant.

Plusieurs proches de Carlos Ghosn ont déjà quitté le navire ou ont été poussés dehors. Hiroto Saikawa promeut Yasuhiro Yamauchi au poste de COO, c'est-à-dire numéro deux du constructeur nippon. Cette nomination-là est vue comme une bonne nouvelle chez Renault, où l'on apprécie cet homme au visage expressif mangé par de grandes lunettes rondes fort peu conventionnelles. Et Yamauchi connaît Renault dont il est administrateur. Le belge Christian Vandenhende devient co-COO et Hitoshi Kawaguchi, l'homme qui assure le lien avec le METI, voit ses responsabilités élargies. Le directeur financier Hiroshi Karube et le patron des usines Hideyuki Sakamoto, tous deux réputés hostiles à Renault, ont également pris du poids ces derniers mois. Pour les assiégés de Renault, c'est la « faction » nationaliste de Nissan qui a encore pris du galon.

L'Alliance doit se contenter de fonctionner avec ce « conseil » censé avancer au consensus. Vu l'état des relations, ce n'est plus seulement un mode dégradé de gouvernance commune. C'est une mystification. Certes, l'attelage parvient encore parfois à donner le change. Le 20 juin, l'Alliance annonce un accord qui fait la une des médias économiques : celui passé avec Waymo, la filiale de Google qui est l'un des leaders du domaine de la voiture sans chauffeur. Mais ces annonces concernent des sociétés extérieures à l'Alliance. À l'intérieur, il ne se passe plus rien. Les fonctions convergées, qui permettaient d'avoir un seul responsable hiérarchique pour l'ensemble de l'Alliance, sont au point mort. Les patrons n'exercent plus leurs prérogatives que chez leur constructeur d'origine. Pire, la méfiance s'est installée entre les équipes qui, au quotidien, travaillent sur les collaborations en cours. « C'est un peu l'enfer au Technocentre », constate un ingénieur français, pointant la résistance passive des interlocuteurs de chez Nissan.

Comme le dit Bruno Le Maire le 20 mai, « le statu quo n'est pas possible, le statu quo fragilise l'ensemble ». Mais pour en sortir, il va falloir faire preuve de beaucoup d'imagination. Et d'audace. Senard, qui est colonel de réserve de la Légion étrangère, se dit qu'il va mettre en majesté dans son bureau une photo récente de lui en uniforme qu'on vient de lui envoyer. La diplomatie, c'est fini. Il est temps de laisser la place aux militaires.

L'ITALIEN

Nissan ferme méthodiquement sa porte à Jean-Dominique Senard et à Renault, son actionnaire à 43 %. La présidence du groupe japonais ? C'est non. L'implication dans sa gouvernance ? De nouveau non. La fusion ? Non, bien sûr. Le mariage sous une holding ? Non, encore. Le groupe japonais maîtrise à merveille une poliorcétique comme inversée. C'est lui qui se retranche, mais c'est Renault qui se sent enfermé.

Or l'art du siège dépend de la perception que l'assiégé a du temps et des ressources qui lui restent. Et à Boulogne-Billancourt, Senard voit le temps qui défile. Le temps court, qui rapproche chaque jour Renault du 25 juin, date à laquelle Nissan réunira son assemblée générale et votera sa nouvelle gouvernance. Renault y sera quantité négligeable comme l'est déjà son président au conseil du groupe japonais. « Ils voudraient que je me contente de regarder passer les trains… Eh bien je ne suis pas une vache », fulmine-t-il en petit comité. Et puis il y a le temps long, celui du cycle de l'industrie automobile. Renault, comme tous les autres constructeurs, voit se profiler le mur d'investissements nécessaires pour déployer les technologies électriques, connectées puis autonomes, sur toutes ses gammes. Il doit se préparer au tsunami que sera, Senard en est convaincu, la montée en puissance de l'industrie automobile chinoise. Renault seul, sans Nissan, ne sera pas de taille.

À Turin, John Elkann ne perd pas une miette de la saga. Pour lui aussi, l'horloge tourne, et très vite. Avec son mentor Sergio Marchionne, il a sauvé l'empire familial Fiat en mettant la main en 2009 sur l'américain Chrysler, devenu sa vache à lait. Dix ans plus tard, le constructeur italo-américain qui brillait par sa virtuosité financière voit arriver le moment où il va devoir payer le prix de plusieurs années de sous-investissement chronique. FCA n'est pas prêt pour les nouvelles normes européennes qui imposent aux constructeurs une baisse drastique des émissions de CO_2 de leurs gammes. Il s'expose à des amendes colossales dès 2020 s'il ne trouve pas de solution. Et la meilleure solution, c'est un nouveau mariage, pour partager les investissements et accéder tout de suite aux technologies qui pourront être déployées sur les véhicules de FCA.

Pour Fiat-Chrysler, la mariée idéale s'appelle PSA. Du moins le marché promet-il depuis des lustres une union à ces deux-là. L'alliance de deux des grandes familles de l'automobile européenne, les Agnelli et les Peugeot, fait sens. Mais chez PSA qu'il pilote depuis 2014, Carlos Tavares met la barre de ses exigences très haut. L'ancien numéro deux de Ghosn chez Renault-Nissan, qui en était parti avec panache et impertinence, a prouvé depuis qu'il avait raison d'être ambitieux. En quatre ans, il a spectaculairement redressé Peugeot-Citroën. Et il a doublé la mise en 2017 en réussissant le rachat de l'Allemand Opel, l'homme malade du secteur, redevenu profitable en quelques mois. À 60 ans, l'ascétique Tavares se sent en position de force face à FCA : c'est lui qui a la technologie, ainsi que le management – à commencer par lui-même. Il ne veut pas que PSA se marie avec Fiat-Chrysler, il veut que PSA le rachète. Début 2019, cette vieille discussion est dans l'impasse.

À Bercy, le sujet est suivi de près. Bruno Le Maire a suffisamment entendu Tavares lui expliquer que le meilleur atout de PSA s'appelle Tavares pour connaître la raideur du dirigeant en même temps que de constater le génie de l'industriel. Dommage, ce mariage-là aurait permis à l'État, qui est aussi actionnaire de PSA depuis 2014 à travers la banque publique Bpifrance, de sortir par le haut. Mais FCA peut aussi être une opportunité pour Renault. John Elkann a déjà envisagé cette hypothèse devant Emmanuel Macron, qu'il connaît bien. Le 13 février, le gratin mondial du secteur se réunit au pavillon Cambon dans le premier arrondissement parisien, pour le dîner de gala des cent ans de l'Organisation internationale des constructeurs automobiles en présence du président de la République. Sur le conseil de ce dernier, Bruno Le Maire incite Senard à se rapprocher d'Elkann.

Dans les cartons de Renault, le schéma existe déjà : c'est le projet Macédoine. Rien à voir avec Alexandre le Grand ; ce nom de code renvoie plutôt à la salade – quoique de fruits, ici. « Macédoine », c'est en fait la holding rêvée par Carlos Ghosn, qui chapeauterait « Rhubarbe » (Renault), « Nectarine » (Nissan),

« Mangue » (Mitsubishi) et « Fraise » (Fiat-Chrysler). Au printemps 2019, quand John Elkann voit Renault tanguer et Senard se cogner la tête contre les murs, il saisit sa chance.

À 43 ans, Elkann est déjà presque une légende. Il a l'allure d'un héros romantique, avec son visage d'enfant encadré d'une épaisse chevelure sombre et bouclée. Il porte sur ses épaules le poids d'un empire construit par cinq générations d'industriels. La famille Agnelli est une dynastie, de la catégorie des Kennedy ou des Windsor, avec une histoire qui mêle le pouvoir, le glamour et les drames. Elkann, citoyen du monde lui aussi – un peu italien, un peu américain, un peu français –, est devenu très jeune le chef du clan grâce à l'affection du patriarche Giovanni, « *L'Avvocato* », mais aussi à cause du suicide d'un oncle, du cancer précoce d'un cousin, de l'addiction d'un frère et d'une bataille de succession gagnée contre sa propre mère…

Elkann et Senard ont plus de vingt ans d'écart mais ils se connaissent un peu et partagent la même bonne éducation, les mêmes codes de la vieille Europe. Quand le premier appelle le second début mai 2019, ils se comprennent tout de suite. Le président de Renault voit enfin une ouverture, une échappatoire dans son tête-à-tête toxique avec Nissan. Le croit-on déjà fatigué, peut-être dépassé, par le rythme et l'ampleur de la tâche ? Il va se transformer en chef de guerre. Pour négocier une opération avec FCA, le président de Renault, échaudé par les fuites incessantes qui dévoilent et déforment toutes ses initiatives, limite au maximum le cercle des personnes impliquées. Il réactive le groupe Orange, l'élargit seulement en interne à

François Dossa, le patron d'Alliance Ventures, le fonds d'investissement commun à Renault et Nissan, et en externe à Clément Léonarduzzi, à Armand Grumberg du cabinet d'avocats Skadden, à un associé du Boston Consulting Group et à la Société générale. Mais c'est bien lui, en direct, qui pilotera le dossier.

Elkann, au contraire, est très entouré et très préparé. Il a recruté les cadors, la crème des intervenants pour les opérations de fusion-acquisition. Il est conseillé par Goldman Sachs au niveau de FCA et par la banque Lazard au niveau de son holding de tête. Les avocats de chez Darrois sont enrôlés. Alain Minc est dans la boucle, ainsi que le banquier Benoit d'Angelin. Le premier entretient sa réputation fanée de faiseur de rois et dernier visiteur du soir à l'Élysée. Le second, qui prodigue ses conseils stratégiques à quelques grandes figures du CAC 40, est réputé proche d'Emmanuel Macron dont il a aidé les campagnes de levée de fonds pour la présidentielle. Toby Myerson, un conseiller de haut vol, se charge du volet japonais, qu'il connaît bien pour être administrateur de la banque Mitsubishi UFJ. Et chez Image 7, Anne-France Malrieu s'occupe de la communication. Le terrain est quadrillé.

Elkann et Senard vont vite, très vite. Le jeune Italien fait en trois semaines plusieurs fois l'aller-retour en France, pour des rencontres qui ont le plus souvent lieu au domicile parisien du président de Renault et une autre fois dans sa maison de Provence. Le patron français lui rend une fois la politesse, direction Turin. Les deux hommes doivent trouver la solution au problème Nissan. Il n'est pas question que le mariage de « Fraise » et de « Rhubarbe » – que chez FCA on appelle plus élégamment « Fermi » et « Rutherford », du nom des deux scientifiques – tue l'Alliance. Au contraire, pour Elkann, ce projet prend tout son sens avec Nissan, qui lui ouvre les portes de l'Asie et permet d'envisager des synergies aux États-Unis, avec les marques de Fiat-Chrysler, Jeep et RAM, célèbre pour ses puissants pick-up typiquement américains.

Dans l'Alliance, Renault n'est pas censé négocier son mariage sans en parler à son partenaire. Mais vu la relation, lui demander sa bénédiction est illusoire. Alors Senard et Elkann vont ruser. Ils vont forcer la main du groupe japonais, mais sans lui faire perdre la face. Le dimanche 19 mai, en fin d'après-midi, ils présentent leur projet à Bruno Le Maire et ses équipes à Bercy. Puis les deux hommes dînent avec leurs directeurs généraux respectifs, Thierry Bolloré et l'Américain Mike Manley qui, déjà, doivent se toiser.

Une semaine plus tard, le dimanche 26 mai, l'opération est lancée dans une ambiance rendue fébrile par les premières fuites dans la presse. À 3 heures du matin, la proposition de FCA est envoyée à Renault. C'est l'Italien qui prend l'initiative de demander la fusion, Renault ne fait que la recevoir. Formellement, la lettre des accords de l'Alliance est respectée. À l'aube du lundi, Jean-Dominique Senard appelle Hiroto Saikawa puis convoque le conseil de Renault qui accepte, évidemment, d'examiner l'affaire. À midi, John Elkann envoie des lettres personnelles à Saikawa-san et Masuko-san. Emmanuel Macron et Bruno Le Maire réagissent chacun de leur côté et saluent, sobrement, une « opportunité » pour la France. Chacun déroule sa part de la chorégraphie.

Les 28 et 29, Senard et Bolloré sont à Tokyo pour la réunion du Conseil de l'Alliance. Tout est fait pour amadouer Nissan et Mitsubishi. Senard donne un gage de taille : il retire publiquement tout projet de fusion entre Renault et Nissan. Le mariage du Losange et de FCA aurait un deuxième avantage : les deux constructeurs entendent fusionner à parité sous une holding de tête, certainement basée aux Pays-Bas. Les 15 % de Nissan au capital de Renault deviendront 7,5 % de la nouvelle entité mais, au moins et enfin, le groupe japonais y aura-t-il des droits de vote. Les Français et les émissaires de John Elkann rassurent Nissan : il s'agit d'une « fusion dans l'Alliance », martèlent-ils. Nissan, comme actionnaire et comme partenaire, pourra engranger 1 milliard d'euros de synergies sans avoir à lever le petit doigt.

Sur le moment, la réaction japonaise est sibylline, mais pas franchement hostile. Elle est donc jugée encourageante. C'est à Paris que les choses se tendent. Le champion européen que serait Renault-FCA passe mal. L'opération essuie un tir de barrage violent. Pour le gouvernement, la séquence est délicate. À l'assemblée, lors des questions au gouvernement, un autre dossier industriel crée la polémique : Alstom. Son propriétaire américain, General Electric, s'apprête à lancer un plan social massif à Belfort. Or, Alstom-GE, à tort ou à raison, est une opération de 2015 restée dans les mémoires comme ayant été voulue par Emmanuel Macron, et dans laquelle l'État français s'est fait rouler par les belles promesses américaines.

Quatre ans plus tard, la France, Renault et Jean-Dominique Senard sont-ils en train de se faire rouler par le jeune et madré John Elkann ? Patrick Pélata, entre autres, en est convaincu. L'ancien numéro deux de Renault sonne le tocsin. Début mai, déjà, il a participé à une réunion à l'Élysée où il a fait un diagnostic sévère de l'état de l'Alliance et de la tactique de Senard. Selon lui, rien ne pourra être réparé tant que Thierry Bolloré, pour lequel il n'a aucune estime, sera dans le jeu alors qu'il est un épouvantail pour les gens de Nissan.

Quand le projet avec Fiat est révélé, Pélata rédige pour l'Élysée et Bercy une note assassine. Il colle cinq balles dans le cœur du projet. Un, l'opération, dit-il, est précipitée. Deux, les synergies de 5 milliards d'euros promises par FCA sont bidon : aucun rapprochement comparable dans l'automobile ne permet d'étayer le chiffrage. Trois, le deal a été négocié en trop petit comité. Aucun travail en profondeur n'a été réalisé en amont. La directrice des achats de Renault a découvert le 28 mai qu'elle aurait 2 milliards d'euros à trouver ! Quatre, Renault et FCA font l'impasse sur la propriété intellectuelle détenue par Nissan. Pour déployer les technologies électriques, de batterie, de motorisation de l'Alliance chez FCA, il faudra que le Japonais soit d'accord et y consacre des ressources d'ingénierie. Cela va coûter cher, si tant est que Nissan accepte d'aider son grand concurrent aux États-Unis, Chrysler. Cinq, FCA est en train de s'offrir le contrôle de Renault à vil prix.

Sur ce dernier point, à Bercy, les banquiers du Crédit suisse qui épaulent l'APE sont d'accord. Le mariage envisagé à 50-50 intervient au moment où la valeur de Renault est affaiblie par l'affaire Ghosn et le marasme de l'Alliance. Elkann est peut-être en train de tenter un autre coup après celui, génial, du rachat de Chrysler en faillite. Quand on apprend que le principal banquier conseil de Renault, James del Favero chez Ardea, est aussi un conseiller de FCA, la coupe est pleine.

Dans les feuilletons américains, au moment d'unir les mariés, le pasteur s'adresse à l'assistance en ces termes : « Si quelqu'un a une raison de s'opposer à cette union, qu'il le dise maintenant ou se taise à jamais. » Dans la semaine du 28 mai 2019, c'est toute l'assistance qui semble se lever contre les noces. Chez PSA, Carlos Tavares décrit dans un message interne – évidemment publié dans la presse – une « prise de contrôle virtuelle de Renault par Fiat ». Pour le patron de Peugeot, qui espère que le temps jouera pour lui si FCA reste célibataire, l'opération avec Renault est évidemment une très mauvaise nouvelle. Chez Nissan, la colère monte comme chez une épouse trompée. Le constructeur japonais pilonne par la voix de sa banque conseil, Rothschild, chez qui Grégoire Heuzé, un proche de Bruno Le Maire, démonte le procédé de Renault vis-à-vis de son partenaire. Les avocats de Bredin Prat ajoutent leur contribution : Renault risque d'enfreindre le Rama. Il aurait manqué à son devoir de loyauté. « Mais à quoi ont-ils pensé ? Comment ont ils seulement pu imaginer une opération pareille sans en parler avant à Nissan ? On ne met pas ainsi un partenaire devant le fait accompli », s'étrangle-t-on du côté japonais… où il ne vient à l'esprit de personne que c'est très exactement ce qu'a fait Nissan lorsqu'il a fait tomber Carlos Ghosn.

Le soutien du gouvernement vacille. Il fait monter les enchères pour obtenir plus de garanties sur l'emploi, sur les investissements en France, sur la gouvernance. Elkann a promis que Senard serait le PDG du nouvel ensemble, mais ensuite ? Le jeune Elkann aura 15 % du capital, la présidence de la holding et le temps devant lui, tandis que Senard a déjà 66 ans. L'Élysée rappelle sa feuille de route d'origine au président de Renault : consolider l'Alliance. Il n'est pas question de passer en force, fait-on valoir au plus haut niveau de l'État alors que l'opération supposait dès l'origine de prendre ce risque du rapport de force avec Nissan. Quand Bruno Le Maire martèle ses exigences face à John Elkann qui réclame une réponse dans les meilleurs délais, il n'est plus seulement dans un jeu de rôles politique. Il hésite.

Senard y croit, il veut y croire. Thierry Bolloré et lui sont authentiquement convaincus par ce projet d'union. Les gammes, les marques, les géographies sont complémentaires. Les chiffres donnent le vertige. Renault-FCA pèserait plus de 30 milliards d'euros en Bourse. Il alignerait Renault, Dacia, Lada, Alpine, Fiat, Chrysler, Jeep, Dodge, Lancia, Alfa Romeo, Maserati… Ensemble, sans Nissan, ils se retrouvent numéro trois mondial, avec 8,7 millions de véhicules vendus. Et avec, le tout devient l'incontestable numéro un avec plus de 14 millions d'unités au compteur !

Mais l'opération est mort-née. Ce type de transaction géante ne réussit que quand l'annonce crée un effet d'entraînement, un mouvement centripète qui soude de plus en plus toutes les parties prenantes. Ici, la jolie construction de Senard et Elkann tombe morceau par morceau. En quelques jours. Le lundi 3 juin, alors que Bruno Le Maire et John Elkann ont à peu près réussi à trouver un consensus sur les engagements que l'Italien acceptera de prendre auprès de l'État français, Hiroto Saikawa donne le coup de grâce. Le projet, dit-il, « altérerait significativement la structure de notre partenaire Renault. Cela exigerait une révision fondamentale de notre relation existante ».

Que veut dire le groupe japonais ? Il dit non. Un proche de Nissan assure le décryptage : « Les Japonais ne disent jamais non. Quand ils disent qu'ils ne sont pas sûrs, cela veut dire non. » Après vingt ans d'Alliance, Nissan ne sait pas se faire comprendre clairement. À moins qu'il ait appris à jouer formidablement habilement la partition du fossé culturel… « Hiroto Saikawa n'est pas un directeur général, un chef, comme on les connaît en France. Il est le représentant d'un collectif. Lui demander de prendre une telle décision en si peu de temps, c'est le mettre dans une situation impossible », explique un bon connaisseur du groupe.

Le mercredi 6 juin à 18 heures, le conseil d'administration de Renault est convoqué pour donner son avis définitif sur une entrée en négociation exclusive avec FCA. La veille, ses membres se sont déjà retrouvés une première fois, mais Martin Vial a demandé un peu plus de temps. Ce mercredi, il faut se décider. Les banquiers de HSBC, qui épaulent les administrateurs, et les avocats présentent le projet. On fait une pause. À la reprise des débats, Senard fait un premier tour de table. La plupart des administrateurs sont positifs, y compris certains représentants des salariés, sauf la CGT. Martin Vial demande une nouvelle suspension. Entre lui, Emmanuel Moulin et Bruno Le Maire, le téléphone chauffe. Cela dure. Les administrateurs grignotent des pizzas et des sushis. C'est au tour des deux administrateurs japonais de s'exprimer : ils s'abstiendront. Un non-vote qui veut dire « oui peut-être » pour Senard, mais « non certainement » vu de Bercy. Alors Martin Vial surprend tout le monde. Il demande cinq jours de plus. Le temps que Bruno Le Maire s'envole pour le Japon où il est attendu pour la réunion d'un G7 Finances pendant le week-end. Nouvelle pause. À 23 h 15, Senard revient dans la salle. Il est blême. John Elkann vient de lui envoyer un message : dans ces conditions, il jette l'éponge. La lettre de l'Italien gît comme une dépouille sur la longue table du conseil.

La tension de cette longue soirée est insupportable. « Il fallait que ce conseil se termine, et vite ! », témoigne un participant. Martin Vial prend son manteau et salue les autres, quand Senard l'interpelle : « Cessez donc de sourire. Il n'y a pas de quoi être fier. » « Gardez votre calme », lui répond le représentant de Bercy.

L'avortement du projet n'est pas seulement un échec. C'est un carnage. Senard a raté son pari. Retour à la case départ, la crédibilité en moins. Le 7 juin, Bruno Le Maire le soutient comme la corde soutient le pendu : « Jean-Dominique Senard a ma confiance[1] », dit-il. C'est court. En coulisses, l'État dénonce un manque de lucidité du dirigeant. « On

1. *Le Figaro*, 8 juin 2019.

nous avait dit, à la fois chez Renault et chez FCA, que Nissan ne serait pas opposé à cette opération. Et à la veille du conseil, Saikawa annonce qu'il engagera une révision complète des accords de l'Alliance ! On ne peut pas appeler ça une neutralité bienveillante ! » Mais surtout, Renault a encore perdu une manche face à Nissan. Non seulement il n'a pas pu mener à bien son projet, mais l'attitude de Bercy, qui a refusé de forcer la main du partenaire japonais, signifie que la clé de l'avenir de Renault se trouve à Yokohama. La position de négociateur du Losange est considérablement affaiblie.

Senard n'est pas dupe. Si le gouvernement avait sous la main quelqu'un pour le remplacer, il n'hésiterait pas à le pousser dehors. À l'Élysée, Emmanuel Macron reste muet. Il ne fait pas un geste pour retenir, et encore moins pour soutenir, le patron de Renault. Senard en a marre. Il est prêt à baisser les bras. Dans quelques jours, le 12 juin, le Losange réunit son assemblée générale, celle qui tournera définitivement la page Carlos Ghosn. Sans personne pour la présider.

À Bercy, Bruno Le Maire assume. « Dès le premier jour, nous avions posé comme condition que l'Alliance soit préservée », insiste-t-on au ministère. « Quand on prend une décision, pour savoir si c'est la bonne ou la mauvaise, il faut voir l'état d'esprit dans lequel on est une minute après. Et là, je me sens bien, très bien », dit-il en privé le 7 juin. Le ministre tire la même forme de fierté politique à avoir dit non, dans ces conditions, à FCA, que quand il s'était retiré de la campagne présidentielle de François Fillon en 2017. L'Italien, pense-t-on à Bercy, a voulu pousser son avantage trop loin. On ne dicte pas ainsi ses conditions à l'État français ! Si l'opération est aussi prometteuse que Senard et lui le disent, le plat repassera… Serein, le ministre prend l'avion pour Tokyo. Il compte qu'on lui y fera crédit de sa « loyauté » vis-à-vis du partenaire japonais.

Mais quand il atterrit, c'est un cauchemar, un cauchemar pour un politique en tout cas. « Vous avez vu les titres de la presse ? » Alors que la délégation de Bercy était en vol, un courrier comminatoire de Renault est arrivé chez Nissan. Le calendrier, affirme le Losange, est un hasard, dicté par les obligations légales en amont de l'assemblée générale de Nissan le 25 juin suivant. Senard réclame un siège au futur comité d'audit pour Thierry Bolloré. Pour le moment, Nissan n'a en effet prévu qu'un seul poste dans un seul de ses trois comités pour Renault, et il revient au seul Senard.

À défaut d'avoir gain de cause, prévient Senard, Renault pourrait s'abstenir de voter la réforme de la gouvernance du groupe japonais le 25 et donc la bloquer. Le coup d'échecs est bien mené : si le groupe français a les mains liées par le Rama sur la plupart des votes en assemblée générale, il peut, dans ce cas précis, concernant des décisions sur l'organisation de la gouvernance et non sur la désignation des administrateurs, voter selon son bon vouloir. C'est l'une des rares possibilités qu'il a. Il l'utilise.

Nissan prend très mal la menace. Il crie à la trahison et à un geste de vengeance puérile de la part de Senard. Ce qui donne, dans le communiqué officiel : « Nissan juge extrêmement regrettable la nouvelle position de Renault qui va à l'encontre des efforts de la société pour améliorer sa gouvernance. » Cette nouvelle passe d'armes met Bruno Le Maire dans une situation impossible. Il arrivait au Japon prêt à défendre l'Alliance, il tombe dans un champ de mines. Entre Senard et lui, décidément, rien ne va plus.

« Senard s'y prend comme un manche ! Il se comporte avec les Japonais comme en terrain conquis. Il a fait beaucoup de casse », entend-on dans la délégation française. C'est au tour du ministre de l'Économie de se sentir en mission. Pour Bruno Le Maire, il est décidément difficile de mettre la théorie en pratique. Depuis son arrivée à Bercy, l'ancienne figure des Républicains passée à la République en Marche affiche une doctrine assez libérale concernant l'État actionnaire. Il veut que l'État sorte du capital des entreprises commerciales, mais n'a toujours pas pu mener à bien une seule privatisation, et celle d'Aéroports de Paris est menacée par le lancement, inédit, d'un référendum d'initiative partagée déclenché par des parlementaires de gauche et de droite. Il défend un État qui reste à sa place d'actionnaire sans s'impliquer dans la gestion ; mais dans le dossier Renault, il a en permanence les mains dans le cambouis. Le gaulliste en lui ne résiste pas au réflexe interventionniste, ici justifié à ses yeux par l'enjeu de souveraineté que représente l'industrie automobile française.

À Tokyo, Le Maire a deux jours pour reconstruire un peu de confiance. Et il juge l'accueil qui lui est fait plutôt encourageant. Certes, il a été difficile de décrocher une rencontre avec Sekō, le ministre du METI. Certes, le communiqué, rédigé en amont mais publié à l'issue du rendez-vous, est désespérément creux quand il vante « la coopération gagnante de l'Alliance ». Mais Le Maire pense qu'il a obtenu plusieurs avancées. Il a reçu des signaux qui lui indiquent que l'État japonais s'implique effectivement pour remettre de l'ordre dans ce capharnaüm. « Les masques tombent », affirme une source française. Au Japon, on laisse penser au camp tricolore que les autorités ont conscience du problème, y compris celui que représente Saikawa. Les masquent tombent donc, et peut-être bientôt des têtes.

Les tabous tombent aussi. Bruno Le Maire fait plusieurs concessions. À peine arrivé dans l'archipel, il déclare publiquement que l'État actionnaire est disposé, le moment venu, à sortir du capital de Renault. En coulisses, il va plus loin. Pour faire repartir l'Alliance du bon pied, il soutient l'idée d'un accord global et reconnaît que la baisse de la participation du Losange chez Nissan est certainement inéluctable. « C'est le point de passage. On le sait tous », dit un proche du dossier. Nissan n'en espérait pas tant. Le rééquilibrage de la relation capitalistique qu'il revendique depuis des années est enfin à portée de main.

« Je ne serai pas le président qui conduira à une réduction supplémentaire de l'influence de Renault chez Nissan. » Sur la scène du Palais des congrès, porte Maillot, à Paris le 12 juin, Jean-Dominique Senard réplique à distance mais vertement au ministre. Pendant une semaine, après le naufrage du conseil du 6 juin et de l'opération FCA, il a pourtant failli laisser tomber, démissionner. Et puis il est remonté en selle. Il est reparti au combat. Il ne faut pas se tromper sur le caractère de cet homme, à la fois fort et susceptible, dissimulé derrière une apparente abnégation. « Je n'ai pas l'habitude d'être comme une moule. C'est-à-dire sympathique, mais comestible et muet », lâche-t-il dans un sourire devant ses actionnaires.

Car lors de l'assemblée générale du Losange, Senard est déchaîné. En quelques phrases ciselées, il se paie l'État actionnaire ! Il fait l'éloge posthume du deal avec Fiat-Chrysler et raconte sa version de l'échec. L'attitude des représentants de l'État ? « Je vous le dis franchement : cela me désole ! » Que de mépris contenu dans cette petite phrase… Au premier rang dans la salle, face à Senard, Martin Vial encaisse. « Il ne faut pas que Monsieur Senard oublie qui l'a nommé », grince-t-on à Bercy, où on a au moins la satisfaction de constater que le ministre conserve la maîtrise du dossier, malgré la tentative du président de Renault d'en appeler à l'Élysée. « C'est une mauvaise idée que de vouloir mettre un coin entre le ministre et le président de la République », glisse-t-on en haut lieu.

Dont acte. Mais Senard marque son territoire et, en creux, les conditions dans lesquelles il est prêt à poursuivre sa mission. « Le conseil d'administration de Renault est seul souverain pour décider de l'évolution des participations de l'entreprise. En toute hypothèse, en tant que président, je préférerais être informé en amont des éventuelles prises de position des uns et des autres », assène-t-il dans *Le Figaro*. Il enfonce encore le clou : « Il doit être clair pour tout le monde que Renault aujourd'hui n'est plus la Régie ! C'était peut-être le bon vieux temps, mais le monde a évolué. » Porte Maillot, les actionnaires applaudissent.

Chez Renault, même la vieille garde orpheline de Carlos Ghosn a le sourire aux lèvres. Le combat contre l'État a toujours soudé les troupes du Losange.

En cinq mois à peine, Renault et l'État actionnaire sont de nouveau en conflit ouvert. Senard, le diplomate aux bonnes manières, et Le Maire, le politique libéral bon teint, semblent condamnés par la malédiction qui empoisonne la relation entre l'entreprise et la puissance publique. S'il en a le cœur, Carlos Ghosn doit bien rire.

L'EFFET PAPILLON

La canicule qui s'annonce à Paris rend, exceptionnellement en cette saison, Tokyo plus agréable. En cette dernière semaine de juin un peu moite, la capitale japonaise est pleine de Français. Jean-Dominique Senard et Thierry Bolloré y ont atterri le lundi 24, dans la perspective de l'assemblée générale de Nissan, prévue le mardi à Yokohoma. Le mercredi 26, Emmanuel Macron est arrivé à son tour, Brigitte à son côté, et flanqué de l'impressionnante délégation française qui accompagne le président pour une visite d'État de deux jours. Bruno Le Maire, Emmanuel Moulin et Martin Vial sont du voyage. Le jeudi 27, Emmanuel Macron et Bruno Le Maire, entre autres, embarquent dans le Shinkansen, le train à grande vitesse japonais. Direction Kyoto, pour une étape culturelle avant le sommet du G20 à Osaka, les 28 et 29.

Vu les événements récents, on va parler, bien sûr, de l'Alliance Renault-Nissan. Mais il faut aussi qu'on pense à Carlos Ghosn, du moins Carole et le clan de l'industriel le souhaitent-ils. L'ancien patron de Renault et Nissan se tait depuis sa sortie de prison deux mois plus tôt. Il a publié un bref communiqué le jour de sa libération, affirmant que « nul ne devrait jamais être tenu à l'isolement dans le seul but d'extorquer des aveux ». Mais depuis, rien. Silence radio. Médiatiquement parlant du moins, Carlos Ghosn est un homme brisé. Il a mal supporté sa deuxième incarcération. Il ne prendra pas le risque de retourner encore une fois derrière les barreaux où il a déjà passé 129 jours en tout. Il s'oblige à ce mutisme qu'on exige manifestement de lui. La conférence de presse qu'il avait annoncée pour le 11 avril avant d'être de nouveau arrêté n'aura pas lieu.

Alors c'est Carole qui fait du bruit. Elle fait même beaucoup de bruit. Il faut que les choses bougent, maintenant. Pour lui et pour elle. Depuis deux mois, la justice japonaise n'a pas cédé un pouce de terrain et a systématiquement refusé toutes les demandes d'assouplissement des conditions de la liberté sous caution de Ghosn. Il n'a toujours pas le droit de la voir, ne serait-ce que pour une heure et sous surveillance. Chaque démarche en ce sens présentée à la Cour par l'avocat Takashi Takano, réputé être l'as des libertés sous caution, soulève un espoir. Chaque échec mine le moral du couple.

Avant le G20, Carole est partout. Dans le *New York Times*, sur CNN, à la BBC… Elle plaide la cause de son mari, réclame pour lui des garanties d'un « procès équitable », dénonce partout le « coup d'État » organisé par Nissan. Le 21 juin, sur le plateau de CNN, elle va d'ailleurs un peu plus loin que d'habitude et affirme tout haut ce que le clan Ghosn dénonce tout bas depuis des mois : il y a eu, dit-elle, une « conspiration entre quelques exécutifs chez Nissan et le METI ». Une mise en cause qui fait réagir, une fois n'est pas coutume, le ministère, qui dit l'accusation « sans fondement ». Carole Ghosn espère que Donald Trump, capable de tout, abordera le sujet de son mari avec Shinzō Abe pendant le G20. Elle en appelle aussi encore une fois, bien sûr, à Emmanuel Macron. François Zimeray écrit le 25 au président de la République. « S'il n'appartient pas à l'État de prendre parti pour un homme, il doit défendre les principes fondamentaux dans lesquels la France se reconnaît et, lorsqu'il le faut, en dénoncer avec force la violation », pointe l'avocat. « Vous aurez avec vous les défenseurs japonais des droits de l'Homme et tous ceux qui savent que s'en tenir à "il n'y a pas de fumée sans feu" ou "on ne va tout de même pas le plaindre", ces formes communes de l'habituation à l'inacceptable, ouvrirait la voie à l'arbitraire et à l'ensauvagement du monde. »

La plume de Zimeray trouve peu d'écho, du moins en public. L'Élysée avait prévenu avant le départ de l'avion présidentiel pour le pays du Soleil-Levant : le chef de l'État resterait discret sur le sujet. Emmanuel Macron n'en parle qu'une fois, quand il est interrogé en conférence de presse le 26 juin, aux côtés de Shinzō Abe. « Il n'appartient pas au président de la République française de venir s'immiscer publiquement dans un cas judiciaire », déclare-t-il, rappelant simplement les principes de « la présomption d'innocence et du respect des droits de la défense ».

Le président de la République est en revanche un peu plus disert sur le dossier de l'Alliance Renault-Nissan. À peine foule-t-il le sol japonais qu'il répète son « attachement » à celle-ci. Le mardi 25, la veille de la visite d'État du couple Macron, le couple Renault-Nissan connaît, enfin, une forme d'apaisement. L'assemblée générale du groupe japonais, si importante pour lui puisqu'elle devait symboliser la fin de l'ère Ghosn, s'est correctement passée. Avant la réunion, Nissan a cédé aux ultimes exigences de Renault et a accordé un siège à Thierry Bolloré au sein du comité d'audit. Le Losange a voté toutes les résolutions présentées par la direction du groupe japonais à ses actionnaires. Comme l'a dit Senard le 12, « il n'y avait pas de quoi réveiller les volcans d'Auvergne ni même le Fujiyama ». Entre les deux partenaires, les armes dégainées huit mois plus tôt n'ont toujours pas fait feu ; le Rama a été préservé.

L'atmosphère reste pourtant tendue. Le matin du 25, Senard, pris en charge par une société de transports, est arrivé à l'assemblée générale de Nissan dans une… Toyota ! Cette erreur dans l'organisation tourne à l'esclandre, montée en épingle dans les médias. Cela ressemble, pour les uns, à une provocation du Français, pour les autres à un coup monté pour le discréditer davantage. Plus tard, le président de Renault est interrogé par une télé japonaise. On l'interroge sur son père, pris en otage dans la journée du 13 septembre 1974 lors de l'attaque de son ambassade, à La Haye aux Pays-Bas, par un commando de l'Armée rouge… japonaise. Les journalistes se demandent si cela influence son rapport au Japon. Certains l'accuseront ensuite d'avoir évoqué l'épisode de sa propre initiative. Les chausse-trappes sont décidément partout sur son parcours.

À Yokohama, il est pris à partie par les actionnaires du groupe japonais. Il joue la carte de l'humilité : « Je vous supplie de me croire », dit-il à deux reprises, « il n'y avait aucune agressivité dans mes intentions » quand le projet avec Fiat-Chrysler a été négocié. Il est élu au conseil d'administration de Nissan avec 99,1 % des voix. C'est beaucoup plus qu'Hiroto Saikawa, qui ne recueille que 78 % des suffrages des actionnaires, que de grands cabinets anglo-saxons de conseil en gouvernance avaient appelé à voter contre le maintien du directeur général.

On souffle. Tout le monde souffle enfin un peu dans ce dossier haletant, épuisant. Il est temps de laisser retomber la poussière et la poudre. C'est du moins ce qu'on pense dans le camp français. En réalité, la pression vient de changer de camp. C'est maintenant Nissan qui réclame du changement, et vite. « Nous devons trouver une structure qui rende l'Alliance pérenne : devons-nous revoir les participations croisées ? Peut-être, peut-être pas », déclare Hiroto Saikawa en assemblée générale. Le débriefing par Nissan à l'issue de la réunion est plus clair : « On ne peut plus reculer sur ce sujet. Il faut que l'on discute maintenant de la structure et de la gouvernance de l'Alliance. » Nissan réclame pour de bon le rééquilibrage des participations.

Emmanuel Macron, qui s'était contenté de propos convenus sur l'Alliance, ce « fleuron », monte au créneau. En marge d'une rencontre avec la communauté française à Tokyo le 27, il siffle la fin de la récréation. La structure de l'Alliance telle qu'elle existe est « un résultat de l'histoire ». « On ne va pas le revisiter maintenant, ce n'est pas ça le sujet, ce n'est pas ça qui fera que Nissan se tiendra mieux », affirme le chef de l'État.

Le président contredit son ministre, Bruno Le Maire, qui envisageait quelques jours plus tôt cette grande renégociation comme une porte de sortie. Le locataire de Bercy affirme cependant que la stratégie française a été élaborée de concert entre Emmanuel Macron et lui, notamment dans l'avion présidentiel qui les emmenait vers l'archipel deux jours plus tôt. L'Élysée voudrait ramener les choses à leur juste mesure. Il paraît inconcevable au président et à ses équipes que le cas individuel de Carlos Ghosn provoque de telles conséquences pour l'Alliance. Emmanuel Macron refuse l'effet papillon. Il veut geler le jeu, les participations et « a fortiori, celle de l'État chez Renault ».

C'est un appel au calme et à la raison des industriels. « Les participations, ce sont des trucs de banquiers, dit-on à l'Élysée, il faut faire moins de finance et plus d'industrie et de technologie. » Renault respire. Le Losange a redouté que l'État français veuille aller trop vite en besogne, lâche trop de lest et accepte le rééquilibrage de l'Alliance sans contrepartie.

Nissan connaît désormais parfaitement bien la contrepartie qu'il peut offrir à Renault : sa fusion avec FCA. Ni John Elkann, ni Jean-Dominique Senard n'ont renoncé à leur projet. Mais la position prise au début du mois par l'État français a donné à Nissan un droit de vie ou de mort sur le projet. Quinze jours après qu'Emmanuel Macron a demandé une pause, les discussions reprennent déjà. Entre Renault et

Fiat-Chrysler et entre Renault et Nissan. Au Losange, Senard change son équipe. Le groupe Orange est désintégré. Les contrats des Rois Mages et d'Ardea Partners sont clos. Mouna Sepehri quitte définitivement Renault. Des chasseurs de têtes sont recrutés pour étoffer la direction. Les têtes sont tombées.

Pas chez Nissan. Hiroto Saikawa reste le premier interlocuteur de Renault. Le conseil d'administration travaille officiellement à sa succession, mais, à Yokohama, certains expliquent qu'il faudra peut-être deux, ou trois, peut-être même quatre ans, pour faire naître une nouvelle génération. Pour l'heure, le directeur général de Nissan a une mission : obtenir le rééquilibrage des participations qu'il exigeait déjà au nom de son entreprise en 2015, auprès d'Emmanuel Macron. Comme à l'époque, Hari Nada est toujours là pour l'épauler. Il n'est certes plus en première ligne dans la communication avec Renault, mais, chez Nissan, le juriste coordonne les travaux. Il est un interlocuteur clé au printemps, quand Nissan contre la proposition de fusion de Senard puis se positionne sur le dossier Fiat-Chrysler. Le METI n'est officiellement pas impliqué, d'ailleurs Hiroshige Sekō n'a pas trouvé le temps de voir Bruno Le Maire les 26 et 27 juin à Tokyo. Mais au conseil d'administration, la voix de Masakazu Toyoda, l'influent ancien haut fonctionnaire du ministère, porte. Dans des échanges dévoilés par le *Wall Street Journal*, il estime que Renault devrait abaisser sa participation à un niveau de 5 à 10 % du capital de Nissan[1]. Une exigence inacceptable qui

1. *The Wall Street Journal*, 2 août 2019.

illustre à quel point certains, au Japon, souhaitent voir réduite l'influence de Renault vingt ans après l'opération Pacifique. Il faudrait, écrit Hari Nada, toujours fin tacticien, accompagner cela d'un investissement dans des coentreprises, « afin de montrer que l'Alliance n'est pas morte [...] sans quoi, Senard ne sera pas en mesure de bouger ».

« C'est le sens de l'histoire, analyse une source proche du dossier, l'époque n'est plus aux grandes fusions transnationales. Ça ne marche pas. » Un autre expert confirme : « Renault et Nissan peuvent avancer projet par projet, en créant des sociétés communes dédiées par exemple au véhicule autonome ou au véhicule électrique, qui aligneront effectivement leurs intérêts aussi bien que le ferait une opération capitalistique par le haut. » Est-ce cela qu'Emmanuel Macron a en tête quand il réclame à Tokyo que l'on fasse plus d'industrie et moins de finance dans l'Alliance Renault-Nissan ? Un vétéran du Losange met en garde : « Renault pèse dans l'Alliance grâce à la finance, grâce à ses 43 %. » Dans des rapprochements par le bas, le groupe français risque d'être moins bien servi, car les compétences d'ingénierie et la propriété intellectuelle sont à l'avantage du Japonais.

Le 27 juin, ces discussions n'ont pas encore repris. Emmanuel Macron referme la séquence concernant l'Alliance et n'entend pas y revenir. Il part à Osaka, où d'autres dossiers explosifs – l'Iran, la guerre commerciale – attendent les grands de ce monde. Pendant ce G20, contrairement aux espoirs de Carole, le sort de Carlos Ghosn n'est pas évoqué. Ce n'est pas lui qui vient jouer les trouble-fêtes du sommet, c'est plutôt

Ivanka Trump, la fille du président américain, qui s'invite sur les photos et dans les discussions officieuses.

En salle de presse en revanche, on parle beaucoup de Carlos Ghosn, le vendredi 28. L'ancien patron de Renault et Nissan crée dans l'après-midi ce qui ressemble à un mouvement de panique, version journalistique. À la surprise générale, une conférence de presse menée par Ghosn en personne est annoncée pour le soir même, à 21 heures… à Tokyo. C'est un événement, que tous les reporters mobilisés à Osaka à 500 kilomètres de là vont manquer. Fausse alerte. Au bout de quelques heures, la conférence est annulée. Pourtant, Carlos Ghosn a vraiment eu l'intention de la tenir. Tant pis pour les conséquences. Il a fallu que ses filles montent au créneau pour l'en dissuader.

C'était un mouvement d'humeur, de rage. Chez lui à Tokyo, Ghosn est furieux. Pour la quatrième fois, la justice japonaise vient de rejeter une requête afin qu'il puisse voir sa femme. « Carole, c'est son talon d'Achille », explique un proche. « Il supporte de plus en plus mal cette séparation. » Les filles et les sœurs de Carlos Ghosn se relaient en permanence pour être avec lui, au Japon, « pour maintenir son équilibre ». Mais le temps s'étire, encore et encore. Depuis le 23 mai, l'inculpé le plus célèbre de l'archipel et ses avocats ont rendez-vous tous les mois environ devant le juge avec les représentants des procureurs. Petit à petit, ces derniers dévoilent leurs charges, leurs preuves, les témoignages dont ils disposent. Ce lent effeuillage procédural est stressant. Parce qu'il dure. Ghosn espère à chacune de ces audiences la fin prochaine de cette étape préalable à son procès. Mais chaque fois, le calendrier de ce dernier semble être décalé. On lui avait dit l'automne 2019. Puis 2020. On commence maintenant à parler de 2021…

Le 28 juin, Carlos Ghosn est d'autant plus furieux que, la veille, il a été entendu par les experts de chez Mazars. Ils sont venus à Tokyo lui demander des explications sur leurs trouvailles, dans le cadre de l'audit RNBV. Ghosn, l'hyper-PDG qui traversait le monde plusieurs fois par mois et dont l'unité de travail au quotidien était le milliard de dollars, se retrouve contraint de s'expliquer sur chacun de ses déplacements. Paris-Vancouver-Tokyo. Pourquoi Vancouver ? Paris-Beyrouth-Tokyo. Pourquoi Beyrouth ? Etc. Il a fallu justifier des factures vieilles de plusieurs années. Mais au moins sont-ils enfin venus lui poser des questions. Cet audit provoque la colère du camp Ghosn depuis des mois. L'image de l'ancien patron est atteinte à chaque fuite de presse sur les dépenses payées par la société néerlandaise. Et Ghosn assiste, impuissant, à la destruction de sa réputation. Que Renault ait communiqué le 4 juin sur les « conclusions définitives » de cet audit alors que lui-même n'avait pas eu l'occasion de s'expliquer l'a mis dans une colère noire. D'autant que le groupe français et Nissan ont décidé conjointement de saisir la justice néerlandaise.

Ils ne sont pas les seuls. Une autre plainte a été déposée aux Pays-Bas, devant le tribunal de district d'Amsterdam : « Carlos Ghosn Bichara versus Nissan-Mitsubishi BV et Nissan International Holding BV ». L'ancien patron de Renault et Nissan conteste les conditions dans lesquelles Nissan et Mitsubishi ont mis fin à son contrat chez NMBV, leur société commune aux Pays-Bas, grâce à laquelle il a touché 7,8 millions d'euros en moins d'un an, ainsi que NIH, qui lui versait une petite partie de son salaire – déclaré – chez Nissan aux fins, notamment, de sa domiciliation fiscale. Les avocats de Ghosn estiment la rupture de son contrat de travail insuffisamment motivée. L'ancien patron réclame ainsi une quinzaine de millions d'euros à Nissan et Mitsubishi. Gonflé ! La défense de Carlos Ghosn a en fait un autre objectif : impliquer une autre juridiction que les cours japonaises, obtenir des pièces et des témoignages, y compris celui de Hiroto Saikawa, et démontrer que ce dernier, entre autres, était au courant de la rémunération de Ghosn chez NMBV en particulier. Cette assignation a été enregistrée à Amsterdam le 28 juin. Ce jour-là, Carlos Ghosn renonce à sa conférence de presse à Tokyo. Mais il va demander à pouvoir, lui aussi, témoigner en personne devant le tribunal néerlandais. Il donne le coup d'envoi à sa contre-offensive.

ÉPILOGUE

Carlos Ghosn, dont l'agenda ultra-organisé a forgé la légende, a perdu la maîtrise de son destin. Il était protégé, flanqué de gardes du corps, il est maintenant étroitement surveillé. Ni libre, ni prisonnier. Il ne contrôle plus sa propre vie. La justice japonaise refuse toujours que Carole le rejoigne, lui reprochant désormais sa campagne de dénigrement du système judiciaire de l'archipel. Lui s'astreint, de plus en plus difficilement, au silence.

Ghosn rumine. Fidèle à lui-même, il calcule. Il met en regard les quelques dizaines de millions d'euros que représentent les charges retenues contre lui et les griefs de Nissan avec le coût des investigations menées pour le faire chuter, et surtout avec la quinzaine de milliards d'euros de capitalisation boursière de Renault et de Nissan qui se sont évaporés depuis le mois de novembre. Pour l'Alliance, son arrestation a été un séisme dont les répliques n'en finissent plus de l'ébranler. Une démonstration par l'absurde et dans la douleur de la position incontournable qu'il occupait.

Dépossédé par la chronique judiciaire de son bilan, Ghosn n'écrira pas la suite de l'histoire de Renault ni celle de Nissan. Il n'est plus au centre du jeu. Progressivement, déjà, son personnage s'efface.

Les milliers de kilomètres qu'il avalait chaque mois étaient une fierté. Ils contribuaient à sa stature de patron d'exception. Le voilà assigné à résidence à Tokyo. Dans cette ville qu'il a sincèrement aimée et qui doit lui être devenue odieuse maintenant qu'il ne peut plus la quitter. Dans ce pays en lequel il avait une totale confiance. Même s'il avait été plus lucide sur les risques qu'il prenait, il n'aurait jamais imaginé que le danger, pour lui, viendrait du Japon.

Il a déménagé dans une maison plus confortable du quartier de Minato. L'exercice physique est devenu l'exutoire de ses frustrations. On le voit beaucoup dans une salle de sport. Il est une ombre, qu'on ne reconnaît plus toujours. Qui le pourrait ? Cet homme en survêtement noir, lunettes noires et casquette noire qui circule à vélo dans les rues de Tokyo, c'est bien Carlos Ghosn.

Table des matières

DEUXIÈME PARTIE

LA CHUTE

TROISIÈME PARTIE

DOUBLES JEUX

Photocomposition : PCA

Achevé d'imprimer en septembre 2019
par CPI BRODARD & TAUPIN (72200 La Flèche)
pour le compte des éditions Kero
21, rue de Montparnasse 75006 Paris

PAPIER À BASE DE
FIBRES CERTIFIÉES

KERO s'engage pour
l'environnement en réduisant
l'empreinte carbone de ses livres.
Celle de cet exemplaire est de :
600 g éq. CO_2
Rendez-vous sur
www.kero-durable.fr

N° d'éditeur: 01
N° d'imprimeur : 3035303
Dépôt légal : octobre 2019
Imprimé en France